U0024053

台灣
新聞工作者與藝人

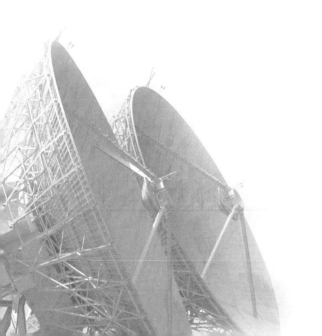

林富美　著

自　序

　　也許懷念當學生的幸福，也許總覺得自己學的還不夠，畢業後，即使站上講台，仍舊帶著當學生的心情當老師，讀書、研究、訪談、討論、撰述仍佔了生活的大半，除了家，研究室成了生活中最常的棲息地。

　　是什麼樣的動力，讓自己對文化勞動的研究一做就是八年，老實說自己也不太清楚，只知道心繫一分對文化勞動者的關心，覺得人是文化產業最重要的資產而萌研究之念，接下來所有研究的開始都來自於上一個研究的結束，問題越刨就越清楚，越做就覺得獲益良多，然後欲罷不能，自得其樂。

　　當了老師，方知自己熱愛這分角色與工作，尤其將研究過程與結果帶入講堂的樂趣，絕非一般物質滿足可以比擬。透過教學－研究－教學迴饋機制所獲得的成長，讓我覺得除了退休金比不上外，當初從公職轉教職的抉擇是對的。

　　而人確實是一種慣性的動物。1992 年及 2003 年的二次搬家，在整理相關文件資料時，赫然發現，無論環繞於修課報告、發表的論文主題，有關媒體人、新聞專業、組織建制與勞雇關係，確實是我比較有興趣的。而所謂的研究價值關懷，如同基因密碼，成就了研究的樣貌、圖像與內容。

　　身為一名傳管系的老師，常被問到：你做勞動研究的意義何在？有發展嗎？當然我並不太清楚大伙兒對發展的定義與看法，也不知道如此活了八年算不算有意義。但對於我來說，傳播管理真的

不是為資方作嫁的知識，它有更浪漫的理想主義，但理想如何落實？若無本質面的了解，一切又顯得遙不可及，這也是好友笑我總像小蜜蜂一樣拼命工作的原因所在。知識目的有三：了解、應用與批判，愚鈍如我，總認為沒有了解就難以應用與批判，面對人煙稀少的文化勞動研究，基礎性研究應是了解的第一步，更企盼透過個人持續性實證研究的揭露、耙梳，能行破而立之效，拋磚引玉，讓同關心此一問題者，共思有效方略。

　　當然，這本書的誕生，最要感謝的是國科會多年來的補助，及過程中評審委員的鼓勵與建議，沒有你們的支持，在國內是不太可能進行這樣的研究。研究過程中，學生群（尤其是跟我一起做研究的「阿美族」同學們）及訪談對象的幫助，也使計劃案都能順利推進。此外，我也要特別感謝《新聞學研究》、《傳播與管理研究》期刊編委及評審鼓勵指教，沒有你們，本書的內容定相對失色。當然我也要謝謝傳管系同仁，謝謝學校讓我休假半年，思考全書的行文架構及對實證資料進一步歸納。我也要跟兩位寶貝孩子及老公說聲謝謝，沒有你們的支持，無法如此順心做自己喜愛的研究工作。最後，謝謝秀威資訊科技股份有限公司及林世玲編輯所帶團隊的協助，沒有你們專業的協助與幫忙，這本書無法如期出版，謝謝大家。作者才疏學淺，倘有疏漏，尚祈各方先進不吝指教。

　　　　　　　　　　　　　　　　　　　　林富美 謹識
　　　　　　　　　　　　　　　　　　　　2006 年 9 月 3 日

目次

圖目次

表目次

第一章
導論：市場經濟下的文化勞動

　　文化產業的經濟效益已成資本主義累積資本的重要工具，透過文化創意所締造之個人、企業與國家的財富，刻正頌揚著當代經濟的榮景。文化產業是勞力密集的產業，然長久以來，學術界對資本主義勞動過程的瞭解，主要是建立在對一般勞動的探討上；對於以勞心為主的文化勞動，較少就其勞動特質探討其產製關係。而帶著專業氣息的文化勞動者，其產業關係之生產政治與生產共識的操作並不同於一般勞動，居處資本主義市場邏輯，其所面臨之勞動處境與勞動剝削等問題也易被忽略。本章旨在說明當文化遇上經濟，文化勞動所面臨的問題。全章分成如下層面論述：一是簡單介紹文化產業之所以成為資本主義累積資本重要工具的背景；二是歸納文化勞動研究取向並說明作者之看法與立場；三就文化產製的經濟特性剖析文化勞動不同於一般勞動的本質；四為立基於這樣的本質，說明文化勞動所面臨的問題；五、解析特質取向對文化勞動者之勞動處境與權益的意義，以作為後文各章內容論述的基礎。

壹、前言

　　文化產業之所以成為世界各國重要的經濟產業，與 1970 年代資本主義社會遭逢石油危機，油價大漲，全球停滯性的通貨膨脹，致使經濟大衰退有關。自 1980 年以來，資本家為了維持利潤及生

產水準，擱置傳統製造業，轉向新興產業及服務業，文化產業正是其一。

　　對於資本家，文化產業不僅是另外一個投資機會而已，更被視為是有名望的獲利類型（Wolf, 1999），有助企業提升其社會觀感。此外同一文化產品經數位複製，能附著於不同形式，反覆穿過時空，再三現身，並藉由相關週邊產品的製造和授權，讓商品利潤發揮「瀑布化效果」（Maggiore, 1990），也因獲利潛力大幅提高，讓許多投資者願意投入此市場。

　　事實上，從 2000 年以來，文化產業的世界市場，無論美國、歐洲與亞洲都有近 25%至 50%的成長。根據美國《Americans for the Arts》組織所發布的全美文化經濟研究結果顯示，當前美國的「非營利」藝術產業，一年能創造千億美元以上的經濟效益，照顧 400 多萬個全職就業人口，在在彰顯文化是門「好生意」（馮久玲，2002；吳思華，2003）。

　　但當資本滲入文化產業，文化勞動者的處境，並沒有因為文化產業的經濟榮景而大幅提升。反之，在市場及獲利為先的商業機制下，文化產業組織管理，進行如下的革新：一、更改組織結構，並逐漸轉包業務給中小型公司；二、企業策略聯盟，採特殊專案來進行；三、因應市場變化，減少階層組織，發展半自主的工作單位，進行彈性調整；四、改變工作型態，讓兼職取代正職等，以減少勞動成本以獲取其它競爭公司的市場佔有率，創造更高的利潤（Piore & Sabel,1984; Harvey, 1989）。

　　生產力佔優勢的文化產業，更透過國外直接投資、結盟、授權、加盟、併購等方式尋求海外資本，進行多角化經營。跨國公司生產力提升、市場規模擴大，雇用人數卻大幅裁減，酬勞不升反降。而

資本外移的國家，多數更提供低賦稅、壓制工會發展、降低勞動條件作為全球產業分工的利基（Anderson, Cavanagh and Lee, 2000）。這種全球產業分工、外包制的產製型態，使工作職場成了達爾文物競天擇理論所描述的叢林戰場，非但削弱工會組織可能，並大幅減低文化勞動集體意識與集體行動的聯結力量。

　　當然，對於資本家來說，文化產業也是一個高風險的產業。消費大眾使用文化商品的習慣反覆無常，當紅的文化工作者或作品也可能忽然過時，任誰都很難成功預測下一個成功作品類型為何（Garnham, 1990; Hesmondhalgh, 2002）。是以，如何面對市場之不確定性，常是管理者施行鐵腕作風的尚方寶劍，加上文化勞動多半透過經紀中介，勞雇關係涉及製作單位、經紀中介與勞動者三方，何謂「合宜」的權益保障？牽涉的內容與因素往往較一般勞動更為複雜。

　　文化產業是勞力密集的產業，但長久以來，學術界對資本主義勞動過程的瞭解，主要是建立在對一般生產事業的勞資關係探討上；對於以勞心為主的文化勞動，較少就勞動特質與產製特性探討其勞雇關係。而帶著專業氣息的文化勞動者，就生產工具與勞動價值來說，獨特（unique）、原創（original），專業知識、人脈和個人名望等皆是其基本的生產工具，這種基本的生產工具，不能夠轉換，是資本家賴以締造交換價值的利潤所在，因此在產製場域中常擁有一定的自主（Ryan, 1991）。

　　而這種看似自主的勞動形式，透過市場排名機制（或明星體系建立）及「有市方有價」的勞動給付，有效激發了文化勞動的產製效能，更能成功地轉化為資本家管理的客觀工具，形構生產場域的「生產共識」，讓文化勞動者「自願性順服」。當文化遇上經濟，這

種本質反易成操控文化勞動更高明的利器（Burawoy, 1979）。資本家對於生產政治的操作並不同於一般勞動，居處資本主義市場邏輯，其所面臨之勞動處境與勞動剝削等問題也相對易被忽略。

　　值得注意的是，傳統文化生產，創作幾乎等於生產，當文化成為「產業」（industries），其生產如同其它的產業組織一樣，係透過科層體系將工作執行分解為許多細小的部分，由不同的部分來執行，且大幅度提高非創作的部分，著重文化產品的再加工、複製、企劃、行銷（林芳玫，1994），當資方掌握了整個商品生產過程的關鍵，並握有文化勞動者所生產商品的所有權與複製權時，將使文化勞動的場域鬥爭更形複雜。

　　故文化勞動的複雜過程與文化勞動特有的本質有關，該特質使文化勞動在產製結構中享有資本家無法支配與干預的獨特性與能動性，當文化遇上經濟，該特質交互的產製關係與勞資問題並不同於一般產業。對於文化產業組織管理或勞動體制來說，是無法迴避的本質性問題或突破既有勞雇關係思維的基礎，而這也是本書論述的一個起點。

　　本書將聚焦於文化勞動中之媒體工作者，包含新聞工作者與藝人兩類，雖然就二者受雇型態、勞雇關係與勞動條件並不太相同（Ryan, 1991），但就市場邏輯之勞務運行，二者之產製特性與勞動特質，卻有越來越相似之處，此點後文會有進一步說明。此外，本書認為，文化之所以成為商品，媒體扮演非常重要的角色。一方面是因為就產業之協作鏈條的連接或文化價值與商業價值的轉換，文化產業都必須透過媒體反覆穿梭，方能發揮；另方面，若無媒體新聞報導或廣告行銷，顯然無法帶動閱聽人之慾望、愉悅、使用、象徵與認同。

　　但當媒體功能與角色服膺於商業利益，媒體工作者勞動價值無疑向市場靠攏，在市場經濟的夾殺下，專業勞動本質所受到的挑戰，除了險峻，更多的不堪。居處其間的媒體工作者其生存、堅持、妥協或對抗之作為與框限何在？本書將以近年在台灣所進行的研究成果，解析台灣媒體工作者，居此產製環境之能動性的可能與限制所在。企盼透過實證研究的揭露、耙梳，行破而立之效，拋磚引玉，讓關心此一問題者，共思有效方略。導論中包含五部分：一是就文化勞動的研究脈絡，解析被忽略的文化勞動特質；二是就文化產製特性釐清文化勞動特質；三是析論市場經濟下文化勞動所遭遇的問題；四是討論當文化遇上經濟，如何就前述歸納的特質，探討行動者與結構間有關勞動中介、契約關係與國家的角色；五、說明在前述基礎下全書結構及各章實證基礎。

貳、關於文化勞動研究

一、文化勞動

　　廣義的「文化勞動」泛指置身文化產業的勞動者，提供創意、技術能力與勞務，販賣給資本家之勞動形式。就文化產製的雇傭關係、工作型態、報酬方式及文化勞動者對特定生產工具的掌控、創意過程的控制及產製權威等要項，Ryan（1991）將文化勞動者之生產關係分為約聘技藝人員（contracted artists）及專業創作者（professional creatives）兩類，如表 1.1：

表 1.1　不同文化勞動類型之產製關係

產製關係／類型	約聘技藝人員	專業創作者
雇傭關係	透過中介，依約承攬協作	編制雇用
工作型態	短期、專案	長期、階層化管理
報酬方式	按約計酬（如版稅、佣金）	依訂定之薪酬制度
特定生產工具的掌握	原創性的創意、才華	應用自如的一般性才藝與技術
創意過程的控制	配合協作	監督管理
技藝權威	聲譽、才氣之獲利評價	專業聲譽

資料來源：參考 Ryan（1991）及作者整理

　　約聘技藝人員如：電影編劇、導演、演員等，其生產關係是由公司掌控之一般性創作條件，創作者在合約中享有創意擁有權，至於創意之再生產則交由公司。因此，合約中的工資並非專指購買文化創意工作者的勞動力，而是對文化創意工作者的聲譽、才氣等市場價值的評估。Ryan（1991）將這種深具個人勞動價值以提供創意商品的文化約聘者歸類為「個人化的勞動」（personalized labor）。

　　至於專業創作者，係指那些具有固定職位、薪資之幕後無名工作者，其工作安排與產製模式乃建立於一套科層化管理機制，其工作性質偏向技藝與技術之一般性創意生產勞動，無需特殊才華與天賦，待遇則常依工會與企業協定之最低標準衡量，而非以個人勞動價值來加以衡量，Ryan 將其歸類為「個別化的勞動」（personified labor）。

　　就本書研究對象來說，在台灣，藝人勞動多係透過經紀派遣，依約提供勞務活動，屬於約聘技藝性質之「個人化的勞動」（personalized labor）；至於新聞工作者因受《勞動基準法》（簡稱

勞基法）保障，雇用給薪且其產製過程係透過層層守門過程完成，屬於「個別化的勞動」。但為因應收視競爭，減低市場不確定性，近來新聞媒體也建立類如「明星制」的方式，作為新聞工作者（尤其是主播）的雇用、行銷；而平面媒體之資深新聞工作者，有一些人也透過跑線專業所建立名聲、人脈，開展更多元的勞動市場（如成為節目主持人、談話性節目的名嘴、廣告代言人等），不管是專職或兼職，這樣的發展，表達的是新聞工作者之勞動，已從過去長期受雇支薪的勞雇關係變成多元關係，而期約專案或不定期派用的型態，已是選項之一。但可以肯定的是新聞工作者之勞動價值與工作者本身知名度、聲譽、才氣之市場價值關係之密切，已是必然的趨勢。這種依約計酬的勞動條件與工作性質，將使更多新聞工作者勞雇關係更近於個人化的約聘勞動。

這種依知名度、聲譽、才氣的市場價值爭取工作機會，議定勞動條件與酬勞的方式，某方面來說，也使新聞工作者與藝人分野，不再如過去了了分明。此外，近年來為減少產製的成本，將產品市場結合廣告市場之置入性行銷的產製手法，盛行於台灣新聞、戲劇、綜藝等各類節目。在此，新聞工作者之勞務活動，除了編採工作，尚須肩負廣告業務及市場價值（如收視率及廣告量），在採業合一下，記者勞動價值的考核，不再只是新聞報導的專業品質，而是看得到的進帳數字（林富美，2003a；2004b）。

而靠表演技藝的藝人，其勞動場域的競爭與收入，不再只是演藝才華的評價，取而代之的是市場的人氣指數，及廣告商依此人氣指數決定託付與否的廣告代言。在此，做為生產力，新聞工作者與藝人，其文化勞動價值在於有助於提升產品宣傳和服務的附加價值（尤其是象徵價值），幫助企業（不只媒體且擴及其它工商業）累

積資本，創造利潤。因此，為更能貼近今日新聞工作者與藝人勞動
輸出的質變，及避免「專業勞動」或「媒體勞動」等概念在論述上
的局限，本書選擇包含此二個概念的「文化勞動」作為新聞工作者
與藝人勞動探討之基礎。

二、文化勞動之研究取向

　　就文化勞動支配性與能動性的預設，過去有關文化勞動研究，
取向如下：一是就產製權力來看，經濟決定論者認為，文化勞動者
一旦成為受雇階級，創意產製仍受制於文化產業的結構，在市場獲
利的前提下，其作品充其量只是經濟結構的反映；二是就勞動輸出
的展現，作為思維主體，文化勞動者並無法自絕於其象徵的符號體
系，創意的歷程說穿了是既有的符號通過文化勞動者的一種輸出，
而透過該歷程，又再生產了既有的社會關係；三是就科技的發展，
檢視科技對文化勞動「去專業化」的影響，並探討科技的重製與再
製，促使產品的生產與勞動力的再生產造成時空落差，模糊了個別
勞動力所締造的剩餘價值，行其勞動異化與剝削的事實；四是強化
文化勞動之「獨特」、「創新」的產製特點，即「作者論」的觀點，
賦予文化勞動者天縱英明的特質（charisma），能見世人之所不能
見，為世人所不能為，跳脫結構的框限（Barthes, 1968; Eco, 1976;
Cornwell, 1979; Chanan, 1980; Mie'ge, 1989; Garnham, 1990; Noon,
1993; Mosco, 1995; Golding & Murdock, 2000; Althusser, 2003; 魏
玓，2003；劉昌德，2004）。

　　Williams（1980）認為，創作不只是一個文本（text）或物件
（object），更是生產的社會條件（social conditions of production）
所形塑出來的一組實踐行動（practice），這種實踐行動，無法脫離

其所處的社會條件。經濟決定論、符號結構說或科技決定論，將焦點放在外在於行動者的結構力量，卻對行動者的能動性或者行動者與結構之間的互動關係視而不見；而持「作者論」者，又過於強調創作者的獨特性與能動性，卻將文化勞動者明顯地獨立於生產的社會條件之外（魏玓，2003）。

更確實的說法是，社會結構，對於實踐行動來說，既是中介，也是結果（Giddens, 1984）。文化勞動的主體在既有的生產結構條件下進行創作，結構也許賦予創作者某種能力，但並非能夠隨心所欲，居處其間的文化勞動，可能發揮一定程度的自主性，但又將回過頭來形成行動的條件，其間充滿了動態的互動過程。

因此，Bourdieu（1991; 1993）以「場域」（field）、「生存心態」（habitus）與「資本」（capital）等概念，來解釋文化勞動此一複雜動態的特性。他認為，文化勞動者進行創作時，是存在許多可能性，但是選擇其中的一個可能性時，一方面必須根據他們根植於個人成長歷程中所形成的生存心態，另一方面也必須根據當時他們在文化場域中所處位置最有利的考量，透過製造差異和變化，來建構他們自己的位置及觀點。在此，我們看到了結構對文化勞動的限制（constraints）和可能性（possibilities）互動關係。

有別於前述文化勞動的研究取向，有關新聞工作者之勞動支配性與能動性的預設，向來是建立於社會大眾對新聞媒體角色的特殊期待與需要。因此，就媒體角色與社會責任，探討何謂「專業」或新聞專業建立的組織條件與制度，是論述新聞勞動職業角色與工作處境的普遍價值與關懷。

對此，結構功能學派認為，新聞此一職業之社會功能與服務遠較其它職業類別更為重要，工作所需的知識體系與心智活動也較為

複雜,故其職業成員常需經過長期訓練方足以勝任。為確保新聞專業職業的順暢運作及功能發揮,從業人員必需擁有一套養成知識體系,並應給予他們相當程度的工作自主權以發揮專業效能。另為吸引優秀新人進入此一職業類別,社會理應提供更大誘因如薪資報酬與較高社會地位與聲望等。在此,新聞專業的特質與內涵是立基於社會結構性的功能與需要,其存在乃是為了滿足社會的平衡與穩定(Nayman, 1973;劉駿州、臧國仁,1993;羅文輝,1997)。

　　權力學派則認為,新聞組織屬開放系統,新聞專業性的表現乃政治過程,涉及新聞工作者在產製環境中的權力互動。為化解產製中互動關係的不確定性與緊張,訴諸於職業權威應是重要途徑,故新聞專業性可透過媒體組織的政策、制度與慣例(convention or routine practices)等,是否符合職業團體專業工作標準加以衡量。在此,專業性是透過職業團體所認定的「專業特質」(如知識、職能、自主空間、規範遵守等)表現,其目的在於維持產製支配權力與地位(羅文輝,1997;錢玉芬,1998)。

　　而現象學研究取向者則認為「專業」並非通則化概念,涉及不同社會情境與國家意識,主張應進入個別專業群體以了解一般成員如何應用與理解「專業」這個字彙,且透過何種日常活動完成工作。整體而言,此一理論取向解決了不同歷史文化制度下的媒體組織,對於有關新聞專業的內涵與指涉始終缺乏共識與定論的窘境,賦予「新聞專業」社會情境與職業條件多元內涵,預留新聞專業面對社會變遷更寬廣及更彈性的詮釋空間(Rueschemeye, 1964;羅文輝,1997;錢玉芬,1998;Dingwall, 1983, 1976)。

　　比較新聞勞動與文化勞動的研究異同,可以發現,二者皆關心工作者(勞動者/行動者)勞動場域中權力自主的限制與可能,但

新聞工作者權力的基礎建立在新聞媒體之社會權基礎上，脫離該基礎，探討其專業自主權力的能動與限制及其正當性或正確性，則顯得動搖。也因此，當新聞媒體自身的社會功能與角色，不再是過去我們認為的公共利益的體現或社會文化的承傳，轉向服膺資本家之商業利益時，該論述無疑捉襟見肘，難以適切的回應；至於文化勞動，也有相同的問題，當文化成為產業，勞動即是商品下，原植基於勞動者個人獨特（unique）、原創（original），專業知識、人脈和名望等勞動價值，也發生質變，透過資本主義資本累積的市場操作與績效管理，為求生存，行動者與文化產業各組織結構所交織的權力互動關係，將更趨複雜與多元。

綜上，本書認為 Bourdieu 的「場域」、「生存心態」與「資本」等概念，超越了結構和個體之間人為的對立，而將焦點放在結構與構造生存心態的稟性之間的辯證關係，化解了主觀與客觀的矛盾，不同於結構決定論或文化化約論，確實較能解釋文化勞動此一複雜動態的特性。當新聞工作者與藝人界線越趨模糊，市場邏輯對文化勞動產生的質變與影響，本書認為這種動態的觀照必須回歸到文化產製所交織的文化勞動特有的本質上，方能釐清文化勞動與一般勞動的差異。

況且，文化勞動多半透過經紀中介，使得勞與雇不是單純勞雇二者關係，而是涉及製作單位、經紀中介與勞動者三方關係，生產組織多為半團隊型的專案型態，生產場域涉及專業分工下不同類型勞動的權力鬥爭。面對文化產製的不確定性，交互於勞動本質及產製權力的作用究竟為何？這樣的特質為文化勞動專業自主思考帶來衝擊與改變為何？當文化產業成為資本主義資本累積的工具，文化勞動的生產關係無法忽略其勞動性本質，這種特質左右著文化勞

動專業自主的場域實踐,影響文化勞動者居處的位置與資本的情況,使文化勞動的場域鬥爭更複雜。

　　因此,以下將從文化產製與文化勞動關係,解析文化勞動的特點,析論當文化遇上經濟,文化勞動產生的質變及面臨的問題,並以此為基礎,說明作者為何這幾年聚焦於媒體勞動相關研究,所思與所行的價值關懷與實證研究企圖,最後說明全書的結構安排。

參、文化產製與文化勞動

一、創意發想與「意義」生產的不確定性

　　創意產品的創作靈感是源於創作者的內在需求,它不受羈束,可能才華洋溢源源不絕;也可能陷入瓶頸,腸枯思竭,無法盤算與規畫。靠腦力的文化工作者不同於工廠工人受制於機器來決定工作內容與工作方式,個人所擁有的知識與職能,常決定一切。其想像力與熱情,在產製中擁有不妥協於理性與常規的正當性。

　　然對一個文化工作者而言,困難在於他無法確定其內在想像是否能成功地提煉成其創作的概念,進而轉化成一個外在具體的創作品,因為創作者想像力的優劣及是否能有效地將概念具體化都是未知數。創作者也可能因對於作品創作過程投入太深,專業自主的堅持,使他無法預料其創作理想是否具說服力及消費者會有何反應。

　　再者,創意產品屬於「體驗性產品」(experience good),體驗性產品本質在於吸引消費者內心情感,而非理性使用。對此,行銷專家主張,消費者是用心購物之後才用頭腦將它合理化。故情感、故事、敘述方式與價值觀是締造體驗性產品核心價值所在。以媒體

內容產製來說，無論電視劇、電影、詞曲、文章乃至新聞事件，故事本身就是產品，如何將內容附加上夢想與情感，是文化產製的市場邏輯。

這種吸引消費者內心情感而非理性使用為目的創意產製，涉及「符號意義」的生產歷程，透過符號，其交換價值與使用價值間的關係，正如同能指與所指間的關係，可以擺佈、控制與建構，其間充滿了「意義流動模式」（McCrackon, 1988）。

以舞蹈為例，什麼是舞蹈家的勞動，答案很清楚，就是他的表演。如果說舞蹈勞動產品就是與舞蹈勞動「融為一體」的舞蹈產品，這個產品是舞蹈表演者在觀眾身心上激起的某種反應、情感等等。但這個產品不是舞蹈家所能獨自提供的。面對同一表演，觀眾的反應和情感是激動、漠然或反感等等？不僅取決於舞蹈家的表演，還取決於觀眾的閱歷、職業、趣味、鑑賞水準等因素。換句話說，作為舞蹈勞動結果的舞蹈產品是由舞蹈家和觀眾共同創造的。舞蹈家提供的只是形成舞蹈勞動產品的一個條件，即舞蹈勞動；觀眾則以自己的感覺、想像、理解，把舞蹈家的表演轉化為自己頭腦中的藝術形象，該勞動價值，隨每一場每一次觀眾反應而異。

這種不確定性，也同樣表現於傳播產業的收視率，面對創新求變又需掌握明確存在的閱聽人市場並不是件容易的事，即使經驗豐富的收視率調查機構，迄今依然只能提供明確的「事後諸葛」分析，對於產製前風險的規避與市場的掌握，尚難提供確切的有效分析工具。

二、依附於流行、符號之勞動輸出

而「意義流動」正好反應了文化產業流行性的問題。流行是一種有節奏，在限定時間，時起時伏的一種氛圍，且流行本身就是一種文化（高宣揚，2002a）。流行對文化勞動者來說，充滿愛恨交織的勞動處境，因為它可能由文化勞動的創造力所帶動；也可能受命於商品差異化邏輯所偽裝的一套產製行銷策略，主動與被動的差異，影響文化勞動者自我認同與工作滿足。置身其中的勞動者，其勞動價值是依附於一連串不斷發出、被接受和再生產的象徵性符碼。

文化勞動依附於符號體系方能輸出的特點，更表現於消費者會隨著產品對勞動者的喜愛，如消費者（或閱聽人）會因為觀賞「流星花園」而喜愛 F4，也會因為喜愛孫燕姿，而認同孫燕姿拍的廣告。此時，勞動者與其勞動力，同樣都是文化商品符號體系的一部分。

文化商品內容與隨產品現身的勞動者，究竟誰那一個符號較具說服力，較能爭取產品意義認同，並沒有一定準則，製作單位通常依經驗決定。一張唱片，選歌選詞也選人，何者先行，沒有定律，運行於唱片公司 A&R（Artist and Repertories）的企製，基本上就是試圖連結創作者、表演者和鑑賞者間的常規（林富美、周餘靖、李玉馨，2004c）。

無論何者先行，重點在文化勞動者必須先成為象徵性符號，才能成為被消費的對象，並且憑藉一連串象徵性符碼的價值，才能鞏固勞動核心價值並延長勞動商品的生命週期。雖說創新是流行的主要因素，但確保流行的關鍵在市場反應，市場的不確定性命定了投入其中的勞動者必須面對無限變化的可能。當文化遇上經濟，能否

流行？需要產業活動的支援，缺乏產業活動支援，流行文化便稱不上文化商品，易隨著時空推移而遭人遺忘。產業支不支援，正反應了文化勞動能否輸出販賣，以及是否能將創意具象上市的勞動窘境。

三、團隊協作的產製型態

當文化成為產業，其本質上是以創造利潤為核心，以企業為骨幹，將擔任不同分工任務的企業、組織、個人連接在一起，透過大規模的分工協作，將創意價值轉化成商業價值的產業結構（花建，2003）。

這樣的產業結構，涉及一個混合的團隊型組織，牽涉到大量人性複雜的因素，每一個創作者擁有的藝術技巧不同，使得文化產業的組織不同於一般經濟產業的組織。一般來說，所有的文化活動通常皆需經歷「創意發想」、「創意執行」的階段，每個階段裡的從業人員會隨著產業分工所需有所不同。以戲劇產製來說，在創意階段，其產製過程涉及二個部分，一是創意概念的解析及產製內容的規劃，如：製作人、創意經理人、詞曲作家、編劇等。二是創意內容計劃執行產製者，其間包含負責內容產製的指導者，如：導演、副導、場記、武術指導、美術指導等以及內容展現之表演者，如：演員、歌手、舞者等。到了再製階段，其間轉錄過程仍需創意人員的監督，後製作業中（如母帶的編輯與修飾）及複製生產中的商品化過程（含：量產、包裝、出版、發行等）都需要不同專業工作者參與（Ryan, 1991）。

一般產業組織是垂直整合的過程，從上游的產品研發、到產品型態設計、量化生產、統一化的包裝與行銷，以及通路的合作，契

約型態是固定的。但是創意的計劃，從一開始就充滿不確定性，到底文化工作者可不可以創作？要創作什麼？創作時間的長短？及創作者因心情與靈感的主觀變化等，這些都牽涉到成本投入。

如同前述，複雜的創意產品（如電影、流行音樂）是經過一系列從概念產生到完成的各個階段，每個階段都是在其成本投入後，才能進入下一階段的製作，但產品的市場前景卻在各個階段中不斷地變化。這種不確定的風險如同經濟學中所謂買方與賣方的資訊不對等（asymmetrical information），但不同於一般接訂單的產製流程，文化產品的市場不確定是存在於每個產製環節，使文化產業的最高風險處理的問題是對等的無知（symmetrical ignorance），而不僅是資訊的不對等。在當買方與賣方都無法了解對方的情況下，產製組織必須面對製作成本投入後無法回收的市場風險，也因此在過程中，如何遴選適當的勞動力，常透過層層守門動作將風險降至最低（Caves, 2000）。

四、守門經紀

由於文化勞動涉及創意才華，文化勞動者很難有效掌握需要多少成本來完成一項作品。美術創作的估算可能較簡單，但是一支電影製作、音樂會、舞台劇，牽涉到需要多數人同心協力才能完成作品，許多的固定成本會轉換成變動成本，如堅持品質可能會延長拍攝時間。對文化勞動的勞動力付出，很難單就「量化」的指標論斷，收視率、排行、銷售量、票房、人氣指數等市場反應，又充滿不確定性，其間風險的控管就顯得格外重要。

是以文化產業，每項領域都會有它的仲介商負責檢選文化勞動者。仲介商會依據個別目標作出選擇。社會學家將這些仲介商稱為

「守門人」（或經紀人；ibid.）。守門是整個文化產業重要的一環，守門人可以是畫廊經理、總編輯、歌手經紀人、電影製作人、甚至是工會，缺乏守門人精確的判準，品質精良的藝術創作上不了展示架，若沒有他們遊說廠商或美術館投資，則文化產業的投入成本會變成無底洞。

為了辯識文化勞動及其作品的優劣情況，經紀人通常會將文化勞動者分類排序為手上的「A、B 名單」，以方便依不同需要進行篩選、剔除與推薦。該名單決定了文化勞動的等級，也決定了勞動產製及其作品的價格，更決定了其人際互動的範疇與參與勞動產製的機會（ibid.）。

名單的象徵價值，有利「文化價值的階層體系」（hierarchy of culture value）的形塑，方便「明星體系」的建構，而立基於明星體系的產銷策略，一方面有助文化市場的獲利；一方面能強化經紀人（公司）、製作單位生產權力關係，使生產方式所需要的組織效率得以維持（Friedman, 1977; Ryan, 1991）。對於文化勞動者而言，排名機制等同於經濟概念中的「差異租值」（differential rent），越大牌（即越具知名度）的文化勞動者越能夠擁有較多的市場交換價值，爭取勞動市場的產製機會。

五、經濟規模的開發

面對文化產製之不確定因素，經營者一方面會就過去市場經驗，進行較「保守」的投資，另一方面也會針對文化資本財，從產業價值鏈的協作及市場交叉共生共棲的關係，進行多元產值的開發。

在產品市場區隔上，經濟學上有所謂「垂直性區隔」（vertically differentiated）與「水平性區隔」（horizontally differentiated），所謂

「垂直區隔」，係指不同性質的商品，在價格相同基礎上讓消費者選擇；而「水平性區隔」則是相同性質的產品，以價格不同讓消費者選擇。而文化產品常混合著垂直與水平性的區隔因素，以充滿無窮變化（infinite variety）的產品特性，坐收「差異租值」（differential rent）。

　　當文化活動成為一種生產性邏輯過程時，從文化社會學角度分析，文化活動在經濟市場裡的展現也成為一種供需關係，也使得文化活動必須考量到市場中的客觀因素。如此一來，文化活動便會因為市場客觀因素，進而產生不同的商品性規律，其過程最明顯就是從「物以稀為貴」的單一珍品轉換成「大量複製」的經濟價值差異。

　　但文化商品一旦可以輕易買賣（如模仿或擬仿），就代表該文化商品已喪失其獨特性和特殊性，其收取壟斷地租的基礎就相對薄弱。居處「大量複製」與「壟斷地租」二者的矛盾，資本家通常會藉由衍生性商品的開發來區隔成二個不同的市場，坐收「壟斷地租」與「大量市場交易」的好處。

　　以藝術展覽為例，主辦單位並無法直接壟斷販賣該文化商品，但卻可以透過展覽活動之門票，收取願意欣賞該文明藝術者所願意付出的價碼，不同於壟斷地租之壟斷價格的特性，是在參觀門票價位上，做了不同等級的市場區格，並且以這樣的壟斷地租與稀有的特性做為整個展覽的核心產品價值，並以此擴大其經濟規模效益，衍生出各種附屬商品，如：畫冊、紀念衣服等，又與其他產業做資訊或服務上的連結，如：媒體單位合作宣傳、贊助廠商的企業形象與旗下相關商品的販售推廣，發揮其市場經濟效益（陳建倫，2004）。

　　經紀公司對於文化勞動的投資與規畫，基本上也是循著如上述的經濟利益。因此演而優則唱、唱而優則演、主持、出書、廣告代言等跨業、跨平台的勞動輸出，多依循著為確保最高邊際獲利及減低市場風險的角度進行。

　　在進行產業價值鏈與多元產值的開發時，會牽涉到文化勞動報酬的問題。如何協調文化勞動之姓名權、肖像權、形像權、複製、發行權及相關商品開發權，已非單獨文化勞動與產製結構的關係，文化中介扮演的角色與功能，關乎文化勞動最終的報酬與權益。

六、效能與效率

　　當文化成為一種「產業」，則其產製體系已質變成為一種資本積累、相互競爭的產業。如何使每個產製環結緊密連結而有效率、減低成本，發揮「時間就是金錢」效能，就會成為文化產業經營標的（Caves, 2000）。

　　文化活動若能於短期密切合作並快速兌現獲利，無疑是競爭獲利的關鍵。對於文化勞動者而言，短時間內統籌完成與作品的最終獲益，效率與效能問題往往不是正相關。因為文化勞動與一般勞動最大的不同是，它帶有「專業」的氣味，所謂專業，其勞動價值看的往往不是他做什麼事，而是他做出什麼成績。也因此，一般「做越多、賺越多」這套「不變」的定律無法套用在文化勞動者身上。何況文化勞動即使已經付出了勞動力參與生產製作，若產品沒有「上市」，或市場反應不好，獲得報酬極低。故創意勞動者認真工作不一定獲得相對的報酬，報酬來自於外在評價。

　　一般受雇於其它產業的勞工並不太關心其產品的風格、造型或特色，他們在乎的是薪資、工作條件及需要付出的心力。但文化勞

動者會認為，創作靈感是源自於其內在需求，出眾作品其想像力與熱情，超越理性、常規，故勞動者會以作品自傲。在產業價值鏈運作過程中，會更關心其品質。

但所謂的「品質」並非能由文化勞動者自我認定，牽涉到市場反應。在複雜的創意活動中，合作者之間因偏好也會有所衝突，有時為了追求一項可實現的成果，所有的投入者在時間與產製效率上，會作某種程度上配合與順從，個別文化勞動者，在此並無法針對自我專業價值與「品質」進行效能性的自我堅持，因為效能必需面對市場的不確定性。

再者，「分工」與「整合」的複雜性關係，使文化產製若要有「效率」地完成某種具商業價值的產品，每位投入者都必須在場工作，或以某種熟練的程度在某個極端點上執行其任務，否則再大的數字乘以零還是零，因為中間若有一成員有所閃失，則不是前功盡棄，就是損失慘重。「分工」、「整合」及「有效生產」也使文化工作者面臨「專業價值」與「市場價值」的衝突與矛盾，專業自主的權力更顯脆弱不堪（方德琳，1997；徐國淦，1997；林富美，2003a；2004b）。

肆、文化勞動問題

一、價值衝突的問題

「價值」（value）概念是所有經濟行為的起因與動機。在經濟的範疇裡，價值跟效用、價格，以及個人或市場對商品的評估有關。Smith（1979），區別了商品的使用價值（value in use）和交換價值

（value in exchange），主張事物的價值取決於生產過程中所使用投入（inputs）的成本，並依此建立所得的分配。

十九世紀末，價值的生產成本理論被取代，起而代之的是以個人「效用」（包含：利益、好處、愉悅、滿意或快樂等）為基礎的經濟行為模式。效用理論後來成為現代經濟學中消費者理論的基礎。該理論假定消費者對商品擁有一個規律的（well-behaved）偏好順序，若給一定數量的兩種商品，可明確說出其偏好，並依此導出需求理論，透過供給與需求曲線，決定市場競爭中價格模型。

但文化領域與經濟領域對對價值的看法不盡相同，一般而言，文化價值存在於美學價值（aesthetic value）、精神價值（spiritual value）、社會價值（social value）、歷史價值（historical value）、象徵價值（symbolic value）與原真價值（authenticity value）等（Throspy, 2001）。

當文化遇上經濟，就經濟價值的內涵來看，涉及「市場」的概念，而市場價值的聯結，係透過消費者對於該文化商品符號的體會與感動。對於消費者來說，文化商品的消費，不純然在於它的物質性，而是它的標記（mark）象徵差異，其價值並非僅是使用價值，充滿更多的交換價值（Baudrillard, 1998; Bocock, 1993）。這種象徵性的認同，使文化價值在建立理性的經濟價值評量時，常缺乏一致的共識。因此，我們會發現經濟價值與文化價值正負相關並非絕對，如古典音樂有較高的文化價值，但其以市場規模而言卻又列低經濟價值；當代流行音樂，文化價值可能不高，但因為受歡迎，經濟價值卻可能很高。

對文化勞動者來說，文化價值與經濟價值的切割並非絕對，具創造力的生產過程，其努力往往不僅在於取悅了自己，更盼將這些好處賦予使用此物品的人，價值的分合，關鍵在共識的建立。

　　但共識建立於能生產的前提下，利潤極大化向來是資本主義社會市場原則，只有在文化商品能夠賣並且可望創造利潤的前景下，財團才會生產並在市場兜售，若是營利機會明顯，就會投入，市場壓力決定那些類型的文化商品可以生產，為誰生產，及在那些條件下生產，能否「上市」常是決定其經濟價值的第一道命題。

　　為降低市場不確定，經營者常依賴市場經驗進行評估。以媒體產業的情況來說，其結果就是我們熟悉的「收視率」、「發行量」等。透過「收視率」、「發行量」所建立的機制，又再製了文化勞動產製趨勢與類型。

　　透過「暢銷排行榜」的手段，非但欽點了文化勞動者著作的命運，並轉化為社會對文化勞動者之「價值的肯定」。對僅能販賣勞動力謀生的文化勞動者而言，一旦勞動無法出售，就必須面臨沒有交換價值的窘境，屈從於市場的生產價值意識。

　　雖說文化產業講求創新，但當文化遇上經濟，創新、進步或恐只是幌子，是作為掩飾其不變的謀利動力。以電影為例，雖保有一些獨特的生產形式，但成本與效益仍是其考量的重點，故每項產品都捏造出與眾不同的樣貌，但此獨特的面貌，目的只在撩起閱聽人獨立個性的幻象，非關文化勞動的創新自主。

　　因此，更切實的說，價值是社會建構的現象，價值或價格的決定不能脫離社會脈絡而獨立。主張以邊際效用，認為消費者會依個人需要形成偏好次序，忽略了管控交易的制度環境及社會互動過程對消費者的影響。價值的衝突，說明文化勞動價值是一種協商或交流的現象。如何連結這兩個領域的過程中，涉及場域資本與權力的鬥爭（Throsby, 2001）。

二、資本與權力問題

經濟學上資本（capital），係指由人類所製造而使用在迂迴生產過程中之投入要素，如機器、房屋、工廠、汽油、原料等，是有別於消費財（consumer goods）的一種資本財（capital goods）、投資財（investiment goods）或生產財（producer goods）。

在文化產業中，文化是重要的投入要素。然何謂「文化資本」（culture capital），Bourdieu & Wacquant（1992）認為，「文化資本」係指「語言、意義、思考、行為模式、價值與秉性（disposition）」，是屬於語言學、風格學、與知識特質的能力形式。

做為生產力，「文化資本」係指文化創意產業中關鍵的生產投入要素，該要素藉由科技及創意的創新運用，有助於提升產品和服務的附加價值，進而累積資本、創造利潤（吳思華，2003）。故文化資本是透過文化勞動進行產製與加值，以衍生出具文化意涵之可買賣的資產（其間參與生產資本尚含文化勞動者之其它資本，如社會資本、象徵資本等，後文實證篇章，會有進一步說明）。

但文化產製的特點是它必需透過組織與團隊，因此個別文化勞動者，無法獨立於產製環境裡的人情、語言、思維、文化與權力的脈絡發展。協製的產製分工加上產品販售涉及市場的不確定性，使有見地的文化工作者，其創意理論和思考的參考點，仍無法擺脫市場優勢的生產模式，這種曖昧的位置，使他們無可避免要和優勢權力打交道。

況且資本主義是一套藉由對成本與貨價的理性估計來生產商品，是為了促進資本的持續累積以達成再投資目的所設計出來的經濟系統。如同前述，當文化商品的價值決定於如何滿足消費者個人

的感覺、情緒、判斷，而非關產品品質時。對於文化工作者而言，文化市場的界域就是意義與價值的界域。在市場為大下的生產共識下確實可以透過文化勞動者責任自主，不留痕跡的達成。

故權力依舊掌握在經濟領域，特別是那些資產雄厚的大公司手中。想在文化中表現自我或對社會進行批判的衝動，冷不防就會遭資本主義體系「收編」（co-opted），進而轉成待價而沽的商品，黑人社會中饒舌歌就是例子。是以，置身於資本主義生產體系下的文化勞動，少有心懷大志的創作，多數反而淪為「文化人」、「文化群眾」及「文化生產部門」的財產。一旦工作與生產組織邁向官僚化的產業階層體制，個人也被貶抑為角色，工作場所常規與慣習，迫使理念、自我探尋、自我滿足等漸行漸遠。在此，文化勞動者在勞動過程中所具有自主性、文化資本的掌握及操弄知識符號的特性，並無法成為對抗資本家的有利武器。當專業的場域競爭與其市場反應畫上等號，文化勞動者與資本家的權力關係，常是勝負已定（林富美，2002；2004b）。

三、資產歸屬的衝突

文化勞動涉及創意的腦力活動，輸入創意的成本和創意輸出間，常找不到有意義的經濟關係，管理者通常很難透過制式化流程，以你在做什麼、如何做，進行結果的評量。作為生產財，其勞動生命周期的興衰，不能盤算，變化與不確定沒有準據，當才氣走下坡時，更不能同其它生產所需的設備財般可以折舊抵稅。

對此，組織管理一方面會透過個案性彈性化契約，方便人力資本投資不利時踩煞車，以因應市場不確定性；或將文化勞動所具有

的創意及知識資產，透過管理，使其可以被描述，可以分享，可以利用，同時成為組織資本。

對於文化勞動者而言，能保障創作獲利的是智財權，因為多數的文化產品具耐久性，文化產業在交易中擁有的無形財產及智慧財產的價值，包括著作權（copyright）、專利（patent）、商標（trademark）、設計（design）等，為獎勵及保護創作者的利益，各國政府都以法律明確訂出必須以「作品授權」方式，確保創作者利益。

但科技的發展，一方面使文化勞動的勞動剩餘價值，可以複製締造規模經濟的效益，一方面又迫使文化勞動者之生產力，一經錄製存檔，就與勞動者自己分離，但可以再製成形式多樣的文化商品。而透過數位轉換及模組化產製概念，一項創意又可以透過分類重組，變成不同產品，在「一次生產多元利用」的經濟效益下，易模糊個別勞動力所締造的價值，透過產品的生產與勞動力的再生產的時空落差，智財權的歸屬，無疑又涉及到產製權力與契約的約定。

四、名聲勞動困境

文化產製有一個特點，就是文化勞動者之名字，會隨著產品作「現身」。也因此產品呈現的情況及組織對產品的行銷，都會直接或間接影響文化勞動者在該領域的「名聲」。Ryan（1991）認為，這是文化創意勞動與其他行業的最大差異。名聲在文化工業象徵社會上，能夠辨識出文化工作者的專業天份與技巧。對於勞動者而言，能夠在文化產業中佔有名聲，就是他勞動價值的指標。

以流行文化為例，明星的功能有如一種「商標」或「品牌」，當明星成為一種品牌時，就會超越其物理特性，帶有某種象徵性，建構音樂產品的核心價值（王家慶，1995）。其核心價值大小，決

定了文化商品在推展前述商品圈等衍生性經濟利益的可能性大小
（Frith, 1986; Negus, 2004）。

　　名聲既能創造潛力無窮的經濟價值，但名聲經濟的價值歸屬，
卻往往跟著創意勞動者跑，文化創意產業經營者充其量是擁有文化
產品智財權，但無法擁有因為產品現身所累計的名聲。出資人或著
作財產權人無法剝奪，這種勞動特質，不同於一般勞動者。這種產
品現身累計的名聲，與先前產品分開的特質，能開創文化創意勞動
者更寬廣的勞動市場（林富美，2004b）。

　　但累積名聲的前提在於作品上不上市及產製組織的市場行
銷，為求企盼自己名字會隨著產品「現身」，文化勞動者會妥協於組
織管理，遵循場域所允許的遊戲規則，在此，名聲基礎反而可能成
為組織生產共識操控的利器，用以收編文化勞動者的獨立自主性。

五、協作產製的勞動風險

　　文化創作者在生產過程中，通常都需要與個別的夥伴或其它的
創作者共同合作，作品才得以圓滿完成。如畫家需要藝術經紀人的
搭配、小說家需要出版商、電影製作需要許多演員、導演、編劇、
攝影、美術指導、造型等各種人才來協力完成，而這些人通常也視
自己為藝術家。

　　在複雜的創意活動中，合作者之間因偏好而產生的衝突往往是
透過權力的階級機制而得以平撫。更複雜的情況是為了追求一項可
實現的成果，所有的投入者都必需某種程度上的熟練與順從，是經
濟學家所謂的「複雜性生產功能」（multiplicative production function），
在「複雜性生產功能」的關係中，如果要完成某種具商業價值的產
品，那麼每位投入者都必須在場工作或至少比某種熟練的程度在某

個極端點上執行其任務，否則再大的數字乘以零還是零（因一位成員失當而前功盡棄），一項計劃的淨利或營收是所有參與者互補綜效的結果（Caves, 2000）。

　　如何協調其間的權益，通常透過文化中介來協議或簽約。如何在文化勞動者與產品和消費者間，搭起密不可分的社會關係，涉及彼此契約關係。契約關係的類型與功能不同，文化勞動者的權利主張也不同。

六、數位科技的影響

　　傳統經濟學強調營業額的擴充，是靠資本累積的。譬如僅開一家 KTV、書局，它的營業額是有限的，若要增加營業額，就必須要增設連鎖店。即使是工廠，若要增加營業額，也必須擴充廠房，增加生產線，否則無法競爭。但數位世界裡完全顛覆此一邏輯，因為數位世界裡，產品或服務的複製是零阻力的，一家網路書局，服務一人與服務全世界，成本是類似的，當全世界的人都向亞馬遜網路書局買書時，它卻不需要靠資本設立連鎖店，空間資源是取之不盡，與傳統的資本主義社會大為不同。

　　實體世界講求的是「生產端」的規模經濟（supply-side scale economy），也就是當生產數量（規模）越大，就越有經濟效益。唱片要大量生產才會便宜，報紙發行量越大越好，KTV 的分店數越多，取得產品的成本就會越小。實體世界講求的是「內部性」，企業體質好，自然就會賺錢，因此企業內部的核心能力便很重要。虛擬世界講求的是「使用端」的規模經濟（user-side scale economy），生產者端的規模經濟反而不再那麼重要。因為，在數位的環境中，再製成本很低，因此再製的數量大小，並不影響花費的成本，因此製

造規模的大小影響不大，因為經濟規模的效益，發生在需求端，如此又強化需求端的經濟規模對文化產業盈虧的結果。

　　數位匯流對文化勞動具有如下的意義：一是數位簡化產製流程，降低產製與傳輸成本，提昇生產作業流程的彈性化（flexibility），有利跨組織的人力溝通與協調；二是生產工具、生產者與產品之間分離，透過產品的切割重組，模糊個別勞動力所締造的剩餘價值，使產品的生產與勞動力的再生產在時空上產生明顯的落差，勞動者較無法主張自己的勞動過程成果；三是文化產業的產製成本集中在生產過程前端，為避免這種風險，委外派遣的外包式生產關係將成趨勢（游玉玲、黃育蓮、林富美，2004）。

　　而為因應全球化後產業結構性變化，文化產業加速調整規模或進行多角化經營、合併、收購等事件頻傳。在全球產製分工的框架下，各國投入勞動力，勞動條件與薪資待遇，高度個人化與不對等，並打破單一國家工會組織介入可能性。彈性運用不同國別勞動者，目的無它，乃增加認同，以利產品出口及市場接受度。對於跨國投資的資本家而言，吸收各國勞動力，多數看重的是它隨時「可用」、「可拋」的「便利」及「便宜」而已。

伍、當文化遇上經濟

一、文化勞動特質

　　文化勞動涉及創意的腦力活動，創意的成本和創意產出間，常找不到有意義的經濟關係，管理者通常很難透過制式化流程，進行最終勞動產出的評量，其勞動價值並無法量化。

這種無法量化的勞動價值是依附於一連串不斷發出、被接受和再生產的象徵性符碼，而「意義流動」的符號體系正反映了文化勞動必需面臨市場不確定的問題。該不確定性，使販賣勞動力方能生存的文化勞動者，面臨能否將創意具象上市的勞動窘境與市場評鑑的排行壓力。

由於文化勞動者可隨「產品現身」，這種「具名勞動」的特質，具辨識文化工作者的專業天份與技巧的象徵價值，有助產品差異化之市場區隔，是資本家獲利的依賴。對於勞動者而言，名聲等同於經濟概念中的「差異租值」（differential rent），越大牌（即越具知名度）的文化勞動者較能夠擁有較多的市場交換價值，爭取勞動市場的產製機會。

二、該勞動特質對文化產製交互的影響

文化產業涉及一個混合的團隊型組織，牽涉不同專業職能的勞動參與，這使產製計劃，從一開始就充滿不確定性。產製組織必須面對製作成本投入後無法回收的市場風險，因此在過程中，如何遴選適當的勞動力，常透過層層守門動作將風險降至最低。

經紀公司（人）為辨識文化勞動及其作品的優劣的名單排序，決定了文化勞動的等級，也決定了勞動產製及其作品的價格，更決定了人際互動的範疇與參與勞動產製的機會。名單的象徵價值，有利文化產製「明星體系」的建構，建構於明星體系的產銷策略，一方面有助文化市場的獲利；一方面能強化經紀公司（人）、製作單位生產權力關係，使生產方式所需的組織效率得以維持，左右文化勞動者場域的生存心態。

　　面對文化產製之不確定因素，經營者一方面會就過去市場經驗，進行較「保守」的投資，另一方面也會針對創意資本財，從產業價值鏈的協作及市場交叉共生共棲的關係，進行多元產值的開發。而拜科技之賜，以符號輸出之創意勞動資產，一經數位複製卻可無窮轉化，反複穿梭於不同載體，締造利潤極大化的可能。

　　但科技的發展，一方面使文化勞動的勞動剩餘價值，可以複製成規模經濟效益，一方面又迫使文化勞動者之生產力與勞動者自己分離，可以再製成形式多樣的文化商品。在「一次生產多元利用」的經濟效益下，易模糊個別勞動力所締造的價值，透過產品的生產與勞動力的再生產的時空落差，智財權的歸屬，無疑又涉及到產製權力與契約的約定。

　　況且在文化價值反映成經濟價值的過程中，市場潛力與集體價值共識須仰賴文化產業的宣傳及行銷投入，市場規模決定於文化產品再製、行銷的成敗，居處其間的勞動者往往只有配合的份，再製行銷對市場獲利的影響，強化了文化勞動商品化事實，使文化勞動的權力鬥爭，發生「去專業化」及「去專權化」的影響。

三、特質取向對文化勞動者之勞動處境與權益的意義

　　當文化遇上經濟，交互於文化勞動特質與文化產製的互動結構，使文化勞動者的衝突，從過去行動者—結構之專業自主的探討，多了更具體之經濟價值的意涵、表徵、酬償與創意資產所有權與支配權歸屬之面向。衝突內涵的改變，使文化勞動的場域鬥爭，從內容產製的權力鬥爭，放入市場權力對勞動酬償差異化的影響。該轉變說明了文化勞動價值其實是一種協商或交流的過程，如何取

得文化勞動價值與商業價值的共識，涉及文化勞動、文化中介與產製行銷之契約談判。

市場不確定的風險，使文化勞動的產製透過層層守門動作以遴選適當的勞動力。「中介」包含三個層面：一是中介行動：係指中介文化創作者或作品的守門過程。如作家、音樂家、劇作家及導演等，必需靠文化中介給出版商、唱片公司、製片商，或廣播電台DJ、媒體記者等；二是創意資產轉換中介：包含協調文化勞動之姓名權、肖像權、形像權、複製、發行權及相關商品開發權；三為社會關係中介：係指文化商品化過程，交互於製作端與接收端所有社群關係的中介，包括產製團隊、再製及行銷、廣告等關係的建構及協調，涉及不同組織階層的權力互動（Williams, 1981; Negus, 2004）。

文化中介類型與功能，使文化勞動者與產製結構的關係，更趨複雜與多層次，資產中介的複雜關係，使文化勞動之能動性與限制，從專業自主的角度，轉移成行動者－中介者－產製單位間的所協議建立的勞動契約關係，影響勞動權益的制度性思維。

四、中介、守門契約關係與國家的角色

（一）變動關係下的契約問題

文化創意計畫通常需要多方不同但互補的資源共同合作，一項計劃的淨利或營收是所有參與者互補綜效的結果，每位參與者對該項創造價值的計畫都是不可或缺的，也因此很難認定或犒賞其中任何一位的功勞，因為一項計畫是因為有了每一位參與者才得以完整。如何訂定合理有效契約，涉及「協作團隊」的契約問題（Caves, 2000）。

　　面對「協作團隊」的問題，文化圈內，常用忠誠度有效地維繫著許多複雜的創意交易。這種運用忠誠度所建立的口碑效用，助長了口頭契約（implicit contract）存在的空間。其好處是它讓不完善的契約在面臨突發情況時，能以「誠信原則」（good faith）來重新議約。但缺點是，它也可能變相剝奪了文化勞動者勞動權益，對於「菜鳥」或打「文化零工」者更為不利（ibid.）。

　　理想的契約是每方的報酬應該依據其對計劃總成效的貢獻，以誘使參與者對整體計畫付出最多的投入。但產製中充滿了太多不確定的因素，因此契約形式通常都很簡單，並且會迴避一般完整契約所要求事先詳定各方工作內容與事後相互監督的必要性，讓團隊的協調運作更具彈性。在此，參與各方與企業體間，其信任關係，繫於文化中介居間所建立的社會關係與合作經驗。

　　但如何發揮有效執行的機制，避免計畫中途以要求增加報酬否則拒絕繼續投入的方式來威脅、阻礙計畫的進行，或企業主以控制成本的方法來降低風險，讓勞動酬償蒙受不明的損失，有賴文化中介有效評估相關的不確定性，並進行合理確切的協調。

（二）權利主張與國家角色

　　簽訂合約的每一方都希望能從中獲取最大利潤。但是給予某方較多的利潤意味著其它方面獲利的減少；而契約中各方的利潤分配是取決於其「議價能力」（bargaining power）。

　　但複雜的是，有時議價能力卻又變成次要因素。因為契約條件卻不是如此容易決定，不容易確切算出彼此認同的責任及貢獻，尤其當某方的貢獻遭到限制，其獲利分配就會變得混淆不清（ibid.）。

　　文化勞動的就業方式，說穿了是一種勞動力的彈性買賣，無論就市場或產製現實，居處產製結構下的文化勞動者，其權力與資本運用都相對弱勢。如何保障勞工的薪資和保險等福利，很難單獨透過文化中介與產製組織的商議。

　　全球化後，勞動力的跨國合作更為密集，在勞動市場彈性化及全球勞動分工的趨勢下，國際社會開始重視非典型準聘僱關係，尤其是派遣勞動（dispatched work）的發展趨勢。

　　對文化勞動者來說，透過中介的派遣關係，某些程度上造成雙重老闆的問題，在履行工作內容義務時，也容易呈現出無所適從的現象，因為一方面是派遣機構合法雇用，另一方面卻要在受派業者處提供勞務與接受受派業者的指揮和監督。在討論影響文化勞動特質的外部因素時，除了市場決定機制外，國家角色更是不可忽視的面向，如何架構並平衡文化勞動者的弱勢處境，協調其間的契約糾紛，建制相關的法制規範，有賴國家負起其關鍵支點的平衡角色。

陸、本書導讀

一、研究方法與各章實證資料基礎

（一）研究方法

　　本書各章實證資料採質化訪談、觀察記錄及文件資料分析等方法。在訪談方面，著重於從受訪者的角度與觀點來看事情，並藉由對雙方對話的掌握與進行。訪談時，是隨著每位被研究者不同的訪談脈絡，調整問題的措辭與先後次序，基本原則是提供一個訪談架構（general interview guide approach），讓被研究者用自己說話的方

式，表達自己的想法。遇有不解，會再邀再訪。在取得研究對象同意下，研究者以全程錄音的方式作為記錄，資料分析時，會先以原音重現方式進行登錄，再針對研究題，進行「意義」的分析（Lindlof，1995；吳芝儀、李奉儒譯，1999）。

　　訪問情境都儘可能安排於其工作場所中或另約於適合訪談場所，訪問進行不一定一次完成，可能連續在現場與其共處好幾天，不是一次問完，可能一天數回，或分好幾天才問完研究者所擬之訪問大綱題項。訪談時間通常在 60 至 90 分鐘間，對於不清楚處會反覆比照當天觀察心得紀錄與再聯絡約談進行校正，並輔以組織內部文件、觀察記錄，進行資料批駁。

　　關於研究資料的呈現，除部分資料必需以原說法呈現外，為免直接引用訪談資料造成的冗長，及意義歸納與理論文獻反思、佐證之聚焦。本書各章未採用傳統制式書寫方式，而是以各章前言所提問題為基礎，輔以文獻與實證資料，由作者進行意義歸納之連貫性論述性陳述。

（二）各章的實證資料基礎

　　第一章導論內容，有部分刊載於世新大學 50 周年校慶專書之第四章。第二章實證資料，係匯整作者 2003 年國科會〈新聞產製商品化對媒體工作者之影響〉（NSC92-2412-H-128-013）及 2004 年〈試論名聲基礎與專業自主的弔詭：類型、產製常規與權力分析〉（NSC93-2412-H-128-007）計畫案之調查訪談資料。訪談對象包括文字、攝影記者、主播、編輯、圖編、編採、廣告發行部主管等共 33 人，年資含 2 年到 25 年，其間《蘋果日報》11 人（含文字記者 4 人、編採主管 5 人、攝影記者 2 人）；《聯合報系》13 人（含編輯

3 人、記者 4 人、攝影記者 2 人、編採主管 2 人、人事主管 1 人、廣告發行主管 1 人）；華視 2 人（含主播 1 人、編採主管 1 人）；民視 2 人（含編輯 1 人、主播 1 人）；年代 3 人（含文字記者 1 人、攝影記者 1 人）；東森 2 人（含文字記者 1 人、攝影記者 1 人）。

第三章實證資料有關於《聯合報》系來自於作者於 1997 年發表於《新聞學研究》第五十四集資料，該次訪問對象包含召集人、組長、主任、副總編輯、工會、職福會、人力資源處等中、高階主管、記者與編輯共 19 人。有見於 1999 年以來台灣媒體勞動市場丕變，解雇、裁員事件頻傳，2000 年作者以〈從媒體勞雇關係探討組織建制對新聞專業的影響〉為主題（NSC89-2412-H-128-020），接續 1997 年研究發現，進行後續性探討，重點在針對組織建制對新聞工作者影響，本章僅提呈其間《聯合報》系員工訪談資料部分，並與 1997 年訪問資料進行前後資料銜接、比對與整合。至於《壹傳媒》部分，實證資料來自於 2003 年作者國科會〈新聞產製商品化對媒體工作者之影響〉（NSC92-2412-H-128-013）計畫案。訪談對象，包括台灣《壹週刊》及《蘋果日報》編採部的新聞工作者，包括文字記者、攝影記者，及《壹週刊》與《蘋果日報》的編採管理人員，總計共 20 名。

第四章實證分析主要援引 2005 年 7 月 22 日至 9 月 30 日針對 7 位談話性節目主持人與常客（皆出身平面新聞媒體）進行之訪談，所有資料與有關場域定位與權力互動發展的觀察與記錄皆係筆者指導之研究生（曾任談話性節目助理與現為製作人）協力取得。本章初稿內容發表於《新聞學研究》，第八十八期。

第五章實證資料為作者 2005 年國科會〈新聞工作者之世代差異調查〉（NSC94-2412-H-128-003）研究計畫調查資料，本次研究

以「傳統世代」（出生於 1949 年之前）、「嬰兒潮世代」（出生於
1950-1965 年）、「新人類世代」（出生於 1966-1976 年）及「新新人
類世代」（出生於 1976 年之後）之世代段落為基礎，透過人脈引薦，
選出不同世代中具效標性對象訪問。受訪對象傳統與嬰兒潮世代主
要以平面媒體記者為主體，但受電子媒體開放影響，新人類及新新
人類世代以平面和電子媒體記者皆有為準。其間，傳統世代 2 人，
嬰兒潮世代 6 人，新人類 8 人，新新人類 5 人。

　　第六章實證資料基礎為 1999 年國科會〈媒體工作者之勞動意識
與其組織作為之探討〉研究案調查資料（NSC89-2412-H-128-005），
在工會幹部訪問聯合報工會、中時工會、自立工會、大眾傳播產業
工會聯合會（簡稱大傳聯）、台灣新聞記者協會（簡稱記協）等之
工會幹部（共 17 名）與會員（共 15 名）。至於沒有工會組織之媒
體，則訪問了《自由時報》及《台灣日報》之新聞工作者（共 5
名記者）及編採部門主管，總編輯及採訪主任等（共 3 名）。另也
透過關係，收集各報工會與資方談判時之記錄性文件資料，作為補
充，有關中時三合一時，資方的說法即是從文件資料整理而成的。
全文初稿內容發表於 2002 年《新聞學研究》，第七十三期。

　　第八章實證資料為作者 2001 年國科會〈文化工業的勞動體制
研究：藝人勞動特質與勞雇派遣關係探討〉（NSC90-2412-H-128-001）
研究案調查資料，全文初稿發表於 2004 年《新聞學研究》，第七十
八期。本章實證資料類型為：

　　1. 新聞剪報資料收集：先流覽近三年民生報、大成報、星報等
　　　之合訂本，列印後作成剪報資料建檔。並請助理以「藝人」、
　　　「演藝人員」、「表演者」、「表演工作者」等關鍵字，於各報
　　　網站進行搜索，逐條閱覽，針對有關藝人與經紀人（公司）

的合約問題，不限年代都列印建檔並與先前剪報資料彙整，
試擬合約糾紛的問題圖像；

2. 影片觀察：研究期間，適逢三立電視台製播訪問藝人演藝生
　涯經歷與遭遇為主軸之「封面人物」節目，請研究助理錄影
　該節目；並請校方行文，由研究助理前往三立電視台錄影帶
　檔案室，以隨機抽樣的方式，在現場抽選出 15 集，觀看後
　作相關資料摘記，為擬定訪稿作事前的準備工作，也作為日
　後校正訪談的參考資料；

3. 搜集經紀（人）公司資料：透過研究者所認識電視公司製作
　人，搜集有關經紀人（公司），提供給製作單位有關其服務
　內容及旗下藝人資料，並以非正式聊天方式，對國內經紀人
　（公司）類型與經營內容作一了解；

4. 參與觀察：（1）參與觀察演藝工會抗議行動：2001 年 11 月
　2 日演藝工會前往三台抗議連續劇重播問題，訪員至台灣電
　視公司作參與式觀察，並訪問現場抗議的演藝工會理事長楊
　光友先生、演藝工會副主任秘書蕭潤禾先生、藝人小亮哥
　等，試圖先瞭解工會目前運作模式，以及藝人與工會互動情
　況，及（2）攝影棚的參與式觀察；2002 年 1 月 27 日在中
　影文化城三立攝影棚，全程參與三立電視台〈台灣阿誠〉拍
　攝過程，訪員全程觀察、記錄演員和製作單位的互動，並觀
　察棚內的工作環境。同年 3 月 13 日到台視中和棚，觀察台
　視年度大戲〈台灣曼波〉演員之間的互動，也觀察了演員在
　非錄影時間是如何在化妝室消磨時間，並透過製作單位瞭解
　演員的排程。3 月 14 日到台灣電視公司〈台灣曼波〉攝影
　棚，觀察演藝人在每天第一場錄影的到場情況；並透過非正

式的聊天方式，藉以了解現場工作人員及藝人平常的工作情形，也透過製作單位的執行製作助理，全程參與藝人的定裝。透過參與觀察，深入演藝人員的工作環境，了解藝人在產製中處境與權力關係；

5. 深度訪談：訪問藝人 20 位，其中男性藝人 12 位，女性藝人 8 位；年齡層介於 22 歲到 55 歲之間，包含老（年資 30 年以上）、中（年資 10 至 20 年）、青（10 年內）三代藝人，但由於受訪藝人有部分是演員、主持雙棲，有的是歌手轉演員，故無法統計出演員、主持人或歌手的比例分配；經紀人有 4 位，含戲劇經紀人 2 位，唱片宣傳部經理 1 位，主持人經紀人 1 位。

　　第九章實證資料中，有關於授權音樂仲團對音樂資產產生的影響來自於作者與梁秀雯研究生 2004 年以〈音樂產業數位化對音樂智財權帶來之資產分割與膨脹效益分析〉為題，發表於實踐大學企業管理研究所主辦，《第一屆創新與管理學術研討會》論文資料。訪問對象如下：1.環球音樂出版有限公司台灣分公司總經理馬麗華；2.華研唱片公司副總經理徐啟正；3.阿爾發音樂股份有限公司總經理楊峻榮；4.滾石音樂經紀公司總經理黃文輝；5.新力音樂股份有限公司台灣分公司財務長蔣芳欣；6.詞曲作者兼藝人施文彬；7.詞曲作者兼藝人李恕權等人；8.科藝百代著作權台灣分公司副總經理莊美玲。

　　至於該變化對於音樂著作人權益之影響則為作者 2006 年國科會〈從台灣音樂經紀代理制度變遷檢視文化中介對文化勞動權益的

影響：類型、功能與契約關係研究〉（NSC95-2412-H-128-001-MY2）
提案前之調查訪問資料。

　　第十章有關歌手市場關係行銷資料取於 2004 年作者以〈影子
行銷對歌手勞動商品的影響〉為名，發表於世新大學傳播管理系主
辦之《傳播管理與趨勢發展研討會》論文資料。勞動權益部分為會
後依評論委員意見訪問唱片界熟悉人士整理而成。

　　其間，新聞版面收集 2003 年 1 月至 2003 年 12 月《星報》、《聯
合報》、《民生報》及《聯合晚報》，相關資料共 145 則，並搭配該
時段內網路上歌迷對案主相關論述，作相互校正分析，歸納案主發
片前及發片期間唱片公司的產品行銷策略，以此訪問雙方唱片公司
負責人各 1 名及 3 名有歌手企製行銷經驗之業界人士。最後從媒體
論域及訪談資料進行資料校正批駁，進而分析各自勞動商品圈的特
質，檢證有關問題。

　　當然，第八、九、十章中有關於藝人與文化中介關係產生的權
益問題，尚屬初探性研究，對於文化勞動者與文化中介者間之契
約類型、關係及不同契約內容對文化勞動者權益的影響，將於未
來 2 年國科會研究案〈從台灣音樂經紀代理制度變遷檢視文化中
介對文化勞動權益的影響：類型、功能與契約關係研究〉
（NSC95-2412-H-128-001-MY2），進行後續的研究。

二、全書的結構性安排

　　本書共十章，內容重點環繞於第一章導論所解析之市場經濟對
文化勞動的影響，其中第二章至第六章以新聞工作者為對象；第
八、九、十則以藝人為探討主體。全書結構安排如下：
　　第二章　探討新聞商品化對專業勞動產製權力的影響；

第三章　探討報償制度對於新聞勞動及產製關係的影響；

第四章　就名聲對於記者勞動價值與職涯發展的影響，探討當新聞工作者成為「名嘴」後，原植基於專業形象的名聲在「生存心態」及「商品化市場機制」下如何影響專業勞動；

第五章　就台灣政經發展的脈絡及當時的社會文化價值，探討不同世代的新聞工作者想法、作為的異同，並分析商業及科技力量對其勞動處境的影響；

第六章　以新聞工作者為對象，探討台灣媒體工會意識及集體行動的情況，試圖分析媒體工會意識及集體行動弱化因素，並針對環境變遷看台灣媒體工會意識與集體力量所呈現問題；

第七章　介紹文化中介的發展脈絡，釐清文化中介型態與功能，以幫助讀者理解第八、九、十章研究目的與內容旨趣；

第八章　以守門中介之派遣勞動關係為基礎，探討藝人勞動特質、藝人派遣勞動的生產關係及存在於藝人派遣勞動問題；

第九章　以數位科技中介為基礎，探討音樂數位化後，透過代理仲介團體交易、授權產生之資產分割及膨脹效益的變化，及其對音樂著作權人權益主張的變化與影響；

第十章　以市場關係中介為基礎，探討唱片及經紀公司如何建構歌手的勞動符號，透過類如商品圈的勞動物化運作，其合約關係所發展出的權力互動，對歌手勞動權益的影響。

第二章
新聞商品化對專業勞動產製權力的影響

　　本章旨在探討新聞商品化對專業勞動產製權力的影響。研究發現，過去媒體採編業分離政策，業務部門與編採部門權責分立，故新聞工作者的權力競逐，以生產意義的「產品」市場為主；新聞商品化後，因應管理者的利潤考量，會使記者詮釋新聞的自主權，淪為組織謀利的工具。更深層意義是瓦解廣告市場與產品市場權力分立的局面，使生產意義的權力鬥爭，含蓋產品市場與廣告市場，負責編採與廣告發行之新聞工作者，產製權力呈現不同消長態勢。此外，記者與消息來源間，解構過去以資訊取得為主的互動方式，原存其間之製碼與解碼的權力競爭，加入了非關新聞意義的對抗、妥協與合作的情況。新聞媒體或新聞工作者建立於社會大眾的新聞產製權力，淪為為特定「金主」宣傳、廣告、鬥爭、營利的工具。另方面，科技的運用，強化組織產製中的控制權力，數位科技提供再製、重組的便利性，使個人資產容易轉換成組織資產，故科技使組織同時行使了「去專業化」與「去所有權化」的權力。

壹、前言

　　隨著新聞成為商品，象徵符號的生產、流通與消費成為經濟主力，媒體直接參與市場，並在其中生存、獲利。這種商業化的新聞生產模式，改變了由「報紙作為第四權」模式所推導出的新聞媒體

與國家社會的關係。造成我們觀察到的台灣現況：新聞媒體監督政府、不畏強權、伸張公義的角色日漸式微；反之，得到強化的是媒體形塑主流論述、催化流行趨勢、左右名聲、成就權貴、締造特殊團體或個人利益的驚人威力。

　　這就難怪新聞媒體這塊場域，近年來吸引無數各方人馬，競相投入，參與競逐，企圖透過「意義」霸權的鬥爭，進行「力」與「利」的權力分配。社會大眾賦予媒體的權力，有時竟成反噬社會公平正義的合法暴力。

　　改變的原因，源自於媒體開放後，產品市場的惡質競爭，為搶食有限的廣告市場，新聞媒體更改過去採業分離的產製政策，取而代之的是採業合一（或編業合一），產品市場與廣告市場合流的趨勢，新聞不再是新聞，而是能獲利的商品。當新聞產製向營利一方傾斜，瓦解了過去編輯採訪與業務部門分離的產製常規，連帶促成廣告、發行、編輯、採訪等部門的權力消長。新聞工作者，面臨的難題，除了市場競爭，媒體停刊、易手、部門裁撤或整併的工作問題外，更大的苦難是淪為經營管理獲利的工具。為保住飯碗，維繫勞動生涯，場域的權力鬥爭，更甚於前，新聞專業自主權，面臨更險峻的挑戰。

　　以下分二部分探討新聞商品化對專業勞動產製權力的影響，第貳節先以生產關係的權力理論為基礎，分析新聞產製特有的權力關係，並歸納相關商業力量影響新聞產製權力之相關文獻。第參節歸納作者 2003-2004 年國科會實證結果，進行說明。有關實證資料之串文，因顧及閱讀性，由研究者以研究發現為引，進行詮釋性說明，但若行文必要，也會佐以訪問資料原文作摘要性重現。第肆節為總

結實證結果，希望就商業力量對新聞產製權力關係，正視新聞專業
權力消失的力量。

貳、新聞產製中的權力關係

一、生產關係與權力因果

　　權力（power），就個體層次言，係與「能力」（capacity）、「技
能」（skill）、或「才能」（talent）等同義。作為複數，其義與「潛
能」（potency），或等同於一個文化勞動者所能展現的總能力。

　　當權力作為一種社會關係，隱含著「對抵抗性的事物施加控制
或影響」，係指某人能在某人身上，發揮預期影響的那種能力。故
權力，可以是一種個人的特質；一種人際間的架構；或一種因果架
構（Dennis, 1979）。

　　就現實層面來看，權力作為一種力量，無法離開權力關係而存
在。若只看到權力所存在的關係，反易忽略權力本身所具有的實體
性力量。因為因果關係在力量轉換為權力的過程中所起的作用，就
如交換產品成為商品一樣。當然，我們不能把商品交換與因果關係
等同起來，就如同我們不能將產品與商品等同一樣，我們也不能在
實力與權力間劃上等號。因為，權力資源或力量總是通過一定的（因
果性）權力關係才轉換為權力。

　　就生產關係交互的權力因果，Marx（1976）認為，工業革命
塑造出新的生產關係與社會運作形式，其中最大的特點是生產流程
的細密切割，使勞動者產生普羅化（proletarianization）現象，此種
普羅化大幅剝削勞動者在生產過程中的技術與心智思考運用，大幅

降低勞工專業職能的產製權力，而機械化生產模式不但無法使勞動者實踐個體的精神意志，並帶來非人性化的壓制與痛苦，而產生高度的異化（alienation）。

對此，Braverman（1974）進一步指出，由於勞動力（labor power）到勞動（labor）的不確定，使資本家對勞工的控制成為必要，生產流程的細密切割，能將技術與知識集中在管理者手中，透過構想與執行分合，達到普羅化與去技術化（deskilling）目的。在此，可以發現，在預設勞資利益衝突的前提下，Marx 與 Braverman 著重於勞動過程的產製結構探討生產關係的權力互動。

不同於 Marx 與 Braverman 勞動過程的結構分析，Burawoy（1979）認為，產製過程中，造成勞工權力自覺不彰的因果關係，不全然在於工業關係下之分工、整合的生產結構，更重要的是勞工為何會馴服於這樣的生產結構。他認為關鍵在資本家常經由工作現場的制度安排與運作使勞雇雙方的利益得到調和，以建立生產「共識」（consent），使勞動者「志願性順服」（voluntary servitude）於宰制他們的資本制度。這種志願性順服不同於權力集中於老闆身上，以「威嚇」（coercion）為基礎的專制體制（despotic regime），而需從勞工此一主體性何以致之方能釐清其間的權力關係。

對此，Foucault（1982）有更精采的論析。他認為，勞動過程只是權力施展的一個場域，權力這個東西就蘊含在勞動過程中，與監獄的情況類似。就圓形監獄的設計，監禁身體只是一種表徵，重點在於圓形監獄全景建築中心塔的光線，該光線能清楚照射周圍的環形建築，讓犯人以為自己的一舉一動都被監視著，該光線如同權力，讓犯人克制自我行為而不敢逾越雷池。在生產的場域中，資本家就是透過常規化的組織管理、考評及市場績效排行榜等，讓場域

中的勞動者甘於接受支配。在此，權力就像毛細管一樣流傳與滲
透，在資方權力施行與勞方有限選擇空間下，勞動中控制與收編的
互動，是一套「可察覺而不可見」的監控機制，能使被監控的人自
我規馴（discipline）。

　　Bourdieu（1983; 1993）則提出「場域」、「生存心態」與「資
本」論點，他認為，勞資雙方在產製過程中，由於各自所擁有的經
濟資本、文化資本、社會資本與象徵資本情況與結構不同，形構的
權力關係是動態的。因為，居處其間的勞動者，一方面會根據個人
成長歷程中所形成的生存心態（habitus），另一方面也會根據當時
他在場域中所處位置來進行最有利的考量。不同的工作者，由於佔
據位置不同，其行動準則與創作的策略就會不同，其交互的權力脈
絡是動態而複雜的。

　　如同導論中本文作者立場，對於以勞心為主的文化勞動，
Bourdieu 的「場域」、「生存心態」與「資本」等概念，超越了結構
和個體之間人為的對立，將焦點放在結構與構造生存心態的稟性之
間的辯證關係，確實較能解釋文化勞動此一複雜動態的特性（高宣
揚，2002b）。但當新聞成為商品，產品市場與廣告市場的藩籬被打
破，編採部門與廣告業務部門間不同新聞工作者，產製權力動態關
係會發生什麼變化？商業力量的生產共識何來？規馴的手段或權
力何在？本文作者認為，這種動態的觀照必須回歸到新聞產製所交
織的新聞勞動特有的權力本質，對於新聞工作者來說，該本質所能
體現的能動性空間何在？或一開始它就充滿了難有作為的結構關
係，藉以釐清當商業力量進入，交互於新聞產製關係下的權力消長
與專業權力的質變問題。

二、新聞產製權力關係

（一）新聞產製權力關係

　　就產業整合分工來看，以資訊內容為生產主體的新聞產製，其生產關係，不同於一般按表操課，讓機器決定工作內容及工作方式的工廠工人。新聞工作者，表面上可以自行掌握「生產工具」，如知識及職能；但新聞是不斷推陳出新，須假手於消息來源。訊息、新聞價值判準及報導呈現的本質就是不斷變化，故以知識為基礎的專業權力，必須承擔不斷創新才能續保產製中的能力權威。

　　對此，雇主並不會因為新聞工作者自行掌握「生產工具」而心生恐懼或壓力，原因是記者所掌握的生產工具，仍舊必須建立於新聞組織所給予的工作權，方能採訪報導，離開媒體則其傳播權將無從發生。因此，新聞工作者，對於老闆來說，充其量也只是僱員而已（Russell, 1995）。故回歸勞工本質，Marx《資本論》中有關勞工必需受雇方能販賣勞動力的窘境，依然框限了受雇於人的新聞工作者在產製中的權力（吳家駟，1990）。

　　在勞雇關係的結構下，雇用及獎懲與否的權力，使管理階層依舊較有權力通過領導、指導、命令、強制、限制、支配、操縱、威脅、說服、誘導、變更、取消、支持、安排或分配等手段，加諸於新聞工作者身上。

　　況且在新聞生產過程中，每一個步驟都涉及權力運作，參與其間的權力，其類型與基礎是多元的。以內容守門的過程來說，其間涉及記者、編輯、發行人、讀者、消息來源等多方權力類型。但各自的權力基礎不同，編採部門中的記者、編輯，權力基礎通常來自於其新聞處理的知識、技能、聲望、信用、人脈資源及閱聽市場的

回饋等；媒體所有權人與管理者，權力基礎則來自於財產權產生的
經營管理權力；消息來源則擁有內容產製中訊息的給予、掌控與傳
佈多寡的權力；至於讀者，則具回應象徵性公眾意義及消費訊息的
市場權力。就此而言，新聞工作者之專業自主權，一開始就充滿了
多方角力的權力鬥爭。多方拔河下，勝出的多半不會是記者的專業
權力，原因是「市場為先」常是各路人馬建構或必須妥協的生產
理性。

（二）商業力量的作用

　　Schudson（1993）指出，重視廣告營收是資本家務實的表現，
居處資本主義運作邏輯下的新聞媒體，雖曾在經濟利益與公共利益
的矛盾關係擺盪，但最終還是會選擇犧牲媒體的社會責任，追逐最
大利潤。故商業力量進入，充其量只是讓這種理性抉擇加速顯影而
已，在此前提下，新聞資訊變成用來取悅消費者以提高媒體經營利
潤的商品（McQuail, 1992; Underwood, 1993; McManus, 1994, 1995;
Barnhurst & Mutz, 1997）。

　　而廣告商影響新聞產製，造成新聞商品化的力量，通常來自於
二個模式，一是間接影響，如透過加碼或撤銷廣告預算來表達對內
容的關切，企圖影響刊播與否；二是直接介入，如置入性行銷
（Steinem, 1990; Brown & Barnes, 2001）。

　　造成的結果是編採部門與廣告業務部門間權力的微妙的互動
與消長。如：Soley & Craig（1992）調查美國 250 位日報主編對廣
告介入新聞內容的看法，發現高達 93%的主編表示曾遭遇廣告商試
圖以廣告預算來干預新聞產製，其中有 37%的主編承認，他們會屈
服於廣告主的壓力。而 Beam（1998）調查全美 215 家報社的 893

位資深編輯也發現，在新聞產製過程中，他們與新聞部門以外單位，如業務與廣告部門互動情況越來越多，因為廣告商是報社生存的重要財源。Bagdikian（1997）發現，美國《Rolling Stone》雜誌為吸引更具廣告實力的廣告主，刻意增加某些類型的內容，甚至改變編輯立場，若總編輯不配合，只能選擇離開。

　　至於在台灣，商業力量對新聞媒體的影響，與解嚴後政府對媒體產業結構開放有關。媒體家數增多後，廣告大餅卻沒變，供需失衡下，各家媒體相互爭食的結果，權力無疑轉向廣告商這一方。為爭取廣告，平面媒體的業務部門會要求編採部門製作某企業的系列報導或企業主的專訪，因為該企業買下數百萬的廣告（媒體觀察基金會，1999）。馬岳琳（2000）調查《中國時報》、《聯合報》、《自由時報》、《民生報》、《大成報》及《中時晚報》消費新聞發現，各報成立消費版的目的皆為帶進廣告利潤，業務部的廣告組與編輯部的消費報導組間對於新聞產製在「賺錢」的前提下，已養成相互奧援企製「專案」的默契。

　　1996 年，包括 TVBS、TVBSN、中天傳訊、真相新聞、超視新聞和東森等新聞台紛紛成立，次年民視新聞也加入新聞台的戰局。全天候新聞頻道的開播，一方面催化新聞的劇烈競爭，也同時宣告，商業勢力將左右電視新聞的產製。

　　最明顯的是，頻道增多，使過去電視台壟斷廣告的利基已經不再，在同一年（即 1996 年），廣告代理商購買廣告，開始以 CPRP（Cost Per Rating Point，每收視點平均成本）來計算。所謂 CPRP，即一筆固定的廣告預算，除以保證的收視率（收視率的計算通常以 1 分鐘為最小單位），就是每收視點平均成本。通常的作法是針對某些觀眾族群，廣告主與電視台協議一筆特定預算，電視台在一定時

間播出客戶的廣告影片後，需保證該廣告播出的總收視率，如果未達協議的標準，頻道便需持續補檔直到達到所設定的目標為止（張依雯，2000）。

這種把抽樣的推估數字當成必需「到位」的真實數字，就是目標導向制，它讓節目內容有其預期需達到的市場目標，透過這套數字的目標管理，以「結果論英雄」成了最佳的「生產共識」。當追逐收視率成為新聞產製的生產共識，對於各別的新聞從業人員來說，收視率也成為場域中支配產製的重要權力，並化身為組織管理的規馴手段。結果是訴諸於八卦、緋聞等軟性新聞的報導纂紅，被視為有收視率的娛樂新聞報導也於 1997 年開始崛起（黃國棟，1999）。

此外，為強化購買的實力與議價能力，廣告主開始採取所謂的「集中購買」，如一整年廣告取代過去單筆購買，而不同的廣告主也開始採取聯合購買，以創造綜效（synergy）。集中購買成為趨勢後，價差不再屬於媒體的裁量權，而是興起的「媒體購買公司」，新聞媒體廣告部門就此失去議價能力（林照真，2005）。

另方面，各新聞台為增加收益，開始同意提供新聞時段、新聞節目、新聞版面等為廣告服務，使得新聞成為商品的一環。為了配合置入性行銷，新聞媒體更進一步把新聞商品規格化，並訂好價錢，其間，「深度報導」是議價的「商品類型」之一；「主播專訪」成了「產品規格」；「SNG 新聞連線」要向受訪者（即廠商）清楚標價；報紙、雜誌會強調圖文並茂的「企劃採訪」（林照真，2005）。編採部門自廢武功的配合措施，讓人驚嘆金錢的威力。

更重要的是這種金錢的威力，能發揮激發潛能、自我規馴管理的組織成效。以收視率來說，AC 尼爾森除了提供收視率數字外，

也提供節目前 80 名的排行，為衝高收視率，電視台往往把新聞切成 3-4 段，以求進榜（劉旭峰，2006），其結果是每一段都成為「賽程」，此起彼落的數字進出，牽動者新聞主播的心緒，影響新聞的編播與跟進，當然也決定了主播的去留（林富美，2003b）。

　　收視率流動的數字，彷如成為 Foucault（1982）圓形監獄中心塔的光線，透過它讓新聞工作者所有的表現逃離不了市場反應的監視，無需管理階層明示，就能發揮生產者的自我規馴，建立市場為大的生產共識。

　　當新聞產製向市場獲利一方傾斜，數字管理與廣告帳面進額成為勞動價值評價的標準，則透過商業力量所建構的「生產共識」，影響的不只是內容產製的生產結構，更重要的是專業權力的自我棄卸、說服與妥協。

（三）時間就是金錢：科技的影響

　　時間，是經濟資源中最重要的一種，雖然在會計帳目上找不到這個項目，但時間仍是生產過程中隱藏的投資項目。當變化加速進行時，時間縮短程度，往往能決定盈虧勝負。時效性與獨家，向來是新聞內容產製中市場競逐的標的，也決定了廣告發行與收視率的高低。在時間就是金錢的考量下，數位科技，發揮了節省新聞傳輸時間，加速新聞跨平台的支援，強化了瞬間即時的經濟效益。

　　更重要的是它改變了生產關係與權力位置，強化管理部門對產製效能與權力掌控。如透明化的流程，有助於稿件追蹤，使公司經營階層，握有更大的控制權（歐陽至誠，1999；傅旋，2002；Rifkin, 1995）。

　　有趣的是透過科技非但有利於跨媒體平台整合，進行知識管理，因再製的便利性，更能發揮「一次生產，多次利用」的產製價值，開發更多元的產品市場（如製作主題性系列節目之 VCD、DVD、錄影帶等），擴大產品市場的商品圈並有利相關節目價值鏈開發（孫琦蓉，2005）。

　　這種發展趨勢，將使未來如何提升新聞生產原作（original）的附加價值與經濟效益，成為新聞「商品」經營獲利的重點。當負責行銷、廣告、知識加值部門，成為利潤所在時，生產（production）、再製（reproduction）與廣告行銷部門間的權力關係也會有所不同。

　　基此，可以發現新聞產製涉及多方權力鬥爭。就權力消長的事實與分析層次看，過去以編採部門為主探討意義生產關係的權力態勢，在商品與科技啟動下，已擴及編採、業務、發行、廣告、印務等不同部、不同權力類型進行鬥爭、對抗、相依共存的複雜生態。

　　檢視過去探討新聞工作者與組織權力關係，多數都集中於意義生產環節。如：Lewin 以心理互動論為基礎，論析控制訊息流通的守門權力；White（1950）、Breed（1955）以個人心理互動論，指出新聞資訊是順著一定的通道流通，在類如「門」的通道中，能否進入或繼續流通，是由「守門人」所決定；Bass（1969）、Gieber（1964）、Hickey（1968）等，則以組織社會化角度，強調新聞生產過程中，指出最具關鍵性的決定因素並非個人的價值判斷或新聞價值，而是新聞組織裡的種種壓力。

　　Robinson（1970）雖堅持守門過程是團體對團體，非線性回饋，推翻 White 和 Bass 等人對守門人行為「直線聯結」（linear chain）分析模式，但就該模式，我們仍然無法看清商業勢力（或團體）直

搞編採部門後，對新聞價值決定權力及各守門間組織位置及其相互關係的權力變化。

　　究竟市場壓力如何啟動編業不同部門的權力消長？廣告營收與收視率如何合理地建立新聞商品化的生產共識？數位科技起動的組織互動的權力變遷與生產樣貌又如何？以下將進一步說明。

參、改變中的新聞生產關係與專業權力

一、意義生產的權力交鋒

　　就新聞場域意義生產的權力互動，本文研究發現，以販賣抽象勞動力為主的新聞工作者，勞動力與勞動產製間充滿不確定。首先，作為一名記者，每天按時到採訪單位蹲點，付出了工時與勞動力，卻不見得有好的勞動成果。因為新聞的發生，是被動而非主動；第二，但被動發生新聞事件，仰仗新聞工作者主動挖掘，才能成為新聞，挖掘之後如何呈現意義，攸關記者新聞敏銳性與表達組織能力，屬抽象的內在創作勞動，勞動成果與工時長短無關，無法盤算與規畫，但卻需受產製常規制約；第三，就編採部門而言，新聞資訊通常是順著一定的通道流通，在類如「門」的通道中，能否進入或繼續流通，是由「守門人」所決定。其間涉及領導階層（部門主管）和執行階層（記者）權力運作。

　　此外，以新聞媒體產製場域而言，涉及採訪、編輯、廣告、行銷及市場反應等部門。記者從採訪、報導到新聞呈現，會遭逢採訪對象、同業、編採主管、閱聽人等相互交織而成的工作處境，這種

集不同力量匯聚而成的產製場域，涉及彼此間的權力的互動，左右著產製內容的最終呈現。

　　記者表面上享有高度自主，能依其經驗、專業職能，判定新聞價值取向，但採訪對象會因為記者所代表的媒體規模、類型、影響力及交情等，判定傳達訊息的質量；同業競爭、編採部門的取向，常常決定記者撰稿的傾向；閱聽市場反應，是新聞「價值」回饋的準據，成為再製重要機制。

二、新聞商品化後的權力變化

　　過去媒體採編業分離政策，業務部門與編採部門權責分立。新聞工作者的權力競逐，以生產意義的「產品」市場為主；編業合一後，生產意義的權力鬥爭，含蓋產品市場與廣告市場。

　　當業務入主產品市場，記者與消息來源，解構過去以資訊取得為主的互動方式，原存其間之製碼與解碼的權力競爭，加入了非關新聞意義的對抗、妥協與合作的情況。如過去除非「丐幫」報紙，線上記者央求採訪單位訂報，被同業間視為「可恥」。如今，知名、大報記者也被要求厚著臉皮請求跑線單位訂報。消息來源除了以資訊酬庸，建立、控制與記者間的關係外，又多了一個更為「有力」的手段（工具）。「訂報」算是小恩小惠，上百萬的「座談」會，或上千萬的「置入性行銷」才是「大ㄎㄚ」。

　　為了「業績」與「金額」，採訪單位有時也提「企劃案」，主動出擊。記者轉身成了超級「業務員」，獨立性應聲而倒。消息來源表面上對記者虛與委蛇，背後卻冷言冷語，譏諷「惡」勢「利」，並模仿記者會上記者挑「禮物」的嘴臉。金脈雄厚的消息來源，更直接委聘公關公司經營與新聞媒體間的關係，由嫻熟新聞敘事結構

與流程的「專家」操刀撰述新聞公關稿，讓記者「輕鬆」交稿，在消息來源既掌握製碼權力，更有效控制記者解碼的取向，雙方權「消」力「長」的態勢，日漸明顯。

另方面，媒體一旦刊出不利於廣告主的新聞，廣告主會使出撒手鐧，要求撤銷所有廣告。「金主」施壓下，編採部門往往讓出新聞版面，另作有利於該「金主」的新聞，作為疏通，而無論是訂正稿或公關新聞，編採部門此時都無法棄廣告發行部門於不顧，報導取向更不排除是由廣告發行部門主導。此類稿子若放在「民意論壇版」，則算是編採部門「抵抗」有力，但大部分編採部門是照單全收。

當新聞產製遇上置入性行銷，管理者的利潤考量，會使記者詮釋新聞的自主權，淪為組織謀利的工具。更深層意義是瓦解廣告市場與產品市場權力分立的局面。問題最大是新聞意義生產過程將徹底走樣，新聞媒體或新聞工作者建立於社會大眾的新聞產製權力，淪為替特定「金主」宣傳、廣告、鬥爭、營利的工具。

為發揮有效的人力資源，美編部門承攬「海報」、「宣傳DM」的製作，並提前製作業務部門承攬的「置入性行銷」，依「金主」要求時段出刊。廣告業務部門「入主」編採部門，也從過去「間接」施壓的方式，轉成「直接」操作。從訪問資料中發現：編採部門若不配合，廣告發行部門會自行拉一組人馬，以增加廣告篇幅，另加版面，進行刊載。

記者新聞產製權力逐漸退位，能拉廣告、標案、辦座談會者成為工作考評的標的，能鞏固或強化其在組織中的權力，權威的意義已經質變，能生金脈的人更受組織器重，報老板不諱言，一年能幫我拉進千萬廣告，我一年才付一百多萬薪水給他，怎麼會是專業浪

費。當主播兼製作，必須操煩廣告量，企業關係良好的記者上主播台機會相對大增。

如此的結果，多少驗證了 Bourdieu（1990）認為的組織對階級成員的劃分，不是根據他們在生產過程的位置，而是以他們所擁有的文化知識與經濟財富的數量及組成結構而定，文化資本與經濟資本二者間，有相互加持及轉換的特殊關係。

三、專業權力的質變

當新聞產製屈就於市場的結果，使新聞內容的差異化不增反減，各新聞頻道轉來轉去內容相當。研究發現，不漏新聞是各新聞主管每天應戰守則。當今台灣新聞產製的情況是電視台看早報發派新聞，早報盯電視新聞台及晚報，「不能漏」已成各家主管生存心態。如：

> 現在的新聞主管你知道怎麼幹的嗎？就是對著新聞牆，看別台有什麼，我們有沒有漏，如果漏了，怕收視率盪下來，就會趕緊叫記者補上，最救急的方法是念稿補先前類似的畫面資料，如果是火災，秀出來的畫面不能太失真，就會叫攝影記者火速「調片」，你不用驚訝，他說的是「調片」哦！說實在的這種主管好像也挺好幹的，最重要的是他藐視專業，你懂嗎？（P01）

> 更好笑的是知名主播會擺出一副很專業的樣子，告訴你新聞為何如此編播，但出來了，收視率不好，她會假裝說她是尊重記者啦，一副死不認帳的樣子。真正堅持的，少啦！至於記者，更可憐啦！就讓看日報、看晚報、看走馬燈追、追、

　　　　追，忙的像白癡。更絕的是，明明是舊聞新炒，硬要辦成獨
　　　　家，還煞有其事的張揚，唉！看得自己都覺得心虛。(J05)

　　此外，新聞的壽命越來越短，而觀眾的情緒則藉由血腥暴力、
性醜聞、悖亂倫理、自然災害等社會新聞的刺激，感官主義趨迫下，
新聞傳播效果變成是一種訴諸於訊息中的感官刺激（王泰俐，
2004），目的在能讓閱聽人感受類如坐雲霄飛車的驚嘆、恐慌，然
後轉為麻木不仁的健忘。當「一窩蜂」、「輕、薄、短、小」成為新
聞生產的「生產癖好」，麻木不仁的當然還有記者本身。

　　新聞產製的循環機制的結果，弱化了個別記者專業差異；類如
「集體」、「雷同」的意義產製，強化記者在生產關係的「普羅化」
趨勢，達到「去專業化」目的（Althusser, 1971; Williams, 1976）。

四、職業階級權力的質變

　　知識份子，是社會普遍賦予新聞工作者的社會階級屬性。就我
國報業發展背景來看，不滿國政，意圖藉由辦報集結民心民力，由
下而上，喚起社會的良知良能，以進行社會改革，是知識份子與報
業發生關係的社會基礎。思想、觀念訴求論述是知識份子批判與對
抗社會的權力資源（賴光臨，1980；文崇一，1988）。

　　近年來，在台灣常發生：遇上選舉，同一新聞經不同媒體的記
者撰稿報導，會出現完全不同的解讀；為了工作，有些記者可以違
背與消息來源的信諾，踐踏消息來源的人權與隱私；為了搶收視
率，八卦緋聞成了媒體競相追逐報導的主題。當記者被貼上「文化
流氓」的職業形象時，知識分子的職業權力也同時被削弱。

　　尤其當新聞工作者輕巧地將其報導的權力，轉化成自我「晉身」權力核心的工具，達到階層流動的效果時，原屬職業階級的權力也發生質變。加上，「學而優則仕」，向來是中國社會賦予知識分子的階級意識。也因此場域中，不難發現跑政治路線的記者，成為某某政治人物的「文膽」，尋著與政黨、官員的良好關係，受聘為「發言人」或「機要」者比比皆是。

　　位高權重者，對於能堅持「當道」意識型態的人，賞以高官厚祿。透過雙方利益整合與利益集結，將知識分子作為統治的工具，養成知識分子奴婢性格，即使當知識分子成為新聞人，也很難逃避「利誘」。「力」與「利」的水乳交融，說明當代新聞工作者，面對強權，總是軟弱居多。社會賦予新聞工作者的地位與權力，另方面，又易成為新聞工作者謀取自我權利與通向權力核心的終南捷徑。

五、場域中的資本類型與權力鬥爭

　　知識份子辦報時，文化勞動者在產製中握有絕對的權力、資源運用，資本、生產關係與權力，較無利潤考量下的緊張關係；當文化成為「產業」，新聞記者與媒體關係建立於勞雇關係下，以販賣資訊商品為基礎的新聞媒體，新聞工作者如同前述，往往又成為握有政經權力者的代理人（Altschull, 1984）。

　　潘家慶（1991）指出，媒體組織互動，仍是即興式的權威與直覺反應，多過組織民主化的反應。故市場訴求的商品性格，是大於理性訴求的專業性格，這種情況，直接影響媒體組織的官僚體制，及新聞室內社會化過程，使記者忘卻其始命感與正義感，又間接助長新聞商品化趨勢。

　　交互勞資生產關係權力，包含不同程度的資產權、監督權、決策權與自主權。產製的場域如同市場，涉入其中的行動主體，皆持續地為占有特定的資本而鬥爭。資本是場域的動力邏輯，是勢力的來源，也是鬥爭的標的。

　　依性質，Bourdieu（1983）將資本分成四類，一是經濟資本，包含生產的不同因素，如土地、工廠、勞動、貨幣等經濟財產，這種資本可以立即、直接的轉換成金錢，可以財產權的形式制度化；二是文化資本，指語言、意義、思考、行為模式、價值與稟性，可稱為「訊息資本」。在某種情況下，文化資本可以轉換成經濟資本，而且可以教育資歷的形式予以制度化；三是社會資本，是借助於所佔據持續的社會關係網絡而把握的資源或財富。社會資本是由社會關係所組成，實際或潛在資源的聚合，與彼此相互熟識及承認的持久性有關；四是象徵資本，是對社會世界的理解、認知、指稱、界定的能力。如在文化上有顯著性的名望、地位、權威是象徵資本，包含穿著、談吐與氣質等。他認為，所有資本雖然皆以經濟資本為根基，資本效力可彼此轉換，但功能的發揮，卻不可完全取代。

　　本文研究發現，以新聞產製場域來說，媒體所有權者，其權力資源主要來自於：1.領導地位；2.財富或財產；3.組織。其間領導地位及組織涉及經營媒體之土地、設備、勞動、貨幣等經濟資本，讓他在產製的場域中，享有決策、執行、處置及分配等權力運用的行為。

　　新聞記者握有運用語言、思考、賦予訊息意義、價值等處理「訊息」的文化資本，及對社會的理解、認知、指稱、界定的能力與名望、地位、權威等象徵資本。但這種資本的權力運作，必需來自於組織的聘用，是以工作權為前提的場域權力。當記者之社會與象徵

資本可以轉化成組織經濟資本，其權力可來回於不同部門，成為受「寵」的紅人。

　　此外，研究也發現，學歷在確認社會分級中的地位遊戲裡，最具象徵性的效力。因此這也是學歷較低的媒體管理者，近年走入校園，在職進修，取得學歷的主因。

　　象徵資本，是以知識關係進行象徵理解的資本，更確切的說，是「承認」和「誤認」交錯關係中，展現勢力的資本，也是社會所建構之認知勢力（Bourdieu, 1983）。獨佔這種資本，且被確認合法時，就可轉化成顯貴的象徵，更可以轉化為各種資本。場域中的「明星」記者，通常具有此權力。但當年輕貌美主播成為新聞的「賣點」，非專業化的象徵符號，取代專業職能的遊戲規則。也因此會發現攸關私領域的緋聞炒作，就能決定主播的上台、下台。

　　另外，明星或大牌記者的名望、地位、權威等象徵資本，多數必須仰賴「產品現身」方能持續佔有。在企盼自己名字會隨著產品「現身」的產製結構下，媒體組織管理階層，通常會「建議、選擇、否決」記者所撰之新聞內容，久而久之，所謂專業自主就不自覺內化成組織所允許的規範，已難區辨。

　　一般來說，在新聞產製上，資深記者因時間、經驗累積之社會資本，有助新聞查證的動員規模，必要時，具左右新聞價值的影響力。但在成為資深或大牌記者之前，名聲，反而可能成為組織生產共識操控的利器，用以收編記者的獨立自主性。

　　整體而言，就新聞工作者來說，場域裡資本與資本間的權力鬥爭，涉及新聞產製的階層結構，包含市場、工作、身份狀況等三個層次，市場狀況指的是個人的經濟狀況，其中包括收入、工作保證、職務升遷機會；工作狀況是工作環境，是個人職務在職業體系中的

社會關係，以及工作上所運用的技術與其工作事務的決定權；身份狀況則是社會聲望，指的是在聲望階層體系中的位置。居處角色及職位不同，情況也不同（Lockwood, 1958; Davis & Moore, 1966）。

　　研究發現，市場、工作、身份狀況等會影響文字記者的場域權力。其間，記者背後組織的大小，關乎記者與消息來源的互動。電視記者受採訪對象禮遇的情況，會高於發行量不高的平面媒體。小報記者，常收不到採訪部門所發的採訪通知，重要記者會上的舉手發問，也常沒他的份。但當進入名聲響亮的電子媒體，情況就大逆轉，往往受寵若驚，這是記者權力的「真相」。

　　在編採部門中，版面、時間的配額就是一種權力，政治組通常是權力集中地，中央與地方，升遷情況不一樣。有線電視開放後，地方記者拜有線電視的「在地」特性，中央才偶爾拔擢地方特派員進入中央編輯部門擔任主管，藉此拉攏地方人心。一般來說，要聞版記者升遷機會，大於生活、娛樂、綜藝版記者。

　　以新聞產製來說，階層不單是職務上的地位，涉及資本及鬥爭權力類型。在新聞產製中，即使以畫面元素取勝的電子媒體，新聞產製仍以文字記者為主軸，文字決定視覺圖片。對於平面媒體來說，先文後圖更是產製的常規，須不須要攝影記者拍照，攝影單是由文字記者送出，場域中，影像部門與攝影記者，處於被編派之被動地位。填單的記者與攝影記者，不一定同時到場，也因此，攝影記者多數憑自己專業及經驗抓取鏡頭，寧可多拍，不要漏拍。

　　研究也發現，電子媒體採訪中，習慣上文字記者會交待攝影記者拍那些，取什麼畫面等等。因此採訪現場，常見文字記者「支配」並「分配」攝影記者如何取鏡，扛著重重攝影機的攝影記者，多數

是默默配合。除非文字、攝影記者常搭在一起，時間久了，默氣十足，支配與被支配的情況就較少。

　　對於多數新聞工作者而言，回到組織場域，為了收入、工作權及職務升遷，即使主管頤指氣使地呼來喚去，通常是選擇「小不忍則亂大謀」，堅信「和為貴」的應對策略。在權力主張上，以上對下之決策、執行、處置及分配等權力運用為主。大牌、受組織重用的新聞工作者，在訊息意義、價值處理上，享有較高「自主權」。

　　場域鬥爭中，辭職，是新聞工作者唯一的抵抗權。但除了象徵資本的知名主播或社會資本雄厚的資深記者，或有左右廣告市場的經濟實力者，在勞動市場年年緊縮、失業率居高不下的當今，能瀟灑行使其「辭職抵抗權」者不多，衡諸資本與權力對抗現實，多數人選擇隱忍為工作。

六、規馴權力的改變

　　在意義的生產部門，過去組織對新聞工作者行使的權力基礎，一方面是透過產製常規，如採訪路線安排、截稿時間及新聞內容呈現的版次、版面及時間長短，行其「分配」、「支配」管理權力。另方面則透過獎懲及明星記者的形塑，達到權力的引誘性作用。

　　新聞商品化後，收視率與營收數字成為場域中的象徵性暴力。Bourdieu 指出，場域中的象徵暴力，通常是由行動主體或組織認定的「委任」代理人（組織中的主管），行使類如「祭司效應」的能力評鑑（Wacquant, 1987）。其間，編輯台的新聞批判是這群人行使懲罰、差辱性言語最常見的舞台。但透過收視率與營收數字的理性考評，就仿如考生收到成績單一樣，更具隱晦性的象徵性暴力。

　　顯然，對新聞工作者而言，這種象徵性的暴力，其威力往往比引誘性權力對組織成員社會化影響更深。但無論是引誘性權力或象徵性暴力，都會讓新聞工作者清晰明白「組織的需求」，強化組織成員應付該需求的「生存心態」。更重要的是透過進進出出的收視或廣告進帳的數字，儼然成為另一種更強而有力的組織規馴權力。

七、科技對產製權力的影響

　　電腦所架構的平台，增加組織控制力。也使專業工作者「知道該做什麼」（know-what）的認知性知識（cognitive knowledge），「知道如何做」（know-how）的應用知識，「知道為何如此做」（know-why）有關因果關係了解，利於自發性創意（self-motivated creativity）納入組織性管理的可能。

　　研究發現，透過網路平台，記者發稿所下的稿單從撰稿到改稿過程一一顯露，線型的守門，變成環狀網路守門，各部門間權力較勁，從編輯台延展到內部網路系統，且凡走過的必留下痕跡，何時發稿、何時改稿，時間一秒也跑不掉。

　　此外，過去記者在外跑新聞，除了必須報稿、應付截稿時間外，採訪行為是相對自由、自主的。但當記者配上行動電話，無論身在何處，只要撥電話即可掌握記者動向，大大提升組織的控制力。

　　在此，科技使過去明顯壓迫與支配的權力形式，轉變成一種隱晦與細膩的控制形式，舉凡個體的能力與實踐，透過數位平台「全都露」的生產機制，不斷強化「正常」與「異常」，「優秀」與「魯鈍」的不同，使人們內化這些判斷而自我規訓與自我監視，因而達成所謂全敞式監視（panopticon）的場域運作（Focault, 1991）。

　　而透過「中央廚房」管理機制，依「議題」進行分類整合的概念，取代過去依「人」進行的分工、整合。同一集團的旗下媒體，被要求資源共享，新聞共用，解構過去以線路為主的方式，跨線、跨媒體的「團塊」合作，使記者喪失「專責」、「專任」的採寫報導權力，逼使原線記者無法拒絕組織交辦的非新聞「事件」，以免成為害群之馬。

　　而科技也改變新聞編採權力互動，如電視台的編輯表示，過去常要等到記者過帶後，才能下標，下「走馬燈」文字，等久了去敲記者的門，都覺得自己在看人臉色，挺悲微的。數位化後，採訪回來，可直接傳到編輯台，編輯就可馬上下標，少了等待過帶過程，編輯覺得自主性強了些。

　　當然，對於管理者而言，存於工作者身上的外顯或內隱性知識，是一種資產，若能強化創新的效能，就是一種競爭力。對於組織中的專業工作者，透過知識管理，能有效為專業工作者提供一套類如資料庫的支援系統，強化報導的觸角與深度，應有助創意產製的提昇。但現實的困境是，創新成為組織管理標的，時間成了產製的重要壓力，而創意的發生常可遇不可求，為免喪失知識優勢，專業工作者已無法避免過勞情況。

　　而透過科技的監控，更強化了組織管理控制權力，在趕工的時間壓力下，新聞產製更趨向於「輕、薄、短、小」，「弱智」化的意義生產，壓縮專業職能的伸展，專業權力更難有所主張。

　　當知識遇上管理，研究發現，涉及守門作用的新聞產製，其新聞處理能否具備「創新」的關鍵，在於整體新聞室的守門過程，不全然在於一線的新聞記者身上。新聞如何搭，如何兼顧新聞角度，如何增加新聞廣度與深度，組織的調度，團隊作戰，常是關鍵。

　　就跑線記者而言,透過知識分類所建制的資料庫,有助於新聞訊息處理與掌握。但新聞事件都是唯一而獨特的,沒有完全相同的「拷貝」版,採訪知識與經驗的分享,終究是記者引進門,修行在個人,更何況在時間壓力下,新聞角度,能創新的是少數,多數有樣學樣。

　　此外,透過數位科技轉換,「一次生產、多次使用」對於專業工作者名聲及智財權的損傷,或恐更大。研究發現,產品的現身,能累計專業工作者的名聲,而名聲基礎對於專業勞動者勞動價值,有一定作用。但原創性的智財,如攝影照片,透過分割、重組「多元改編利用」後,非但原作者的名字不見了,變成在組織名下,且新聞作品之智財權,有關重製、改編的法律主張,尚欠準據,故在數位平台的內容重組、改編的過程下,侵害原屬於原作者累計名聲的可能,變相促使專業勞動面臨被「普羅化」命運。當數位科技再製、重組,使個人資產成為組織資產時,科技使組織同時行使了「去專業化」與「去所有權化」的權力。

肆、結語:消失的力量,正視價值的因果關係

　　新聞權力的價值,建立於社會監督與公義期待的專業權力,已淪為組織中的獲利的工具。當「私利化」成為新聞媒體行始權力的核心價值時,迎合廣告市場的產製邏輯,使媒體喪失公共論域的角色。為求生存、發展,新聞工作者喪失對抗權勢的能力或挖掘真相能力,並弱智化自我的專業職能,規馴自我參與商業邏輯的產製規則,成為商業利益的傳聲筒、複製機,或被操縱的打字員。當新聞人的良知良能退卻,專業權力充其量只是權勢者御用的工具。

　　但是，創造經濟價值不是文化產業存在的化約性理由。更何況，屈服於商業勢力的結果，對於媒體的廣告總量，不見得增加（林照真，2005）。但卻要新聞媒體或工作者厄喪締造社會良善的權力價值，代價似乎也太高了。

　　本章就商品化及科技因素交互於產製結構的權力變遷，認為探討新聞工作者專業權力，若將其自主權力僅植基於客觀的抗拒，而忽略場域中權力的因果互動，甚至誤以為個體的能動是權力的一項必要特性，未考慮到能動與選擇的內在障礙，常使權力思考過度簡略或一廂情願。下一章將以勞動酬償制度，探討媒體集團如何透過此一更貼近行動者個人利益的經濟力，強化新聞工作者場域的生存心態，再製有利於資方的權力關係架構。

第三章
新聞勞動之報償、規馴與收編

　　本章旨在探討報償制度對於新聞勞動及產製關係的影響。研究發現，當新聞成為商品，以經濟為基礎的市場競爭所建立之報償制度，形塑了場域鬥爭的評比規則與框架，能激勵個體行動產製績效。這種藉由薪酬給付，等同於能力、績效「評等」的管理手段，主導了個別勞動者對組織貢獻度。一方面，它能讓參與產製的各別勞動，通過金錢的中介而受到控制；另一方面，也把勞雇間的權力關係變得制度化。透過報償制度所建立之勞動交換關係，對個別新聞勞動者來說更能形塑生產共識，發揮規馴與收編之功。

壹、前言

　　薪酬制度，是探討勞資雙方，產製過程的交換正義或社會正義時，一項基本又現實的課題。企業的薪酬制度，非但關係著企業的經營理念及營運效益（林征霆，1992），更涉及產製過程中，資方對於勞動力的買賣和剩餘價值的佔有與分配。在資本主義市場運作邏輯下，薪酬管理制度，是控制勞動過程的管理系統，也是形塑企業組織文化，提高勞動力再生產的有力工具（Litterer, 1973）。

　　傳統文化生產，創作幾乎等同於生產，勞動者在產製中握有絕對的權力、資源運用及利潤持有；當文化成為「產業」，資訊成為「商品」，產製形式會大幅度提高非創作的部分，強化加工、複製、

廣告行銷、再生產的獲利能力，這也使得文化勞動者對勞動酬償的主張，必須受制於不同部門之分工、整合績效及市場獲利來進行評比、排名。[1]

管理部門透過這套符合「統計原理」的績效評量機制，可以「公平」、「理性」地行使其對員工的報償、淘汰；對於勞工來說，該制度，非但關乎自己的勞動報酬，更是一種形諸於「恐懼」的管理工具，勞工仿若參加一場沒有終點線的賽跑，企盼的是不要被踢出局。

葉啟政（1991）認為，自由意志與結構制約之間存在著相互詰難關係，制度化是一個複雜的社會過程，不管它的意向為何，這種人為的社會性安排，能規範、制約和定義人際關係及關係中人的行為。制度化的結果並非只是人們腦海中的概念組合體，而具有實際效力，且獨立於個體之外而自存的實體，是在文化傳統和社會條件中孕育出具體性意涵的聯接經驗（conjunication experience），是一種集體表徵的凝聚過程（Berger & Luckmann, 1967）。

故握有制度化主控權的人，往往意圖使制度化的威力滲透到個體成員的心靈身處，並遍及日常生活，制度化對形塑個體動機有潛在威力，但其威力並不侷限於行為的順從，而在於使價值產生內化。其過程並不是訴諸於武斷、立即、恣意性的強制力量，而是來自「正當化」、溫和、緩慢、習慣化之權力運作，所謂的「正當化」基本上是一種內化的社會化過程。

當績效評比與薪酬合而為一，該制度非但建立職權／責任的對應關係，從組織心理學的角度看，也形成組織中有關群際間的角色

---

[1] 評比，是將每位員工的績效劃分為不同的等級，例如特優、超出預期、符合預期、不符合預期等。排名，則是依所有員工的工作表現按照高低順序排列。

互動與薪酬制度的理解，制度中的個體將透過「價格」進行自我「價值」的類屬與認同（Berger & Luckmann, 1967; Litterer, 1973 ; Yoder & Standohar, 1982）。

　　本章關切的問題是：一、以專業職能在產製中享有相對自主權的新聞工作者，其勞動「價值」與「價格」的看法為何？二、該機制如何影響其在組織中的能力、位階的對應，且如何牽動個人工作成就感與滿意度，進而影響生產關係的認同與共識；三、當個人之「專業價值」與組織「商業價值」產生衝突時，薪酬策略影響為何？四、建立於《勞基法》基礎下的新聞人事管理制度，是否也提供新聞工作者，一定安全感，有利生產專業自主？或相反，因為全職與固定，反而使新聞工作者，受制於新聞管理制度？五、報償制度與生產政治運作關係為何？是否影響生產共識的馴服與收編？六、以高薪策略的《壹週刊》與《蘋果日報》〈以下將統稱為《壹傳媒》〉，對於新聞工作者產生了什麼影響？七、不同的薪酬、評比制度，是否影響生產政治與生產共識的運作？以及新聞工作者的職涯規劃？

貳、生產關係與工資勞動

一、工資勞動

　　以大量生產為目標的工業生產關係，強調專業、分工與整合。分工整合的特性，在於產品通常結合眾多的個別作業和動作，整合成一個模式，方能完成。在生產組織中，每一工作的組成單位不是產品，而是單一的動作或單一的作業。每種作業由一個作業員負

責完成，任何作業員，不論他花費多少時間，都無法單獨作出一個產品。

這套「專門化」分工標準，不是根據工人生產產品的能力，而是根據個別作業或單一動作來劃分，工人通常按表操課。機器，決定了工作內容，也決定工作方式。體系中能夠生產的是組織，而非個人，多數人必須加入一個組織才能從事生產（Drucker, 1950）。

此建立於「效率與利益」下的分工、整合特質，使勞動者演變成「受雇生產」的形態。當勞動力限於「受雇生產」與「可被選擇替代」，其生產工具「勞務商品」的自主權就相對被瓦解，大多數人均轉換為出賣勞動力，賺取微薄工資的勞動階級。但勞動不同於資本，資本像酵母一般可以孳生不息，勞動的價格總量卻分分秒秒為時間的利刃所割傷，一天 24 小時，成為人類勞動的最大限制，而資本卻可以選擇難以數計的投資管道、理財方式，以錢滾錢，創造利潤（陳耀宗，1993）。

此外，勞動力供給的低度彈性，因為在市場上對勞動力需求最殷切的時候，勞動力的賣方不能馬上回家製造一個勞動力來立即回應市場上的需求；勞動者的維生水平固定，在工資下降的時候，勞動者不能隨意不出賣勞動力，它不像其它的商品市場一樣有清倉機制（clearing mechanism），且勞動力不可儲存，勞動力今天不用，今天就失去它的作用，而且沒有任何彌補，勞動力的生產與再生產都需要一定量的生活資料（Offe, 1985a; 1985b; Bowels & Edward, 1985）。

這種特殊性，是來自勞動力本身的特性。第一，勞動力並不是為了市場銷售的目的而來；其次，勞動力之可變性與可塑性：從抽

象的勞動力（labor power）到具體的勞動（labor）過程中充滿了變數；第三，勞動力與其擁有者不可分割（謝國雄，1997）。

　　所以，資本主義的勞動過程有二個特色：第一、工人在資本家的監督下勞動，他的勞動屬於資本家；第二、產品屬於資本家所有（吳家駟譯，1990；謝國雄，1997）。如此則「生產工具」的所有權，落入資本所有者或商人階級，勞動者成為社會中的「工資勞動者」。

　　當勞工只能以勞動力做為資本主義經濟交換的商品，此一勞動商品，沒有輸出，就無法存取，如此一來，無疑宣告在資本主義運作的經濟體中，勞動力的販賣，是附著於生命體的有限資源，然這種有限資源，在生產體系中，往往需要透過協商機制尋求勞雇雙方獲利公平，但事實上勞方在過程中常居弱勢，掌握生產財的經營者，對於報償制度的建立，握有絕對權力。

　　工資勞動的意義有：（一）工資勞動者其生活與生命所有必要成本都由勞動者自行負擔，資本家得以豁免順利轉嫁；（二）能按照純粹技術上的目的來進行合理的分工；（三）使正確的計算成為可能，節約成本（鄭太朴譯，1991）。

　　當工人與資本家的活動關係轉為工資與資本的生產關係，並進一步成為貨幣形式的計算關係，所代表的意義是：工人與資本家同時成為可交換的商品，按照工資差異，在交換體系中分別與不特定的工人或資本建立生產關係。活動產物的使用價值轉變成交換價值（物的商品化），同時，活動本身也轉變成交換價值（人的價格化），成為商品邏輯的一環（李培元，1997）。

　　當一個物體變成了商品，它的使用價值即是被附屬於其交換價值之上，而這個商品的交換價值乃在於它能以價格與其它物品進行交換。在此，金錢被視為是衡量所有商品價值的唯一方法。人也被

視為是一種物體，不具人格本質。個人和其它人之社會關的結合只是一種交換價值的表達（Goldman, 1992）。

　　資本主義生產模式的基本矛盾是：工人因無法掌握生產工具，勢必要為他人生產，由於這樣的矛盾，使得勞雇關係具有「衝突與合作並存」的特質。當勞動力成為商品時，勞動力的價值是以工資的形式出現，其作用有：第一、掩飾了勞動力價值的來源與內容；第二、掩飾了剩餘價值的來源與內容，彷彿工資已經涵蓋了所有的勞動。

二、工資勞動與自願性順服

　　Burawoy（1979）認為，勞雇雙方的利益可經由工作現場的制度安排與運作，而得到調和，其間自願性順服（voluntary servitude, consent），是資本主義勞動過程中「同時隱晦與取得剩餘價值」的關鍵。志願性順服是透過三個機制來完成的。一是當勞動過程的安排（如趕工）；二是透過職等分化、職位流動等升遷規定；三是透過工會、團體協商、申訴制度所構成的制度性安排（Burawoy, 1979）。

　　謝國雄（1997）認為，「志願性順服」不是想法而已，而是行動，是主動、志願的，含意識形態具體內涵。以「趕工」來說，它就是讓勞工透過「自主」的選擇，按照工資差異在交換體系中分別與不特定的工人或資本建立生產關係。這種「虛幻的主體性」，掩蓋生產過程支配、剝削的所有痕跡，發揮了勞動過程意識形態形塑的機制。

　　但勞動者為什麼一定會偏好要作選擇？勞動者為什麼會願意參與遊戲？為什麼那麼在乎遊戲的成功？這都涉及了對「人」與「工

作」（和勞動）的一些預設。最大的吊詭在於，身為勞工必須加入組織，始能發揮作用和進行生產的行業及職業。當工人自己透過工作來創造工作的目的與意義，則其社會地位、聲望與權力就只能寄託於他所從事的職業，建立於個人在組織內的地位、聲望和權力。這也是為何在資本主義社會中，工人一旦失業，對其影響不僅在物質上，同時在心理上，易使他失去自尊、失去衝勁，有人甚至無法維持正常人際互動（Drucker, 1950）。

Salaman（1985），指出工廠工作包含控制與雇傭兩個面向。控制關係指雇主的監督與指揮，而雇傭關係則是一組雇主與工人間進行「工資／勞動協商」（wage-effect bargain）的關係。就報酬（雇主）面來看，雇傭關係有兩個成分：一是現金連帶（cash-nexus only），另一個則是金錢以外的各種給付（工作保障、升遷、宿舍等），如果這一部分的給付越多，則其雇傭關係越廣泛，從而會影響到控制機制，有助於「合作」、「共識」的達成，而免於赤裸裸的監控。

因此，謝國雄（1997）認為，不論是「勞動過程的政治意識形態效應」、「志願性順服」的概念，及對資本主義式控制的理解等，都觸及了「權力」性質的區辨。在台灣，他發現勞動者的自願性順服，可能來自薪資制度的運作，與 Burawoy（1979）的個案研究發現類似。本文作者認為，觀照薪酬制度對新聞勞動的影響，必須回歸到新聞勞動的生產關係所建構的組織管理，方能了解勞動酬償、規馴與收編間的關係。

三、新聞勞動之生產關係與組織管理

以知識和訊息產製為主的新聞勞動者，工業關係特質不同於一般工業社會的生產關係。新聞工作者擁有的專業知識、人脈和個人

聲望，都屬於個人的特徵，都是基本的生產工具，不能如一般勞工一般可以加以剝奪與異化（alienated）。

如同前述，一般工廠工人通常按表操課，機器決定了他們的工作內容，也決定了他們的工作方式。不同於一般工廠工人，靠腦力的新聞工作者，會需要電腦、機器設備，但機器不能告訴他做什麼或不能做什麼，離開這些人所擁有的知識與職能，這些機器毫無用處。其產製分工是建立在一套類如「門」的守門過程中，進行新聞最後呈現之把關與整合。

何況多數新聞勞動是具名的（named labor），個人名字會隨新聞作「現身」，故其勞動品質，會隨著市場反應，累計名聲，成為知識勞動者的勞動資產。名聲在知識產業象徵社會上，能夠辨識出知識工作者的專業天份與技巧。新聞工作者憑藉自己的能力和個人特徵的勞動，正是資本家的利潤所在。因此資本家並不會以對付一般勞工的手法，把新聞工作者的技藝知識，從他們身上分離出來，反而是盡力保存為具體和具名的勞動（Ryan, 1991），故新聞工作者在勞動過程中擁有「相對自主性」。

即使如此，新聞工作者依然擺脫不了工資勞動的本質，因為他必須受雇於媒體組織才能輸出勞動力。屬創造性的新聞勞動，輸入的勞動和輸出的產值間，未必有任何關聯，勞動力投入與產出不確定性高，資本家對勞動者的控制無可避免（Braverman, 1974），但通行於一般勞動的泰勒式管理，並不適用於新聞勞動。原因是記者個人所擁有的知識與職能，常能決定是否坐收壟斷（如獨家）及獨特的新聞詮釋角度之競爭力，新聞工作者特有的想像力與熱情，在產製中常擁有不妥協於理性與常規的正當性。

　　這種不妥協於理性與常規的正當性的權力，也使資方建立其管理制度格外小心。運行於新聞媒體組織的管理制度通常由三要素組成：（一）引導：雇主借著一套方法來指派工作任務，明指員工要做什麼，遵守那些規則，要做到什麼程度，以及多久時間內完成；（二）考核：透過這個程序，雇主可以糾正生產中的失誤，評估每個員工的表現，確知個人或小組有沒有把任務做好；（三）紀律：雇主利用一套制度訓練員工（Edward, 1979）。

　　組織管理的權力，包含三個概念，分別是「權威」（authority）、「力量」（power）與「影響力」（influence）。權威可以視為組織的「燃料」，因為沒有權威分配，組織的結構將虛有其表。權威係職位所有者所具影響或命令思想、意見或行為的權利，管理者藉此發號施令、或左右屬下的思想與行為而達到順從的目的；力量通常被視為具有影響他人行為的潛能者，或具有某種作為並產生效果的能力；影響力通常界定為能夠產生某種後果的行動（吳定，1991）。

　　Etzioni 認為，力量有三種型態，即脅迫性、獎酬性與規範性。脅迫性力量是指運用體罰或以體罰為要脅；獎酬性力量是以誘因與報酬為控制工具；規範性力量來自於個人的威望或地位（轉引自吳定，1991）。

　　以新聞產製的場域來說，新聞用與不用，長短、版次與時段安排，都必須在組織守門過程中決定。組織會運用新聞最終呈現與評比，發揮規範與懲處的權威與力量。當考績成為行政制度，並標準化時，組織內的個人會學習團體所贊許的社會行為。其中，組織成員對規範的認知，主要是透過明星（績效優者）學習或自我的經驗揣測（葉啟政，1991；藍采風、廖榮利，1994）。

　　這種預期性的社會化，會讓新人企圖使自己的表現形式合於老手們所建構的模式。當新聞工作者，透過組織獎懲或績效評比作為角色的期待，則該制度無疑再製了新聞產製的框架。

　　Burawoy（1985）認為，商品生產的過程不只是一種經濟活動，同時含有政治和意識型態作用，任何工作環境都包含三個層面：一是經濟面，也就是勞動過程，勞動者使用生產工具將原料轉換成產品的過程；二是政治面（生產社會關係）即勞動過程的社會關係；三是意識型態面（生產那些關係的經驗），三者建構勞工認同生產遊戲規則。

　　以新聞產製來說，新聞製作的勞動過程是生產的經濟面；而控制記者和編輯的管理制度是生產的政治面；至於讓新聞工作者適應並自然而且接受該工作安排的過程就是生產的意識型態面（陳雪慧，1993）。

　　其間，生產政治包含：階層組織（hierarchy）、薪資體系、內部勞動市場和交涉制度（system of bargaining）。階層組織是控制勞動過程的一套系統；薪資體系涉及的是勞動力的買賣和剩餘的佔有與分配；內部勞動市場指一套公司內部安插員工的法則，包括調薪、升遷等；交涉制度可經由申訴管道或工會集體談判進行的規定（Burawoy, 1985）。

　　新聞機構通常利用守門的科層管理來控制新聞的勞動過程，作法是空間（如採訪的線路）與時間（如截稿時間）加以客觀化、常規化，以配合作業的節奏完成新聞的採訪與編輯。其間編採部門的組長，是將報社政策傳達給記者的主要中介，因此新聞室的規定能否徹底執行，組長扮演關鍵性角色。組長在報社執行政策上至少具備兩種功能：一是監督記者遵行規定；一是安撫或轉移記者對規定

的不滿（陳雪慧，1993）。這種生產的社會關係往往局限了記者的思考，以及創作勞動過程中對產品的主觀想像，並對專業的新聞價值和新聞理念發生影響。過程中，組織也會運用獎勵（如記功、獎金、加薪、升職、分派重任等）或是懲戒（如申誡、記過、降職、解僱等），來維繫員工的紀律。

此時，薪酬、升遷機會、社會認同、工作條件、工作的自主權等之目的，在於利誘新聞工作者，使他們對組織忠誠，並全力以赴地工作。利誘有時比懲處更具效果，因為對帶有「專業」氣息的新聞勞動者而言，在意的不是看他做了什麼，而是做出了什麼成績，正面的誘因往往比懲戒更能發揮科層控制的效果（Edward, 1979；陳雪慧，1993，林富美，2000）。

常見新聞組織的管理技巧是運用績效排名的競爭，並將此訴諸於薪酬制度，迫使新聞工作者進行「責任自主」（responsible autonomy）的生產活動。或利用人事升遷的管道，對旗下的工作人員進行懷柔、箝制，如以主管級職的升遷做為手段，或藉由人事精簡的理由，增加旗下人員的就業危機感，以便督促他們更能貫徹組織的意志。以下將以作者1997年期刊論文內容，及2000年國科會研究案中《聯合報系》的訪談資料與2003國科會研究案有關台灣《壹周刊》、《蘋果日報》（以下簡稱台灣《壹傳媒》）等兩個媒體集團的實證資料，說明新聞媒體組織如何運用恩威並施的勞動酬償，進行新聞產製的規馴與收編。

參、《聯合報》系與台灣《壹傳媒》薪酬策略

　　薪酬對於員工，是一項財務性的報償，由於工作動機差異，基本薪資、各種獎金和福利的薪酬報償，對於滿足個人基本生理、安全需求或高層次的自我實現不同。「策略」（strategy）一詞最早是由希臘文"strategos"而來，意為「統帥的藝術」。用於企業，係指企業組織對配合目表所採取的行動與資源分配（Hart, 1967; Chandler, 1962）。

　　Weber 與 Rynes（1991）回顧有關薪酬的文獻發現，薪酬策略包含如下三個面向，一是薪酬組合，指包含基本薪資、福利、績效獎金間的相對重要性；二是市場定位的高低；三是給付的行政管理架構、標準與程序。

　　新聞工作者因早在 1984 年 7 月 31 日起指定適用《勞基法》，享有《勞基法》規定的基本薪資、工時及勞動條件的基本保障，能免除藝文業等一般文化勞動者必需處於雇用不固定、薪資酬勞欠缺保障及無法專職專任的勞動困境。[2]然建立於《勞基法》基礎下的新聞人事管理制度，是否也提供新聞工作者，一定安全感，有利生

---

[2]　為因應文化市場的不確定，文化產業通常以個案彈性化方式與各別勞動者訂定勞雇契約，以方便人力資本投資不利時踩煞車，故汰舊換新是雇用常態，這也使文化勞動市場流動率極高，在新人躍躍欲試下，薪資待遇成本也不會墊得太高，因此除少數大師或明星人物之外，均為待遇微薄、流動率高的「文化零工」。多數文化勞動者所賺的錢幾乎比他們所付出的還要低，加上文化勞動仲介機構所握有文化勞動人力總是過剩，使得一般文化勞動者，工作不穩定且薪資偏低。如此情況，常導致多數文化勞動者無法全心、安定地投入專業的創意工作；或在薪資不足的情況下，為了生活，必須兼任一些與專業創意無關的工作（可參考 Mi`ege,1989 ;林芳玫，1994；Hesmondhalgh, 2002）。

產專業自主？或相反，因為全職與固定，反而使新聞工作者，受制於新聞管理制度？以下針對《聯合報》系與台灣《壹傳媒》之薪酬策略進行類型性描述比較分析。

一、薪酬組合

薪酬組合，係指基本薪資、福利和獎金在酬償給付的相對重要性。基本薪資訂定通常會視工作在企業中的重要性、工作內涵所需的經驗，及工作成果績效程度，考量雇員的工作份量，參考市場行情決定。福利，指薪資以外的待遇，含企業提供員工福利和非上班期間給予的報酬、健康保險計劃、退休計劃及員工服務等項目。獎金，指企業為提升員工的生產力和公司的競爭力，而運用財務計劃來激勵員工超越預定的績效標準（林征霆，1992）。

一般企業會針對企業發展情境，策略運用薪酬策略組合設計。在初創時，通常採低薪、低福利、低短期獎金、高長期獎金的設計；成長期則採中基本薪資、中福利、中短期獎金、高長期獎金；成熟期則採高基本薪資、中福利、高短期獎金、中長期獎金；衰退期則是高基本薪資、高福利、中短期獎金、低長期獎金設計。

以《聯合報》系而言，從 1960 年至 1993 年以前，採高基本薪資、高福利及變動短期獎金。1993 年立法院三讀通過有線電視法、本土衛星 TVBS 開播，競爭壓力下，修改新進人員起薪員級。緊接著 1994 年開放無線電視頻道，1996 年標榜本土《自由時報》閱報率躍升，1997 年民視開播，1998 年有線電視台相繼開播新聞頻道，媒體生態丕變，平面媒體市場競爭壓力大，人事成本負擔重，1999 年開始陸續推出優退優離辦法，並修改薪資結構，整體修改後，仍

維持其基薪層級化，績效彈性化，以維持內部一致性，但也因薪資層級更動，使得升級更困難，相對降低外部競爭力。

反之，台灣《壹傳媒》，其薪資策略應注重績效導向、強調外部競爭性與注重變動薪資，以擴張者姿態，突破高低階差異的框限，完全看表現及就職前個別議價時的工作潛力評估，所以會出現記者薪資比組長高的情況。

二、市場定位

所謂市場定位，係指薪酬相對於競爭者的水準。薪酬市場定位的高低，關係著企業的形象、員工的自我認同及職業的滿足度。

在報業競爭市場中，《聯合報》在三報聯合版時期，王惕吾即認為記者的理想待遇應比照當時的美援機構，達到與社會上一流人才一樣的待遇水準，此構想在 1960 年實現（王麗美，1994），迄今在台灣報界，《聯合報》薪資定位雖仍有其市場優勢。但在 1996 年《自由時報》閱報率大幅提升後，《聯合報》發行量逐漸遞減，報系人事瘦身，相較它報不錯的薪資與福利，已難成為員工的自我認同及職業的滿足度因素，薪酬變動以新進人員為最，故近年以來，新進人員流動率高。

至於台灣《壹傳媒》的員工薪水，與國內報業同級人員的薪資高，相較約高出 30%-50%之間。徵人廣告中標明：主任：9-14 萬元；組長 6-12 萬元；文字記者、攝影記者：4-12 萬元；文字編輯與美術編輯：4-12 萬元；校對：3-6 萬元；助理：3-6 萬元，明顯高出業界。

由於台灣《壹週刊》，創刊時的人手班底，主要是《明日報》在 2001 年 2 月結束時，推薦給《壹週刊》的編採人員。這 151 名

被推薦的《明日報》員工，出席由黎智英主持的簡報會，最後到職者有 118 位。

　　研究發現，留任的原因，保工作是原因之一，多數人不否定是高薪策略奏效。挖角薪資是否如廣告中各級職員的薪水，員工們不願證實，只表示比原先薪資高，但漲幅因人而異，看如何談。對於員工薪資，台灣《壹傳媒》採彈性祕密不公開方式，員工除非自己願意揭露，否則彼此無法知悉各自薪資。

　　至於高薪策略是催化旗下員工認同台灣《壹傳媒》市場為導向的產製特色，員工多數不願正面回應，但認為高薪確是當初接受該工作重要誘因，對自己薪資，多數持滿意態度。

三、給付策略選擇

（一）內部或外部的一致性

　　Lawler（1984）認為，追求內部一致性的薪資給付政策，優點為：相同職務待遇相同，輪調方便，也較能塑造一致的企業氣候。其缺點是：當公司朝多角化經營時，剛起步的新產業為符合企業體系內的薪資一致性，而增加成本，影響市場競爭力。

　　《聯合報》系四大報的基本薪資結構相同，但早、晚報由於工作時數、基薪乘數、職務津貼上有差異。至於報系關係企業，如《聯合文學》、《歷史月刊》、《聯經資訊》、天利運輸公司等，則採外部的一致性，即視市場導向來訂定，以同一產業的薪資標準作為衡量。

　　這個作法，基本上頗為符合學者們的研究結果，即單一產業或單一科技強調內部公平較有利，當公司朝多角化經營時，則強調外部市場的薪資策略（林征霆，1992）。雙元結構的薪資策略，是《聯

合報》系處理報系及報系相關事業的薪資決策模式；至於台灣《壹傳媒》在薪資選擇上，並不考慮一致性問題，也沒有雙元結構特性，全都以市場積效為考量，無論《壹周刊》或《蘋果日報》都訴之於理性的淘汰制。

（二）分權或集權決策

集權制易形塑內部一致性和內部公平性的企業氣候，當公司採用內部一致薪資決策模式時，通常採集權制決策模式。分權制則適合各別部門獨特的需要，在企業進入不同市場及擁有多個產品生命週期階段時，較為適用。

《聯合報》系以報業總類而言，是屬於同一產業，以資訊的市場區格而言，訴求的讀者群並不相同，但資訊品質深入廣博的要求又相近，對採編、行銷、廣告的從業人員而言，挑戰類型不同，競爭壓力卻是一致的。因此，《聯合報》系基本薪資、福利、獎金的決策模式，在制度上是採集權制，即強調制度化的公平；但在獎金部分則採取彈性分權制，授權予各單位主管核報，如「馬上獎」、「獨家獎金」等。而《壹傳媒》，無論基本薪資、福利、獎金的決策模式，則採彈性分權制，授權予各單位主管核報。如此作法好處是各單位相互競爭，搭配專案式的管理方式，發揮產製績效。

（三）層級或彈性給付

Lawler（1984）認為，當企業需要建立由上而下的職權層級，採科層級薪酬制度，以平等薪酬為導向，需配合參與式管理風格。《聯合報》系在給付政策上，為維持編採作業層層的資訊守門過程，採層級的給付政策。台灣《壹傳媒》，則跳脫層級，採彈性給付。

（四）秘密或公開給付

　　秘密給付的好處是隱私，減少員工彼此比較及主管打考績的困擾；缺點是扭曲確實的薪資制度，造成一昧猜忌，降低員工的信任感。薪資公開，有利員工對未來的生涯規劃。一般認為個人薪資要保密，但薪酬管理制度要公開。《聯合報》系的給付方式，基本上是採取制度公開，但薪資保密的情形。《壹傳媒》則採取秘密給付方式。

（五）薪資決策參與

　　薪資決策的參與能建立員工間的共識，而降低阻力，激發工作熱忱及認同感。

　　在聯合報系，基本薪資的層級並無決策參與，是集權制。工會、職福會，對於年終紅利及績效獎金的給付級數，會與資方溝通，但由於公司財務結構並不公開，實際盈餘多少，員工並不知悉，也因此，最大決策權尚在資方手上。

　　且《聯合報》自三報聯合版時期，即採取每年盈餘不分配原則。《聯合報》每年的盈餘，主要用途有三：一是再投資，二是從事社會服務，三是增進同仁福利（黃年編，1991）。再投資的決策，操控於董事會；從事社會服務的範疇與規模，權限在於報老闆。即使員工福利的決策，勞方的影響力也相當有限。台灣《壹傳媒》，投資的香港《壹傳媒》為上市公司，員工無權參與薪資決策，但必須透過董事會，董事會須對股東負責。

（六）績效薪給制或年資制

　　績效薪給制最主要的精神在於，依企業內個人或部門對企業的貢獻訂立支薪標準，有效的績效薪給制不但可以提高企業生產力，更可提昇員工的工作動機和表現。台灣《壹傳媒》就採此方式。

　　年資制的主要精神在於，肯定員工的知識經驗、成熟度、能力。《聯合報》系基本上採取績效與年資混合的方式，即一方面肯定員工的經驗能力及成熟度對報業的重要，如資深記者的設置辦法及基本薪資的核定等級等，都是依員工的經驗、能力、成熟度及工作表現做為評定的指標；另一方面也運用績效獎金的獎勵，激勵員工在工作上有所表現。

（七）長期或短期的績效導向

　　企業以未來發展為導向，基本上會採取長期的績效導向。以短期利潤為主，則會採取短期績效導向。

　　報導的商品─資訊，是十分短期導向的商品性質，但對報業風格與報業形象的建立而言，其商品的品質，又必須長時期維持一定的品管，方能建立讀者對該媒介的信任。從某方面來看，長期績效與短期績效是禍福相倚。一個信譽好的報導，可能在某一事件處理上造成讀者不滿，建立多年的信譽，也有可能毀於一旦。因此對報業經營者而言，無論長短期績效，都是步步為營，不敢稍有閃失。媒體經營者通常結合長短期績效，採取二元結構，《聯合報》系與《壹傳媒》都有日、月、年考核辦法，基本上已顯示其長、短期績效相互延續的特質。

（八）風險分擔

即將員工納為利害關係的承擔者，使員工們與企業的營業狀況休戚與共。

《聯合報》在 1957 年創業初期，曾經實施酬勞股利分配法。依此辦法，服務滿四年的員工，即可依薪資獲得配股或成為股東。這份構想，是希望建立勞雇雙方共有、共治、共享的精神。但在實施十餘年後，由於范鶴言與林頂立兩人退出《聯合報》經營，引起《聯合報》股權結構變化及公司法不承認酬勞股等，這些股份後來被全數購回（王麗美，1994）。台灣《壹傳媒》雖為上市公司，但員工不參加分紅入股，而是搖大樹，即每年固定淘汰不適任者，以減低其經營風險。綜合以上討論，有關《聯合報》系與台灣《壹傳媒》的報償制度，大致可以歸納如下表 3.1：

表 3.1　《聯合報》系與台灣《壹傳媒》薪酬策略比較

薪酬策略	《聯合報》系	台灣《壹傳媒》
薪酬組合	高薪、高福利、獎金變動	高薪、高採訪資源、高變動獎金
市場定位	中高策略，以內部一致、外部具競爭性的防衛性作法	強調高薪，打破高低階薪資差異的框限，訴諸外部競爭的擴張者姿態
給付策略	基薪層級化、績效彈性化 科層集權制 依制度、公開 員工不分紅入股	績效導向 跳脫層級、彈性分權 個別議價、祕密 員工不分紅入股

資料來源：作者自行整理

肆、酬償、評比制度效果

一、交互於競爭與恐懼下的生產政治

　　當資訊成為商品，以經濟為基礎的市場競爭，是無可避免的事實。能激勵個體行動產製績效的薪酬策略，更是一套場域鬥爭的評比規則與框架。藉由薪酬給付，等同於能力、績效「評等」，隱喻個別勞動者對組織貢獻度是特優、超出預期、符合預期、不符合預期等。「排名」則是將所有員工的工作表現依照高低順序排列。這麼一來，公司可以「隨時隨意」開除他們認為不適任的員工。而且，所有的評估都必須符合統計的原理，表現最佳與表現最差的員工比例必須呈現常態分布。換句話說，必定有一定比例的人列入被裁員的對象，也許是 5% 或 10%。

　　績效評量制度，其實就是一種恐懼管理的手段。員工之間必須彼此競爭，而非相互幫助。恐懼成了唯一的管理工具。工作者恐懼競爭、恐懼做錯事、恐懼失去一切。由於擔心落於人後，勞工寧願長時間的工作，工作者覺得自己好像參加了一場沒有終點線的賽跑，唯一的希望是不被踢出比賽。由於隨時隨地都在競爭，沒有人強制要求勞工必須加班，或是在週末的時候上班，但你只能不停的工作，直到累垮為止。

　　以《聯合報》系而言，採訪、編輯、行銷廣告、發行、印務等部門都訂有制度化的獎勵措施。將新聞產製「績效化」，對日日競爭的報業，有其無法避免的市場機制。訪談資料發現，這套制度會影響記者為上版面而寫新聞，新聞室守門的價值取向，左右新聞工作者採訪的取捨，太敏感，會觸動立場、價值的重要新聞，不是經過「修飾」，不然就先給其它媒體發佈，等大伙兒炒熱新聞議題後，

再進一步突圍，以示個人功力。長期下來會扼殺多元訊息，及有虛報採訪現況的情況。

況且，績效獎的基準，來自於各報的比較，因此，在採訪線上就形成報與報間競爭，久而久之，新聞記者對新聞價值判斷，可能來自於主管的偏好，及同業間的相對價值。在《聯合報》系訪談對象中多數指陳，這種現象難免，因為上了版面才是新聞，從新聞版面處理，記者會很自然熟悉這一套新聞價值取向，進而修正、適應。

此外，訪談資料中也發現，績效評核制度會影響記者與消息來源間的互動，如比稿、比報的新聞壓力，為了可能的頭條新聞，記者有時容易成為採訪對象的工具，或不惜渾身解數的「製造新聞」，製造「頭條新聞」的假相。

而為了防範漏新聞，記者間也會有一套相互救援的、互通鼻息的聯合作戰方式，使新聞呈現「樂隊車效果」，或聯合作戰，早報搭晚報，一起炒作新聞。

研究發現，台灣《壹傳媒》採取「百家爭鳴」的情況，但這種作法卻也帶來一個意外的效果：「內部競爭」。由於各組的採訪都要對自己的表現負全責，好的一面是沒有人會偷懶，但是壞的一方面就是競爭、出新招、搶位的作法履見不鮮。往往在任用一個高級主管後，還會同時在他的周圍再安排 1-2 位「潛藏競爭者」，讓在位的高級主管警惕，如果做不好，隨時有人等著接。因此當黎式報團面臨市場反應不佳時，組織會進行所謂「搖大樹」的人事大地震，換人做做看，也就隨時可能發生。

人們彼此的吸引力隨著對獎勵和懲處的預期而有所改變，在交往中報酬可以強化互動行為（Hanneman & McEwen & Berlo, 1975）。當考績成為行政制度，並標準化時，個人在團體內，會學

習團體所贊許的社會行為。團體中較成功者，其社會化程度通常較深，組織成員對規範的認知，主要是透過明星（績效優者）學習或自我的經驗揣測。當預期性的社會化存在於組織中，新手會企圖使自己的表現形式合於老手們所建構的模式，塑造新手對記者角色的認知形象，及他對組織成員工作過程之特定態度，這方面《聯合報》系與台灣《壹傳媒》皆然。

二、組織文化的形塑

司徒達賢（1993）認為，所謂企業文化，是指在某一企業中，大多數成員所共有之價值觀與信念，它同時也反映出若干集體的組織行為與特性。在訪談的過程中，也發現到一個有趣的現象，即在《聯合報》系內，多數的記者認為「與組織內的互動是重要的」、「人是感情的動物，與組內主管維持良性互動，總是好事」、「考評制度執行因授權給各組組長，組長執法的公平與否，也會影響到組內員工彼此感情與工作態度」。

對於《聯合報》系的企業文化，訪談對象提出的特質是：「過去重倫理、輩分」，如：「過往在編採中心，只要從位置座落的列序，就可以判定其資歷與分量」、「人才的培養都有一套無形的養望過程，如線路的歷練、單位的流通等，另外當報社要重用一個人，系刊多少會透露一些訊息，能見度與上刊率都很微妙」、「『等』是聯合報系員工升遷時被默許的當然原則，按『資望』來，大家意見不會太多，新聞表現突出，企畫組織能力出眾，升遷快，反正都有規定，多數都會認同」；現在已較務實，年輕人當上主管的也有，已漸打破過往「重倫理輩分」的立場。

　　另一特質是「階層化」，如：「層層負責，層級主管都會遵守各自的授權，干預性不大」；此外，「溫情、保守，報系內有一不成文的原則，即若無重大過失，絕不資遣員工」。顯見《聯合報》系層級化、制度化，形塑出「層層負責」的組織文化，也影響人才「跑線分配」、「資望歷練」與拔擢。

　　台灣《壹傳媒》採取競爭的市場績效考核及嚴格淘汰制，組織管理強調「只有好、壞、輸、贏」，組織文化充滿優勝劣敗的達爾文主義。此外，對於敢衝撞、不計個人生死、毀譽，能挖掘出「好」新聞的成員，管理者都採取充分配合、不惜砸資相挺，若讀者反應良好，獎金也給得大方，因此重賞之下必有勇夫是《壹傳媒》不同於其它傳媒之處。

　　在《壹傳媒》組織中，除了充滿「蘋果」味外，人情互動的情況，是不同於前述的《聯合報》系，彼此間的批判是不留情面的，打小報告者也不少。在這裡，除了競爭、壓力外，透過市場績效，反映出各自為己的組織氛圍，但新聞產製打的是團體戰，因此團隊作業仍無法免，但如何提供有利於市場的新聞點，仍是彼此較勁的決戰點，能在組織中創造領先而有貢獻的絕佳位置，是《壹傳媒》工作者企圖與用心的座右銘。

　三、制度類型、工作成就與組織認同差異

　　穩定的人事結構，雖可累積報業培養的人力資源，但在組織進行革新，或結構調整時，遭逢的抵抗也相對增加；更值得注意的是，穩定的人事結構，是否會使新聞從業人員的組織認同，大於專業認同，使新聞從業人員迫於酬償的高低，而屈就於組織內新聞產製的規範，不自覺地喪失應有的獨立性？

　　在《聯合報》系的訪談成員中，多數以肯定而直接的語氣認為，這套制度會影響記者編輯在新聞產製過程中的專業認同，而栽進組織認同裡，且會以報社的肯定與否判斷自我編採的能力，且組織內的肯定與否，會左右對外採訪的得失感。當然也有人更露骨表示，為了突破制度化升遷，內部人脈關係與權力鬥爭，其奮力程度可能大於對外新聞作戰。

　　至於《壹傳媒》，研究發現，在採訪資源上，公司出手闊，只要新聞能做好一切投資都值得。在砸錢買設備上，《蘋果日報》又比《壹週刊》好。但提供採訪所需的設備、資金、人力，是否使記者無後顧之憂盡全力去達到任務，化解一般報業科層化所賦予記者的束縛，讓記者們獲得另一種相對的自主？對此，記者的反應是「否定」的。但相較於其它媒體組織，台灣《壹傳媒》組織較扁平化，且報償採個別而彈性化制度，故其自主性上仍是受制於上級主管，若是主管風格開明、願意授權，則記者自主性會提高，反之若主管較霸權，記者就沒什麼自主性；至於攝影記者，則認為自己很少有自主權，因為不僅僅得聽上級主管的意見，且採訪多半建立在與文字記者的密切配合，其自主權並沒有比其它媒體好。

四、工資勞動問題

（一）勞動商品化

　　商品化（commodification），是指依照商品形式、對社會關係加以塑造的歷程，也就是，物在市場體系所呈現的交換關係，轉移到社會的人際互動關係。正如同物的關係是以貨幣為媒介、以商品

的對象在進行交換，商品化的人際關係也呈現出以己身活動為媒介、以不特定他人的活動為對象的互動方式（李培元，1997）。

正如同貨幣是一種可以量化的、具一般形式的計算工具，目的在獲取相等價值的商品，商品化意義下的己身活動也呈現出工具價值、以交換對等的他人活動。

物的生產必須轉換成可交換的商品，依照等價貨幣來實現生產目的，同樣的己身活動也必須轉化成被不特定他人所認可的內容，以交換相對等的他人活動，實現己身活動的目的。

研究發現，市場績效的評比、獎賞是左右文化勞動商品化程度的重要因素，1997 年《聯合報》訪談資料尚看不出勞動商品化問題，顯見採制度為主、彈性為輔的報償制度，勞動異化問題尚不嚴重，但 2000 年政黨輪替後，《聯合報》市場競爭更為險峻，從訪談資料可以發現，「業務」入主產品市場，記者與消息來源，解構過去以資訊取得為主的互動方式，原存其間之製碼與解碼的權力競爭，加入了非關新聞意義的對抗、妥協與合作的情況。為了「業績」與「金額」，採訪單位有時也提「企劃案」，主動出擊。記者轉身成了超級「業務員」，獨立性應聲而倒。

但相較於《聯合報》系，以市場績效為主的台灣《壹傳媒》，其勞動商品化的問題，情況更為嚴重。研究發現，進入《壹傳媒》之前，多數記者對《壹傳媒》抱持並非正面。然外在環境壓力、薪資誘人、以及想嘗試不一樣的媒體是他們後來選擇進入主因。進入《壹傳媒》後，多數表達想要運用自己工作的特性，實現自我工作理想，但當問及在壹傳媒中最重要的工作為何時，大多數的記者回答是，完成組織交辦任務。

　　受訪者也表示，即使當組織提出不合理的要求，他們還是會儘量去嘗試達到組識的要求，盡力而為，如果實在無法達到，只能藉由溝通，而純粹為了自身理念而賣命者，是少之又少。多數受訪者更表示，在《壹傳媒》，狗仔是取得真相的基本手段，並不算是不合理的要求，類如女記者為達成組織任務，以身犯險，以自已當誘餌去引出色魔牙醫師，並以針孔記錄的案例等，有不少受訪者表示願意嘗試這樣手法，完成任務。足見對於《壹傳媒》工作者而言，完成組織要求是工作最終目的，至於手段是否違反專業者工作價值，並不在考量範圍內，勞動異化問題的確存在。

（二）生產共識的規馴與收編

　　年度考績「搖大樹」[3]是《壹傳媒》人事管理鐵血紀律。對於沒貢獻就走人的管理制度，員工的看法是，透過該手段，可以使員工清楚地知道公司要的是怎樣的人才。透過讀者反應，可以不斷引導記者學習組織欲達成的目標，不知不覺地將組織訂定目標或方向視為理所當然，並加以正當化，多數受訪者並不覺得在遭受組織責難時會自我責備，但同意在讀者檢驗這個有力的象徵論述下，會覺得不適任，就該走。

　　故對《壹傳媒》工作者，對於組織的責難，不會先質疑組織的責難標準是否有所偏差，反而歸因於自身能力不足，達不到組織要求，是不適任的。顯示《壹傳媒》在市場有力的表徵下，運用隱性的控制手法達成其生產政治，建立其工作者生產共識，使他們自身已認同組織，因此即使被責難，反彈不大，大多是願意接受的。

---

[3]　即考績落在全體最末多少百分比者，必須離職。

當資方與勞動者在產製中，價值是一種理性市場，且意味生產的活動必須轉化成客觀的量化方式來衡量。不同於過去台灣強調「家父長」制勞雇關係，本研究發現，《壹傳媒》受訪者多數同意高薪就是高壓力這種價量等值的勞雇關係，薪資是當初他們願意到壹傳媒工作的重要主因之一，也是他們捨不得離開壹傳媒的重要考量之一。

《壹傳媒》是如何進行工作考核，受訪者認為，數字會說話，考核看表現。從上封面、上版面次數及報導內文的重要性等，都是可以量化的。能力高，薪水高，能力差，就淘汰。但對於長官提報淘汰人員名單，也有人提出質疑，因為長官不同，標準會不一。但整體還是以量化的市場導向為主，對於評估不適任之員工多採取直接資遣，不帶任何感情。

黎智英說，「辦傳媒，賣的就是一份感覺，感覺對了，讀者就會買」，「讀者愛看什麼，我就給讀者什麼」，把媒體定位為純然的商業產品，並要求其麾下的新聞工作者，必須根據讀者的需求報導新聞，根據市場的變化而變化以掌握讀者的需要。台灣《壹週刊》發行一年後，市場佔有率即居第一，而 2005 年《蘋果日報》市佔率已居第二。對黎智英來說，媒體真的變成「一門好生意」。其間以讀者為大的編採策略發揮了相當大效益。

台灣《蘋果日報》或《壹週刊》新聞寫作，更挑明只有事件是真的，如何寫，可以有數套版本，那一個版本成為定稿，都是透過內部討論或焦點讀者會討論下的結果。對於社會新聞，傳統的新聞寫作方式是交代一下人名、地點、經過。但《蘋果日報》或《壹週刊》就會以「小說」寫法，讓它更「完整」，當然這樣的完整，可能包括記者的猜測、想像。《壹傳媒》唯一的不變是他們一直在變，

內容是血腥？暴力？還有色情？或是爭議性？全依銷售量進行修正。《壹週刊》更是從封面故事與銷售量的關係，找出那些是促銷和滯銷的題材，從而決定採訪路線。

當市場獲利是《壹傳媒》新聞產業不二法門，價格就等同於價值，此邏輯已成為《壹傳媒》新聞工作者當然的新聞「價值」。從訪談資料中發現，《壹傳媒》新聞工作者生產共識就是市場反應。薪資決定了勞動價值，勞動力被物化的程度可見一般。顯然，錢決定勞動價值也塑造生產共識。

五、制度類型對勞動生涯影響

制度化是《聯合報》系薪酬策略的特質。制度化是否會影響員工生涯規劃？在訪談的資料中，多數認為「會」，其間考慮的因素有：「出國進修回來還會有這樣的機會」、「績效表現突出，升遷看得到，留下來往長期規劃的想法就會有」、「比起其它報，這套制度看得到努力的報酬，當然會影響中、長期生涯規劃」；少數認為「不會」，原因是「變動環境，生涯規劃本就不宜太長，隨時會有變動的可能」、「一進來適逢制度調整，基薪並非如過往有相對優勢，還年輕，制度對其影響不大」。

至於這套透明化、制度化的薪資結構是否會使員工在心裡上有趨策及安定的作用？訪談資料中，全數認為「會」，「會更積極力爭上游」、「制度保障省卻不確定感」、「有機會跳槽也會作比較性評估」。就訪談成員的個人經驗觀察，也全數認同「這套制度的確發揮了創辦人王惕吾先生希望藉由制度化保障來『安定《聯合報》人力資源』的作用，報禁時、解除報禁後、乃至電子媒體衝擊媒介生態的當今，這套制度依舊能發揮其相對比較，影響去留」。

　　至於問及若有一更好的環境，但相對薪資低時，會不會考慮離職？多數回答「不會」；答「會考慮」者，原因是「重視發展空間」，且這些人年資在二年至七年間較多。

　　愈高薪級的員工是否有愈趨安定的情形？全數訪談對象都持「肯定」，其中去留的心理關卡有多數舉陳在「四百元等跳五百元等」及「三百元等跳四百元等」、僅少數是「二百元等跳三百元等」，一般都認為「當上資深記者考慮離職情形就不大」、「相對報酬與是否真能有發揮空間的想法會更審慎」。

　　從訪談資料中也發現，員工對於薪資待遇，多數回答「滿意」，或「很滿意」，僅 1993 年職位敘薪制度修改後進來的員工，會認為「基薪優勢不再，但相對福利、績效還是較好」。

　　2003 年《聯合報》系再次修改薪資報酬結構，這也使其市場優越性大幅降低，在不看好平面媒體發展及待遇吸引力不大下，這幾年招考或健教合作進入報系的新人，流動性較過去增加。報償制度的確影響人事安定。

　　至於來台發行的《壹傳媒》，甫進台灣之時，即被媒體貼上負面性「狗仔」的象徵性符號，多數人會擔心，離開《壹傳媒》後，其它媒體聘雇的可能空間。

　　比較重要的是由於競爭激烈，在每每要求推陳出新，迎合讀者喜愛的壓力下，《壹傳媒》記者時間與體力付出，相對加大。由訪談中可以得知，多數記者認為，在《壹傳媒》的產製作業下，一天忙個十小時以上是常事，身心承受度不是一般傳播媒體可以體會的，當然會加速耗損每個人勞動生命週期。因此自我的心理建設和自我減壓、調適非常重要，否則過勞死是有可能的。

　　因此，《壹傳媒》人才流動性很高，且公司每隔半年就會進行
一次裁減不適任的人員。所以什麼時候會被裁員不可預測。有人會
走一步算一步，不想離職，但也不想長待，只是先做好現在的工作。
另有一些記者認為，這個工作只是暫時磨練自己的，但因為此工作
操勞、危險多，不宜久留，所以沒有長期停留的打算，但沒把握離
開後，其它媒體會不會想聘任具《壹傳媒》工作經驗者。在人才流
動的方面，訪談資料中也發現，文字記者的流動率高於攝影記者，
而專跑綜藝性新聞的記者，流動率高於跑政治財經方面的記者。

　　對於未來是否有可能轉到其他媒體工作問題時，部分記者認為
《壹傳媒》是個滿不錯的環境，若是將來離開了這裡，也許以後不
會在接觸媒體的工作。但有少數幾位記者認為，這樣辛苦拼命的工作
是為了能夠多賺一點。所以辛苦一點，等到賺夠了，就會選擇離開。

伍、報償，讓專業價值與商業價值和解共生

　　在自由資本主義社會中，報償制度係透過金錢機制調節勞動力
和商品的分配，從而促成資本的形成和自我實現。而透過市場績效
的考核，一方面讓勞動系統中的操控機制，通過金錢的中介而受到
控制；另一方面，它把生產工具所有者和工資勞動者之間的權力關
係變得制度化。由於資本家的社會權力（social power）被制度化為
私人勞動契約形式的交換關係，對可被私人佔有的剩餘價值的壓榨
取代了政治依附（political dependency），此時市場績效不僅具有控
制論意義，也同時具有意識型態的功能。

　　透過市場機制，各媒體與各大報社均可對其旗下的新聞工作者
以職業升遷的誘因或者是以人事精簡為由，對他們做出工作去留的

裁定，以增加旗下新聞工作者的就業危機感，以便督促他們更能貫徹公司的意志；但新聞工作者因為「專業人」的勞動屬性，也要展現在工作上自己特有的能力，如此一來他們勢必在「商業活動」與「專業知識」二個極端間作出平衡。

幾乎所有受訪者都認為，《壹傳媒》是個黑白兩道都不怕的媒體悍將。但是否不畏政商壓力？是否能發揮第四權監督功能？受訪者回答就出現了一些差異。多數人仍認為他的確能發揮第四權的監督功用，但若用在檢視一些不必要的小事件，又太矯情。

另外，有受訪者更直陳，《壹傳媒》不是基於媒體道德因而進行監督，只是因為這樣做，有其市場價值罷了，監督是幌子，賺錢才是第一。顯示對多數員工而言，不畏政商壓力並不等同於「第四權」的「職業價值」，市場需求才是主因，明確的說應是市場需求支持《壹傳媒》不畏政商壓力。

此外，透過焦點讀者會，非但可以掌握市場需求，另外有一個功能，就是「洗腦」。從訪談資料發現，台灣《壹周刊》每週都有動腦會議，部分的受訪者對動腦會議這議題，都持正向的看法，強調的是，動腦會議是一個團隊（team work），大家一起想，腦力激盪，集思廣義。透過動腦會議，彼此默契越來越好，新聞素材的角度討論也會更有效率，有助市場共識的建立。在此，「讀者是上帝」的威力，明顯影響了生產共識的建構。

此外「讀者反應」，更發揮「生存心態」的場域妥協。從訪談資料可以發現，管理部門深諳唯有「讀者反應」，才能讓職場上「生存心態」的妥協，發揮到最高點。部分受訪者表示，焦點讀書會討論，對如何報導與寫作，的確有其說服功能。其間妥協與不妥協的

「生存心態」問題，其實是個人被組織多重內化的過程，工作久自然習慣，就視這樣的工作價值為理所當然。

對於抗爭，《壹傳媒》的受訪者表示，發生矛盾衝突時，大多會選擇試著先和直屬的長官溝通看看，但組織內的風氣到底允不允許有多元的意見蓬勃發展，令人懷疑。如一位受訪者就表示《壹傳媒》做題目的方式很多元，一旦東西交到內部去加工製作，流程的控管可以說很嚴格，但也可以說很專制，記者意見再如何堅持都難以被內部所接受。

受組織文化影響，員工對自身權益爭取的意願不高，多數認為，磨久已習慣，挫折要看淡。至於，工會籌組的問題，大多數的人認為黎老闆不會贊成組工會，而且員工自主不強烈，工會籌組難成型。

至於擁有較多採訪跑線經驗能力，人脈及相關專業知識等文化資本者，是否較有優勢與組織抗爭，從所得訪談資料看來也不大可能，因為這類記者若不太能適應港仔的企業文化，多數會直接選擇離職。辭職，是新聞工作者唯一的抵抗權。這一部分《聯合報》系與台灣《壹傳媒》研究結果是一致的。

陸、結論與討論

一、市場績效的威力

顯然，市場績效具有雙重功能：一方面，它是社會勞動系統中的操控機制，能通過薪酬的報償而受到控制；另一方面，它把生產工具所有者和工資勞動者之間的權力關係變得制度化。當資本家的

社會權力被制度化為私人勞動契約形式的報償交換關係，評比、考核的報償制度，對於新聞工作者，一方面具有自我實現功能，一方面更具有控制論意義，能馴化、收編新聞工作者之生產共識。

　　本章就不同新聞集團之不同報償制度的研究結果，發現報償制度的類型，會對勞動異化情況有所不同。當公司經營情況佳時，場域生存競爭壓力不大，穩定、制度化、公開的報償制度，這種公開、透明，能看得到前景與希望的報償制度，能激勵士氣，發揮志願性順服作用。當公司經營狀況不佳時，即使報償給付往下修，對於有相當年資工作者，這種制度能提供一定收益的生存保障，仍能發揮安定人事的作用。但對於新進人員，由於職涯與報償收益的遠景不再，多數會選擇離開。

　　反之，以市場績效為主的報償制度，在沒有絕對贏家的情況下，為求表現，市場反應的理性價值，成為場域的生存心態。「害怕」輸，成為組織無形的管理工具，勞工被迫必需參加一場沒有終點線的賽跑，企盼的是不被踢出局。整體而言，即使報償制度類型不同，但其規範、制約，和定義新聞產製關係中人的行為，及養成專業勞動，透過經濟理性理解自我勞動價值的功能，卻無差異。

二、價格等於價值的勞動危機

　　當價格成為價值，金錢收益被視為是衡量勞動價值的唯一方法。個人及個人與社會之間的關係被轉移到「可計價」，又有標準可循的框架中，新聞工作者在此，被視為是一種物體，已不具有人格本質。

　　新聞工作者社會關係，成為只是一種交換價值的表達。報償，讓專業價值與商業價值和解共生。專業價值與商業價值模糊不清，

新聞專業自主的可能，已成渺然。當辭職成為專業勞動對抗商業價值唯一的抵抗權時，專業勞動在產製關係中產生之生產政治與責任自主等馴化過程，就成為殘酷的必然。

　　管理最重要的目的，應是讓組織的每一個成員能安心、充滿熱情與理想的工作。透過個案研究，我們發現以市場績效為主的報償制度，讓新聞工作者充滿利己、競爭的冷思想與行動。當新聞遇上獲利，如果社會期待新聞仍有其應為、當為的社會責任與公共價值，設若無法建立兼顧商業價值與專業價值的平衡之報償制度，則新聞媒體社會期待應是緣木求魚。

三、勞基法之外的思考

　　當然，在台灣新聞工作者因受《勞基法》保障，享有國家規定的基本薪資、工時及勞動條件的基本保障，能免除藝文業等一般文化勞動者必需處於雇用不固定、薪資酬勞欠缺保障及無法專職專任的勞動困境。然這種保障，並不利生產專業自主。反之，因為全職與固定，反而使新聞工作者，受制於新聞管理制度。

　　就《聯合報》系的案例，證明制度化、績效化的薪酬策略對記者新聞價值判斷、採訪互動與成就需求的著力點，也發生了一定程度的影響。高基本薪資及制度化敘薪設計，對保障新聞從業人員經濟需求，促使有心以新聞工作為職志的從業人員，戮力職守，有其必要；但層層考核的績效化獎勵措施，雖能增強新聞競爭力，卻也使新聞採訪的專業自主受到影響。

　　台灣《壹傳媒》強調，市場績效的報償制度，形塑一套「恐懼」、「自我要求」、「自我激勵」的生存心態，勞動商品化是透過評比、

競爭，隱晦地發揮生產政治與生產共識，正當、理性地合理化資本家對專業勞動剝削。

　　然新聞組織，不同於一般企業，其產品的特質，從經濟層面來看，兼具財貨／勞務與公共財／私有財的雙元特性，面對喜怒憎怨千萬差異的讀者們，有其無法逃避的市場競爭邏輯；面對世局、國勢與社群，其資訊力量，又可左右著社會、國家的命運與福祉，牽繫著社會價值與文化的開承。

　　面對報償制度對專業勞動傷害，如何讓新聞從業人員掙脫底層報酬框限，在基本需求（薪酬）滿足後，朝個人自我實現，尋求專業自主權的發揮，其層次將涉及國家整體制度面問題。

第四章
當新聞記者成為名嘴：
名聲、專業與勞動商品化的探討

　　在第二章中，我們看到在市場為大的生存心態及意義產製的權力互動過程中，以名聲為基礎的勞動特質反倒成為形塑新聞專業勞動商品化的有利機制。本章將從名聲對於記者勞動價值與職涯發展的影響，探討當新聞工作者成為「名嘴」後，原植基於專業形象的名聲在「生存心態」及「商品化市場機制」下如何影響專業勞動。分析發現：「名聲」原屬新聞工作者的重要勞動資產，直接影響勞動酬償與工作機會。一旦其關注焦點在自身利益而非社會之共同進步，名聲、形象等象徵資本的營造即易改換成建立於勞動所得的利害關係。而為爭取表現空間，個別專業行動者亦會透過產製結構建立其生存心態。換言之，當專業、名聲商品化後，就不再僅是關係自身利益，而是各種利益的符碼，且必須依附商業價值否則就沒有交換價值；透過名聲基礎的理性抉擇因而使得名聲原有之專業基礎產生質變。

壹、前言

　　記者的新聞報導從不署名到署名，與政府解嚴與開放報禁後促使言論市場走向開放競爭有關。回顧戒嚴時期之一般新聞報導皆未

署名，只在撰述特稿或專題報導時才會掛上記者姓名。解嚴及報禁開放後言論環境較過去自由，媒體生態走向競爭，署名報導讓記者直接面對讀者。此舉除了提升其聲望外，新聞組織亦可藉此讓記者對消息來源負責，不但方便市場檢驗，更有利於媒體組織進行同業、同線間的「比報」考核，強化新聞競爭。

因而署名報導讓新聞版面儼然早已成為成就記者「名聲」的重要舞台，也大幅提高記者透過「產品現身」累積個人專業資產的可能性。即便是新人，若能不斷隨著大篇幅報導「露名」，其知名度與聲望幾乎都可立即提昇。

更重要的是，此專業資產隨即形塑記者的專屬「類型」，強化職能差異，有利記者建立類如「品牌」的職業聲望。當記者跳槽、轉業時，該專業資產更是工作職等、薪酬條件等議價必要的象徵資本與籌碼，使得知名新聞人物跳槽機會總較一般記者為多，而知名度高的資深記者也較新人更易受邀成為談話性節目來賓。

一些新聞工作者更常將「上【電視談話性】節目」視為是開展名聲勞動價值的另一平台，知名度高者進而成為談話性節目主持人，甚至代言各種商業產品。質言之，這些談話性節目如今幾已成為資深新聞工作者「勞動行情」保固、加分與試探轉換跑道的可能選項。

「成功」案例總是令人起而效尤。如美國著名脫口秀（talk show）女王 Oprah Winfrey 當年放棄主播生涯轉而主持節目，多年後擁有億萬美元身價，儘管毀譽參半，但名利雙收卻是事實，2005年更高居《富比世》雜誌公布「百位名人權力排行榜」（Celebrity 100）榜首（顏伶如，2005）。

　　在台灣，也有記者轉行主持談話性節目後，年薪高達千萬以上。不少知名新聞工作者在衡量自我生涯規劃與收入後選擇離開所屬媒體，或當個自由媒體工作者，或跨足談話性節目變成「名嘴」。

　　值得觀察的是，當收益成為專業勞動之競逐標的，名聲經濟因而形塑新聞場域的「生存心態」，而類似「明星體系」（the star system）之中介、包裝、行銷等商品操作手法將同樣複製於新聞專業勞動，以致新聞工作者與藝人界線漸趨模糊，反覆穿梭於各場域的新聞工作者常被視為「明星」（Negus, 1992, 2004; Hesmondhalgh, 2002）。

　　設若「明星」被化約為新聞專業勞動之「成功」象徵，其所操作的物化勞動商品運作模式，無疑將使商業價值等同於專業價值。植基於專業識別的名聲表徵在轉業、跨業之全方位勞動商品規劃下，最終或恐成為終結記者專業生涯的一刀雙刃。

　　是以媒體匯流固能提供更多名聲行銷可能的場域，捧紅更多「名嘴」，卻也可能混淆過去新聞場域專業與名聲的發生先後次序，不但離散新聞人對本業的固守，且加速撕裂市場名聲與職業專業關係純度，更易使新聞職場之互動趨於複雜與曖昧。由此觀之，名聲之於新聞工作者的「勞動價值」顯已超越傳統「專業價值」的論述。

　　本章旨在藉由記者變成名嘴的實證調查探討以下問題：一、當名聲成為商品後，曝光率強的談話性節目如何影響新聞工作者對勞動機會與勞動酬償之可能想像；二、新聞工作者如何就談話性節目的產製現實及交互於結構中的生存心態選擇其場域定位，並透過差異化掌握、建構其場域論述的位置及觀點；三、在生存心態、場域、資本的交織結構下，不同類型新聞工作者轉換跑道之機會與謀求發

展脈絡為何？其間市場反應之影響力為何？四、當名聲強化勞動者場域的權力競爭並有利於其經濟資本的轉換時，專業勞動的本質與內涵變化為何，其對文化專業勞動的影響為何？

貳、名聲、專業與勞動商品化

一、關於象徵資本

　　Bourdieu（1991; 1993）認為，文化勞動者進行創作時，對於類型、題材、呈現方式等定位選擇存有許多可能性。在此選擇過程中，一方面根據根植於其成長歷程所形成的「生存心態」進行經驗性評估，另方面也須根據當時他在文化場域中所處位置進行策略性規畫，選擇場域中最有利的定位。

　　以作家、藝術家或知識份子為例，受場域結構性的框限及場域中不同行動者所擁有資本的差異，這種定位過程充滿了不同力量交互的權力鬥爭，各方均設法在這樣的產製結構中謀求生存與開展。通常他們會先選擇場域中的可能定位以為憑藉，然後透過製造差異與變化來建構自己的位置及觀點（Bourdieu, 1993）。

　　鬥爭過程中，受限於個人天生所處階級差異，經濟資本之擁有往往最具先天條件與限制。而文化資本的獲得決定於教育、社會階級和環境陶養，是長期投資的結果，並非短期可達。社會資本係借助於社會關係網絡而掌握的資源或財富，由社會關係組成且須長期累積。象徵資本則建立於社會理解與認知，包含個人如何表現自己、談話能力、名氣及地位。

　　其間，象徵資本，如同第二章所述，是以知識關係進行象徵理解的資本，更確切的說，是「承認」和「誤認」交錯關係中，展現勢力的資本，也是社會所建構之認知勢力（Bourdieu, 1993）。因此在建構勞動差異的場域、資本鬥爭過程中，透過媒體傳播，象徵資本的取得、改變與建構空間最大。獨佔這種資本，且被確認合法時，就可轉化成顯貴的象徵，更可以轉化為各種資本，當然也成為各路人馬必爭之地。

二、名聲與專業勞動商品化

　　以新聞場域說，署名報導不但提高了新聞工作者透過新聞作品「現身」及累積名聲的機會，有利新聞工作者建立品牌並擴展其個人勞務市場，有趣的是這種透過「產品現身」累積的象徵資本，其核心價值的擁有歸於勞動者個人，既難以複製更無法藉由模仿取得。因此，如何透過媒體現身，提高曝光量，增加己身的知名度，就成為勞動個體，提升新聞勞動價值差異化，能有所努力的空間與方略。

　　況且，當文化勞動所生產的文化商品無法「上市」，則名聲再高、能力再強，其名聲終將被遺忘而淪為「過氣」。勞動價值與工作危機的誘因與壓力，讓名聲對於個別新聞勞動者在考量勞動市場的佔有及專業價值的取向上，產生了變化。尤其當新聞工作者有著職業危機的顧慮時。

　　Drucker 指出，就產業整合分工來看，知識工作者不同於一般按表操課讓機器決定工作內容及工作方式的工廠工人，在於他能自行掌握「生產工具」（如知識及職能）並對自身職涯的發展有更大彈性與自主空間（傅振焜譯，1994）。

　　但若知識工作者所處組織無法讓他們看到前景與發展，便易產生轉換工作念頭，因其所需乃是能夠尊重其專業並促使專業持續成長的工作環境（陳怡靜，2001）；這種衡量專業自主空間及職涯發展的特質也使知識工作者之組織忠誠度相對較低。

　　為保住飯碗並維繫勞動生涯，新聞工作者的工作內容與職業角色均變得多元，如電視主播兼負責製作、記者兼拉廣告並促銷報份、資深記者上節目接通告等開展多元職能情況所在多是，要當個終身新聞記者已屬不易。為因應職場產製結構變遷及多元職能的開展，過往加諸於新聞工作者之專業性內涵不但更為多元與彈性外，新聞專業勞動的生產關係與勞務聘雇間的關係也已發生顯著轉變。

　　改變較大的是專業勞動不再僅是受雇領薪的勞雇關係，更多人開始嘗試提供即時專業知識與經驗的約聘性個人化勞動，以提高勞動市場參與力及獲取更多報酬。在此，如何獲得更多產製單位的青睞，爭取曝光，提高知名度就格外重要，相對於其它媒體，電視在累積名聲上效果最佳，而透過電視聲光視覺效果能立即而明顯的表現勞動者個人穿著打扮、表達技巧與談話能力等象徵資本，對有心累積象徵資本之新聞工作者而言，電視媒體無疑是重要場域。其間新聞政論性談話節目則是首選，一來不會離自己的本業太遠，二來是國內談話性節目多為帶狀性（一周 5-7 天），提升知名度的威力驚人。

　　但新聞性電視節目製作在文本上講求矛盾與張力，產製流程充滿了緊迫與速思（fast thinking；林志明譯，2002）。以談話性座談節目來說，其節目內容的主題、談話結構、順序及時間長短等傳播條件均有運作框架，製作單位為了避免出現無法控制的產製內容與狀況，多會事先提供參與來賓一套交叉論述架構以期減低產製不確

定性。而為增加交叉論述的張力，節目主持人有時也會以打斷談話或緊迫盯人等主持技巧，迫使參與來賓接受這種臨場快速反應的考驗。

　　因此，這些節目的參與來賓表面上看似重要、自由、自主，實仍被產製的必要結構所操縱。當新聞工作者變成名嘴並居處此種場域特質，在生存心態與資本權力的交互過程中，這種以名聲為交換價值所發展出的勞動，其理性抉擇特點為何？當名聲成為勞動市場各種利益交換的符碼，對專業勞動的影響又為何？以下將以 2005 年訪問 7 位新聞工作者變成名嘴的實證資料，描繪有關名聲對新聞專業勞動商品化之影響。

參、當新聞工作者成為名嘴

　　當記者轉型成為名嘴，就資本、場域與生存心態的互動基礎，歸納研究資料發現，原植基於專業形象的名聲在「生存心態」及「商品化市場機制」下，確實會對專業勞動產生影響。其間名聲、專業與勞動商品化所交織的脈絡與特點為何？下文將就：名聲對勞動酬償與勞動機會的關係；及新聞工作者如何就其生存心態，建立其場域中的位置、觀點與形象，並進行轉型過程中的風險控管；並探討受制於市場反應、工作機會與勞動酬償的產製現實，談話性節目又如何左右著記者場域中論述的觀點與立場；而談話性節目又如何透過「好來賓」的守門機制，強化談話性節目的生產權力，影響專業勞動場域自主；進而歸納當名聲、專業商品化後，對於專業勞動產生的影響。

一、名聲之勞動酬償與勞動機會

　　透過問答及來賓交叉論述以提供觀眾對熱門、爭議或即時性議題之認知參考架構，是談話性電視節目的主要賣點。為維持談話內容的「說服力」，平面媒體資深記者受邀情況相對普遍，談話性節目因而提供資深媒體記者跨足電子媒體平台機會。

　　然而談話性節目是否影響經常上節目擔任來賓的記者興起轉職念頭，研究中受訪七位媒體工作者雖未正面表示其離職決定之關鍵因素與此有關，但亦未否認該因素確實支持其離開工作崗位。

　　對談話性節目製作單位來說，這些經常參與節目擔任來賓的知名記者除了擁有服務新聞機構的媒體優勢外，更因其擁有專長知識背景而能提供不同角度解析時勢問題及隱藏於新聞表相下的部分真實，協助民眾了解事件原貌，因而廣受觀眾歡迎。

　　綜合訪談資料發現，對資深記者而言，受限於新聞媒體的守門機制，一些內幕性新聞資訊未必能「上報」，電視談話性節目正好提供他們揭露此類資訊的平台，紓解資訊被擋的挫折感。何況用說的比用寫的輕鬆許多，透過電視視覺特性及「爆料」、「揭弊」及「有所本」的論述結構，加上觀眾「扣應」互動，這種立即的成就感也不同於文字報導。

　　而對觀眾來說，「一問一答」的言說內容除了提供認知理解的參考架構外，透過「扣應」雙向互動仿如身歷其境地參加了民主盛會。而相較於一般新聞報導的淺薄，談話性「夾議夾敘」的文本內容常更讓觀眾有「一窺議題堂奧」的滿足感。

　　由於談話性節目多為一周五天或五天以上的帶狀性節目，為滿足觀眾對熱門議題的好奇心，各節目主題內容相似且受邀來賓重複

性高（曝光率高），知名度可快速累積，故談話性節目儼然成為栽培名嘴的殿堂。

因此，極力爭取曝光以爭取可能勞動機會，恐是不少記者上談話性節目的盤算。研究中受訪七位新聞工作者各自參與電視談話性節目受邀成為來賓的時間與歷程雖有所不同，但卻都一致認為上電視節目是他們大量曝光進而成為名人的主因。

然而只靠通告費賺取收入的來賓少之又少，大多數都能因知名度提昇而有額外收入來源。雖然知名度不直接等於利益來源，但是因此增加賺錢機會卻是不爭事實。

如不少資深記者成為名人後常受邀演講、出書、主持活動、廣告代言，進而被製作人相中跨業當起廣播、電視節目主持人。談話性節目對資深新聞工作者所發揮的「名聲」成效，更讓不少新聞人看到工作機會，有助於提高勞動報酬的可能想像。

此外，如同藝人在當紅時會盡其所能創造附加價值，因為一旦視為「過氣」則想要轉型再邁向另個高鋒常難上加難，不少資深明星記者運用知名度的勞動價值預作轉型嘗試，上電視談話性節目恰可提供此一機會平台，又以平面媒體記者最多。

對於記者上電視談話節目的頻率愈來愈高，個別記者所屬單位面對此狀況反應不一，有的明文禁止，如《聯合報》、《蘋果日報》；有的需要事先口頭報備，如中央社、《大成報》（已停刊）；而《中國時報》以自家電視台如中天電視台為擔任來賓優先考量，《自由時報》及東森新聞報則採信任制度，尊重記者自身判斷。

另些報社雖未明確限制記者上電視談話節目，多數採取不禁止也不鼓勵態度，如《時報週刊》。但若這些節目討論之議題過於敏

感或易造成所屬單位管理及人員調度困擾時，記者會被警告適可而止，甚或懲處禁上節目。

　　經常上電視的名嘴記者面臨所屬單位壓力時，有些選擇回歸工作崗位，謝絕媒體邀約或採偶爾偷跑方式上節目。但也有不少知名媒體工作者衡量自我生涯規劃與收入後選擇離開所屬媒體，自此當個「自由媒體工作者」。

二、場域的定位與風險

　　但從訪談結果觀之，並非所有媒體記者只要有意願上電視就能成為固定來賓班底，常須兼具「專業程度、口才便給、外型出眾」等條件。就新聞媒體工作者職場轉換過程脈絡分析，如何成為稱職來賓或透過場域定位建立自我品牌形象也相當重要。一位受訪記者即稱，「比如說，我的品牌形象就是專業，講話頭頭是道、言之有物，有不同觀點，在相貌上各方面在記者裡面算是比較 OK 的。例如，我跟×××比起來，我在外表上比較有機會，我知道我自己的利基是什麼，我們的談話啊聲音啊外貌啊可能在整個談話性記者來講比較上層的，其實相對而言就比較有機會了」。

　　除了這些媒體記者積極建立自我品牌形象外，觀眾常也因其擔任來賓的節目風格而進行歸類，產生特定形象。當節目表現風格強過媒體工作者所塑造之形象時，該媒體工作者之名聲也會跟隨改變，進而被觀眾定型。如另位受訪記者就說：

> 我覺得〈×××〉是我的高峰期，當然那個是灑狗血，後來也趨於平淡，不過那也讓我付出很大的代價，因為已經被別人定位八卦記者，我就是那個格調的人，那一些其他性質的

節目，可能電視台和製作單位都不會找你上節目，所以我是覺得不值得，其實最早我是上××台的「×××」節目，那是屬於比較正派的節目，比較不會那樣八卦、灑狗血，不過後來因為來賓開始參差不齊，節目就開始被醜化（註：為避免爭議，該記者所稱之媒體組織以×××代替）。

為預防這種以名聲為基礎的象徵資本在場域中有所風險，新聞媒體工作者轉化跑道、跨業轉行時也會極力保護並進行風險控管。如某受訪者即稱，「除了節目風格外，節目主持人的專業程度往往也是來賓考量是否接受通告的重點，因為好的節目主持人會引導來賓對議題有全盤良性的發揮並適時給予提點補充，對參與來賓有正向加分作用。但如果主持人不夠專業，通常來賓形象容易受到拖累，並可能陷入形象的危機」。

但當記者成為名嘴且脫離原本服務媒體後，由於沒有固定收入，在生存心態支配下，這套準則也會跟改變。即如某受訪記者所說，「一開始是會挑節目、會看節目屬性，畢竟綜藝節目不太適合記者去上，但是後來發現談話性節目起起落落，所以離職之後不得不去上一些綜藝節目」，生存心態交互下的選擇機制表露無疑。

三、議題、類型與機會

談話性節目邀談對象多與當下發生之新聞議題類型有關。而近幾年來台灣幾乎年年有選舉，政論性談話節目成為產製主流，政治路線記者受邀機會最多，成為「名嘴」機會最大，有些甚至成為製作單位的不成文班底；企圖心強且反應佳者，製作單位還會主動開播新節目延攬其為主持人。

　　此外，受邀「名嘴」也因專業背景而有不同待遇。一般來說，社會、醫藥、影劇、財經較受新聞事件影響而通告多有變動。政治背景者則較為穩定，但也易被設限「鎖死」於某些特定立場節目。

　　整體觀之，財經背景有較多「副業」發揮空間。而由專業背景所延伸出來的附加價值大小依順序排列分別為：財經、政治、醫藥、影劇、社會。歸納其因，財經專長屬財經可用知識，而政治背景擁有人脈和影響力，醫藥、影劇、社會等背景較屬一般知識領域。

　　政治與財經路線記者是近年來活躍於談話性節目的兩種專屬類型。由於談話性節目仍保有專業形象且可累積個人知名度，因而最受有意另闢蹊徑、開擴職涯者心儀。但受限於談話性節目意見引導的「菁英」論述特質及市場競爭型態，製作單位邀請名單仍會考慮論述市場的象徵性與實質貢獻度，其間更常涉及政黨取向，因此機會是有，但參考名單更多。

　　也因此，較少在電視曝光的新聞工作者受邀時多數不在乎車馬費等額外收入，但較關切如何爭取大量曝光以累積名聲，達到自我宣傳行銷之目的。對他們而言，能力、努力與機運都是決定勞動力市場交換價值的重要因素，缺一不可。欠缺知名度則轉型渺茫，遑論提高職場勞動生命週期及確保獲利可能。

　　政論性節目對累積新聞專業名聲較具正面效應，但在此場域中能秉持中立客觀者寥寥可數。故有新聞工作者試圖跨到非政論性談話性節目作些較貼近民生、財經或綜藝性節目，但其自我定位依舊充滿矛盾：一方面害怕失去「專業」光環，另方面又捨不得增加曝光以試探成名的可能機會。這些穿梭於娛樂、綜藝及說命理談靈異節目的新聞工作者，對其「跑龍套」爭取曝光的調性往往大於上一

般政論節目的經驗論述，久了易與「專業」脫節，漸被歸類為如藝人的「表演」性質，也較難再回到新聞性談話節目。

然而成就名聲專業類型的差異所凸顯進軍談話性節目的不同情況，似也說明了記者累積的名聲實與明星藝人之名聲基礎不同。或更確切地說，新聞工作者專業名聲之象徵資本建立於資訊、見地、論述等知識性基礎，其專業名聲之象徵資本實與文化資本脫離不了干係。而建立於不同文化資本的名聲基礎連帶影響轉行時的社會資本，最終又影響其勞動價值所能締造的經濟資本。

此點與其他文化勞動者（尤其以表演專業累計名聲之藝人）確有不同。在演藝圈裡演而優則唱、唱而優則演、或轉型為主持人或製作人，外界並不質疑其「專業」，不少藝人甚至可以靠著不同凡響的外表（象徵）建立起超人氣的名聲基礎，穿梭於演藝圈，締造多元的社會資本與經濟資本。

四、「專業」，名聲必要的護身符

如前述，新聞記者一旦被視為藝人，很難回到新聞性的產製場域，因此新聞記者之名聲行銷很難脫離知性、公益所架構的資本框限。新聞組織對專業名聲的行銷操作一般多透過新聞獎項的取得或化身為活動主持人、公益廣告代言人，在「端莊」、「專業」、「信賴」的形象下略作變身。

而藝人可以靠緋聞或負面報導炒作新聞提升知名度以創造工作機會，新聞工作者卻無法揚棄專業，進行類如藝人的大膽負面行銷策略。因為知名記者一旦惹上負面新聞，社會形象迅速崩解，難能全身而退；不是從幕前轉往幕後，就是連工作也都難保。也因此，

維持專業形象是新聞工作者穿梭於媒體場域累積名聲的框線，逾越此界則往往被迫必須離開新聞場域。

當然，近年也不乏以新聞場域當做跳板而志在轉型者，多半趁著人氣火旺順勢轉型，但一旦失去新聞專業光環，閱聽大眾很快以「藝人」視之；何況新聞專業與藝人專業並不相同，轉換中之名聲累加效果有限。這也是為何一些穿梭於談話性節目的資深新聞工作者雖然有意朝向電子轉型，但多數不敢為求曝光而不計利害，對於可能損及新聞專業形象之節目多半審慎應對，不敢冒然急進。

此外，如前述部分媒體管制旗下新聞工作者甚嚴，在現實收入及考量職涯發展後有人選擇離職；而一旦離職，過去擁有之專業資產隨時間遞減。從訪談資料可以發現，為了保有繼續受邀上節目的優勢及異於藝人的特殊屬性，儘管這些人都已離開原有記者工作崗位，但仍盡可能與媒體（尤其是平面報紙或雜誌）保持「關聯」，如兼差或在媒體開闢個人專欄，甚至投稿民意論壇，以保有「媒體人」的身份，藉以持續與訊息來源保持聯絡，讓觀眾不會有脫離本業的印象。對於長期擔任談話性來賓者來說，延續記者頭銜所帶來的社會公信力更能保有言論可信度，持續其在螢光幕曝光的優勢。

也因此，「新聞專業」的光環成了新聞工作者轉型成「名嘴」時無法離棄的象徵性符號，專業名聲基礎成為新聞工作者穿梭於媒體場域並續保其新聞場域勞動職涯的護身符。但作為職場護身符的「專業」，其價值與社會關係顯已背離初衷，這一點稍後再行說明。

五、政脈、名脈與錢脈

就國內記者縱橫談話性節目晉身「名嘴」、主持人的常規分析，專業職能並非必要條件，因為場域論述的重點與立場多數仍須放在

製作單位的產製框架上。製作單位為確保言之有物，常會提供與談者詳細資料與交叉論述取向，受訪者不乏是受編派的「表演者」，因而上相、具代表性、會說話才是製作單位的考量要素。而在政論性談話節目中，政黨色彩更是重點；能言善道、不太難看、又能激起該節目目標群眾共鳴者往往最受歡迎。

也因此，上談話性節目的名嘴不乏跑線經驗豐富、政治關係良好者。這些人政脈基礎相當，且適時能扮演議題「打手」或是引領言論取向的「行銷」高手，受邀上場機會特多。在選情緊繃時，更能臨危授命開闢新節目當起主持人。

如果押對寶，在「政治正確」前導下這些記者往往能續作節目；若有收視率的加持，則行情更看好。廣告主會看上其高知名度請其代言，書商也會極力邀請出書，政脈、名脈引領錢脈，此成功類型最被意圖轉型者欣羨。

由此觀之，在政治氛圍多變的台灣，為求不在場域消失，的確有不少「名嘴」不斷地進行政治色彩的自我修正，迎合主流政治氛圍。但在藍綠對決不相上下的言論市場中，除高知名度的明星級主持人外，續作節目或依此光環賺進大把鈔票者誠然不多。

即使如此，在國內欠缺提供資深新聞工作者永續工作場域及裁員、優退頻傳的勞動市場，轉型已是很多資深新聞人保有工作機會的勞動宿命。如此為求人脈、名脈、甚至試圖發展錢脈的事例，反映了台灣新聞專業職涯被漠視後的生存心態；而向政治傾斜的攀梯作法，更驗證政治立場及經濟現實稀釋及支配新聞專業的隱晦性作用。

六、「好」來賓名單

　　有趣的是，對製作單位而言，這些配合度高又能帶動議題高潮情節者，是製作單位心目中的「好」來賓。透過合作愉快糾結的「人情」，則是維持上節目優勢、創造場域機會的善緣。

　　另方面，一周多天的強力曝光迅速帶來知名度提升，也會成為「深喉嚨」提供內幕消息的對象，為製作單位引進更多勁爆性的議題高潮，終而形成來賓名聲反應→觀眾回饋爆料資訊→帶動節目產製素材→提高收視率→再締造參與來賓名聲→又有助節目產製等場域循環機制。

　　然而製作單位的「好來賓」名單守門機制，間接離異多元參與及多元論述的政論性談話本質。在來賓的「名聲」基礎與製作單位「好製作」及「收視長紅」的市場機制下，雙方建立聚焦的生產共識。此外，老是同一批人出席的節目產製無疑也發揮了類似檢查的守門機制，形成隱而不顯的封閉效應。但對參與節目的「名嘴」來說，名聲基礎在此卻異化成收編記者獨立自主性的利器，應驗了 Friedman（1977）所稱，產製常規與市場績效能制約勞動自主的說法。

　　記者變「名嘴」縱然不是出於主動，然當其成為常客，仍會不自覺地內化節目產製常規，使新聞工作者服膺於製作單位之生產權力關係，功利性地選擇合宜的「表意正確」，以維持產製組織生產效率，使新聞工作者喪失應有的堅持與自主（Curran, 1977）。

七、名聲經濟

　　如前節所述，文化產業的營收獲益涉及文化勞動者之名聲與市場反應，經營者因此常會預估該勞動者所能創造的市場商機。文化

勞動者的酬勞也因而常在總營收確認之前先行議定，每個文化勞動者在協商勞動報酬上之差異很大。

知名新聞工作者握有較大薪資談判權力，其勞動契約可以獨立於組織體制個別約定；談話性節目酬勞也是如此。認真工作不一定獲得對等報酬，報酬來自於外在評價，外在評價所建立的名聲直接影響薪酬的報償。

以目前製作單位發給記者的通告費用（或稱「車馬費」）來說，價錢落差頗大，從電視台員工價或接受廣播電台訪談的一小時 500 元、上電視宣傳打書的 1,350 元、甚至因特殊目的而另行商議價錢的都有。但一般而言，目前記者上談話性節目的來賓車馬費行情為一集 3,000 元，部分較有知名度者則調整至 5,000 元。

但只靠通告費賺取收入的來賓少之又少，大多數都能因知名度提昇而有額外收入來源；顯示雖然知名度不直接等於利益來源，卻可藉此增加賺錢機會。

整體而言，透過產品現身，電子媒體的談話性節目成就了記者傳播「文化生產」的最佳條件。經由電視、廣播、報紙專欄、書籍、演講等各領域的交流滲透，廣泛影響閱聽眾，進而成為主持人或廣告代言人，與企業產生共棲共生交叉效應。擁有高知名度的新聞明星不僅演講邀約不斷，也逐漸成為書商極力爭取出書的對象；有些甚至被電視製作人看中成為電視或廣播節目主持人，隨後接受廣告代言並賺進大把鈔票。收視率較高之政論性主持人一集酬勞在 3 至 7 萬元之間，一周五集計，年薪可達千萬元。

對出版社來說，其切入策略點是在作品的市場效應與消費潛力，選擇作者常依既有印象和知名度，知名與銷售量兩者往往呈正相關。而對新聞記者來說，出書是建立信用與聲譽的很好方法，出

書後的專業與曝光度也會刺激銷售。因此部分記者正可利用曝光度接近業界人士，而接近也可帶來額外收入，如代言或演講，甚至做生意，如開公關公司，因為有知名度就更容易拿到案子。

　　至於是否需要類如「明星」的經紀中介，本研究邀訪的七位訪談者看法兩極，贊同和反對者皆有。業已簽訂經紀約的媒體工作者約 3-4 人，且其經紀人亦為記者轉業。簽約之因除原就熟識外，低成數的佣金及能幫忙處理合約問題並爭取更好待遇亦是考量因素。至於不主張有經紀人者，其理由不外認為「經紀人抽成都抽很重」、「機會與收入不穩定，對工作環境沒信心」，或認為「自己可以搞定」。

八、市場與專業的困頓

　　由於談話性節目特別強調來賓對節目設定議題之詮釋與分析能力，其所提供訊息內容常須較一般報章雜誌內容詳細深入，才能使節目更有賣點，來賓的專業能力顯與節目成功與否有重要關聯。

　　如一位受訪者即言，「因為我長期當來賓，那我就會知道這個節目的成功與否，主持人只佔了一成、兩成，如果知名度夠大，大概五成吧，像我們這種中等的大約兩成，可是其他的三成可能是製作單位，後製強不強，另外五成則是來賓」。

　　研究也發現，談話性節目的來賓邀請主要是以節目播出後收視率的結果及現場談話氣氛或角色設定為取決標準，以致來賓提供的內容與臨場表現能否符合製作單位需求常也是下一次通告機會有無之關鍵。

　　此外，政論性座談節目一般多接受觀眾「扣應」，即使製作單位過濾一些「扣應部隊」，市場反應仍屬立即而直接。透過交叉論

述的座談方式能否滿足觀眾對議題的好奇心並達成引領議題解讀的框架，在在面臨市場檢驗機制。

　　但當勞動品質之衡量涉及了收視率、排行、銷售量、票房、人氣指數等市場反應，這些由市場擬生的商品衡量機制非但控制專業勞動，更將專業勞動價值物化成市場交換價值。因而當記者轉場成為談話性節目的座上賓後，其市場交換價值除了初期賴以憑恃的專業外，由於電視傳播市場特性能擴大其交換價值，成就其為名嘴的條件尚包含口才、台風、臨場反應力、受觀眾喜愛度等，專業內涵與原初記者角色所需已大不相同。而透過「量化」的市場反應及金錢報酬對名聲的收編機制，也會使原應視為公共論述的談話性節目其社會關係被抽離成為形塑「名人」勞動商品價值的殿堂。

　　總結上述，可以發現，爭取曝光以爭取可能的勞動機會與報酬，一向是記者勤上談話性節目成為名嘴的主因。企圖轉換跑道的新聞工作者常就其所擁有的資本基礎與生存心態而在談話性節目中選擇有利於己的定位，建立在場域中的位置、觀點與形象，並對可能影響形象的節目類型進行風險控管。

　　但這種控管並非絕對，對於選擇離開原有的工作又乏專職收入為後盾的新聞工作者，上那一類的節目其實充滿權宜之變。為求生存，穿梭於非新聞性節目的新聞工作者一旦被視為藝人，很難再回到新聞性節目的產製場域。

　　而受制於談話性節目的產製特性與結構，不同專業類型記者轉換成名嘴的機會並不相同，其間政治與財經路線記者是近年來活躍於談話性節目的兩種專屬類型。一般來說，製作單位會考慮論述市場的象徵性與實質貢獻度來邀請參與來賓，而政論性談話節目也會考量受訪來賓之政黨與言論取向。因此在政治氛圍多變的台灣，為

求不在場域中消失，的確有不少「名嘴」不斷進行政治色彩的自我修正，迎合主流政治氛圍。這種受制於市場反應、工作機會與勞動酬償的勞動處境，凸顯了以名聲為基礎之專業工作者勞動商品化的問題與窘境。

肆、結論與討論

一、市場經濟下的場域變身秀與生存心態

　　談話性節目的賣點在於提供閱聽人「一窺究竟」又「共襄盛舉」的收視特質，而為應付整周多天開播的產製壓力，主題多數追逐當天發燒新聞。如何養成收視群的持續收視習慣以讓觀眾產生「欲罷不能」的「連續劇」接收儀式，這些節目製作單位強化論述文本之衝突、玄疑、語破天驚、詼諧逗趣等元素早已是「必勝」產製絕技。受邀來賓透過主持人編派發言與交叉論述的引導，成了電視台爭取觀眾「不要走開，馬上回來」的戲碼。因此，參與電視談話性節目的「名嘴」很難不配合製作單位的「企製」，故其自主性充其量仍是在製作單位所允許的規範下進行。

　　由此觀之，當專業人員關注的焦點在於自身利益而非為共同社會進步而努力，名聲、形象等象徵資本的營造即改建立於勞動所得的實質獲利（Campbell, 1981）；此時的專業人員與一般以追求營利為目的之商業組織團體並無兩樣。

　　整體而言，研究發現，個別專業行動者為爭取表現空間，常會透過場域制約（conditioning）建立其生存心態。常見的情況是透過權力大小的認知圖像找到自己可能定位，透過差異化來建構位置及

觀點，達到異於他人的區隔性效果，以防堵可能的資源分享，甚至有些「資深新聞人」為爭取上節目機會而會「大方」告知製作單位哪個立場缺他就補那個立場。檢視各類型「名嘴」，不但言論缺乏一致之情況所在多有，而為了爭取新節目開播，價值關懷或政治認同轉向者也屬常見。

因而熟知生存心態的媒體工作者在此已化身為洞察情勢的「戰略家」，講究策略技巧並參與遊戲規則，因為「變身」已不是問題，闖出名堂更關乎現實。為配合上相、能言善道、爆料等收視要素及言之有物、立場鮮明等製作與市場期待，新聞工作者常會接受製作單位的內容論述及角色編派；如此一來，新聞工作者儼然成為表演的「藝人」。

藝人與新聞工作者最大差異在於前者之角色功能多變，專業職能可隨不同腳本需要而化身、入戲、詮釋，以善盡「表演」功能；但新聞工作專業職能原在於客觀、公正報導而非「表演」。一旦新聞工作者隨著場域需要彈性調整不同角色功能，甚至「變身」、「扮演」被編派角色時，其文化勞動的本質已與藝人無異。

而類如明星的勞動商品圈操作，如主持、廣告代言及出版等事宜，也會使「名聲」成為可拼貼的「符號」，反覆穿梭於不同表演場域。在此記者／藝人分類已不再重要，對於企盼「出人頭地」、「功成名就」、「收入滿滿」的新聞工作者來說，在意的或許是如何練就一套以名聲為基礎，以有效出售自我勞動商品的煉金術。

二、隱晦但關鍵的經濟作用力

延續上節所述，當專業職能被商品化後就不再是非關利益的東西，而是各種「利益符碼」的集結，必須依附商業價值，而商業價

值由市場決定，因而真、善、美這些無法量化的價值在消費社會裡都須面臨「金錢收益」之經濟價值標準的重新評估；「專業勞動價值」在此則已轉換成市場交換「價格」的衡量（Caves, 2000; DiMaggio, 1977）。

對傳統僅能販賣勞動力謀生的文化勞動者而言，這種透過市場決定勞動商品的好壞並讓文化勞動徹底轉換成貨幣形式的工具意義，尤須面臨如何在勞動商品市場流通與出售，否則就沒有交換價值或僅能屈從於市場的生產價值，使得文化勞動之商品化異化本質已難以避免。

藉由記者變成名嘴的場域互動，名聲「經濟」確實發揮了關鍵但隱晦的作用力，應證了 Bourdieu & Wacquant（1992）之指陳，即各種資本彼此轉換的過程常被隱藏，因此以經濟為基礎的依賴關係和宰制才能在道德、媚力或績效體制面具下被掩飾與支撐。對於習於穿梭於電視談話節目的新聞工作者而言，顯然場域中權力主張之最終目的仍在於經濟資本的轉換。

三、專業勞動的質變

從民主社會奠基於多元意見的角度觀之，本文固然無意抹殺政論性談話節目建構市民論述之功，但以菁英論述為基軸開放觀眾表述意見又能作為累積名聲之談話性場域而言，本研究從文獻探索及實地訪談多位記者名嘴後發現，在生存心態及商品化的市場機制下，的確已對新聞專業勞動產生影響。

作者認為，當名聲與專業共同放在勞雇關係的框架下，勞雇雙方都將成為市場交換的工具，市場價值理性無疑勢將駕凌新聞專業始初的社會價值與名聲象徵內涵。專業文化資本與象徵名聲資本這

些原本看似相繫相生的勞動資產，透過產製場域的自我規馴後勢必拱手將僅存的相對自主退讓、矮化成特許自主，導致支撐專業名聲地位之社會價值與倫理精神終將退位；故以名聲為基礎的理性抉擇將使名聲的專業基礎產生質變。

　　當文化遇上經濟，交互於文化勞動本質與文化產製的互動結構，易使文化勞動者的衝突，從過去「行動者—結構」之專業自主探討加入了更具體之經濟價值意涵。而這些衝突內涵的改變，亦易使過去探討專業研究之取向，無法停留在「為何」專業及「何謂」專業的結構功能基礎。透過本研究可知，當「是否」及「能否」專業已是現實窘境時，「場域」、「生存心態」與「資本」等概念促使文化勞動的場域鬥爭轉換為內容產製的權力鬥爭，並應置入市場權力對勞動酬償差異化的影響，這點有助於了解文化勞動者如何根據文化場域所處位置選擇最有利的問題。該選擇與轉變說明了文化勞動價值實是協商或交流的過程，如何取得文化勞動價值與商業價值的共識，涉及個別的勞動者的處境、定位與產製的現實。

　　記者的名聲基礎與名嘴的名聲基礎縱然在專業內涵上已大不相同，但就現實面或就產製結構的需要與特點來說，作者同意其間並非二元對立，但仍認為有關文化勞動專業問題的探討理應加入名聲此一象徵資本的發展性誘因。有關媒體中介對象徵資本的影響及專業權力改變尤更值得深入探討；在媒體匯流及跨媒體勞動更形頻繁的當今，這些問題更顯重要。

　　此外，多角化專業競爭更促使經紀中介角色崛起。新聞工作者簽經紀約數量雖然不多，且常將其當成是勞動市場工作機會的避險策略，但當跨媒體平台成為趨勢，專業勞動穿梭於不同表演場域的

情況增多，更多新聞人從專職勞動成為約聘勞動，則新聞人如藝人透過經紀中介的情況難說不會成為常態。

　　作者認為，此類經紀中介的崛起已使文化勞動者與產製結構的關係更趨複雜與多層次。換言之，當文化資本遇上經濟，市場、勞動酬償交互的複雜關係易使文化勞動之能動性與限制，從過去「行動者——產製結構」之專業自主角度轉移成「行動者——中介者——產製單位」間所協議建立的勞動契約關係。後面章節會有進一步討論。

第五章
新聞工作者世代差異分析

本章就台灣政經發展的脈絡及當時的社會文化價值,探討不同世代的新聞工作者想法、作為的異同,並分析商業及科技力量對其勞動處境的影響。研究發現,新、舊世代,由於工作處境的差異,在工作態度、價值、報酬、工作滿意度與壓力的表現上有所不同。不同世代對於新聞價值的依歸、報導取向及好記者的看法也呈現差異。但綜合觀之,不同世代也有相同的問題,如屈就於功利主義下的場域生存心態,使不同世代依舊不容易逃離政經勢力的支配,對新聞專業之社會角色,能積極作為者不多。且這幾年由於媒體勞動市場緊縮,世代交替、工作危機下,在台灣,「資深記者」一辭已無關榮耀,而是充滿負面勞動窘境的代名詞。

壹、前言

世代[1](科夥,generation cohort),係指生活在同一年代的一群人,由於居處相同的成長背景,而具有相似的意見、態度、價值觀及行為模式;反之,不同世代,由於生命經驗的差異,面對社會、政治、經濟變動,其想法、反應也會有所不同(Solomon, 1994;郭貞,1995;陳義彥、蔡孟熹,1997;陳金貴,1998;姜靜繪譯,1998)。

---

[1] Cohort 在英文字典上的解釋為:古羅馬步兵大隊、軍隊、群。

　　世代差異的研究，有助於了解世代間的價值衝突，尋求世代間之互動基礎與共識。尤其，當新世代的崛起，其引領的趨勢、風潮與文化，對於社會發展，影響甚深。

　　在台灣，自 1970 年代以來，社會環境變化頗大，不同世代間的生活環境與成長背景有所差異，價值觀與行為模式也有所不同。以新聞工作者為例，不同時代的記者其工作態度與熱忱不盡相同，而隨著媒體生態大幅改變，世代間的代溝也愈乎明顯，如七年級記者之工作態度、價值觀與五、六年級記者常截然不同。相關研究也發現，不同世代之新聞工作者對於工作報酬、工作滿足與工作壓力也不相同；而成長背景的差異，新聞倫理道德的界線在他們心中也顯得模糊（Pristine, 2003；陳美伶，2004）。

　　本章關心的是：究竟政經結構與社會文化價值交互出之新聞記者世代差異的樣貌為何？市場經濟及科技匯流的產業變動，對不同世代新聞工作者之想法、看法與作法的影響為何？其間變與不變的特質何在？以下將以世代區分的相關文獻為基礎，再佐以作者實證資料進行分析。

貳、世代的區分

　　關於世代區分，一般都以該世代所發生的重大政策、科技變遷、流行文化或天災人禍等事項為標記（marker），並將這些標記視為形成世代價值觀和態度差異的重要集體經驗（Solomon, 1994）。

　　在美國，一般將 1945 年之前出生者稱為成熟世代或傳統世代；1946-1964 年出生稱嬰兒潮世代；1965-1976 年之後稱為 X 世代，1977 年以後出生者稱為 Y 世代（徐增圓，1999，許迪翔，2003）。

在台灣，研究者因標記的事項不同，年代區分有些差別。蕭新煌（1995）就台灣發展經驗，認為 1965 年是關鍵的一年，因為該年的工業生產淨值明顯超過農業，意味台灣經濟結構開始大幅轉型，故 1965 年以後出生的人口群，從孩提時代就開始享有經濟成長「富裕化」的經驗，而 1975 年以後出生者，則是經濟發展下的實質「受益者」。因此他認為以 1965 年為界，分析新舊世代差異，別具了解宏觀與微觀之關聯性的社會意涵。

謝杏慧（1999）則就台灣近年來政經社會文化的發展脈絡，將台灣民眾分為三個世代，分別是「傳統世代」：出生於 1949 年之前，為國民黨政府退守台灣的關鍵時期；「嬰兒潮世代」：出生於 1950-1965 年的人士，正值台灣社會由政治領導人發動轉化且經濟成長及人口成長快速增加的蓬勃發展期；「新人類世代」：出生於 1966-1976 年的人士，則身處台灣本土化、反對勢力萌芽且經濟富裕的多元化因素衝擊的時期；1976 年以後出生稱「新新人類世代」。

在美國，把出生於 1966-1976 年代者稱為 X 世代；1976 年以後出生者稱「Y 世代」。X 世代成長經驗，遭逢美國石油危機所導致的經濟不景氣，企業外移、重整、裁員；離婚與單親家庭比例節節上升；美國政府政治權威的神聖性也由於越戰、水門醜聞等事件，受到強烈的質疑，居處不安定與不穩定的人際關係，使該世代被貼上：不忠誠、不尊重權威、注意力不集中、對工作缺乏熱誠、自大、不願多費心力、不甘任勞任怨，且過分從重視工作中獲得樂趣、過分重視個人成就等刻版印象（李根芳譯，1997）；至於「Y 世代」，多數為美國二次世界大戰後嬰兒潮的後代，該世代完全在富裕民主

環境下成長，政治冷感、重視個人的消費享樂及感官娛樂則是該世代普遍的特質（楊瑪利，2002）。

　　關於「新人類世代」，蕭新煌（1995）認為，「新人類」原本是日本廣告業和社會評論界創造來描述 1960 年以後出生的新消費族群，到了台灣又被一家飲料產品做為宣傳口號而變成「新新人類」，其目標消費群是針對 1975 年以後出生的青少年。因此，新新人類一詞的出現原本是一種行銷策略，目的在做市場區隔（以區隔舊人類、新人類），故他主張新新人類指的是 1975 年出生者，與謝杏慧（1999）主張 1976 年以後出生者不同。

　　綜合上述，可以了解在新舊世代的歸類上，一般將「傳統世代」、「嬰兒潮世代」歸在舊世代；「X 世代」、「Y 世代」均稱為新人類世代；1976 年以後出生者的新新人類，受消費文化及網路科技無所不在的成長經驗，該世代被認為強調個人自主、打扮光鮮卻抗壓性低，故又常被稱為「草莓族」、「N 世代」、「E 世代」、「吞世代」、「水蜜桃族」等。本章有關台灣各世代成長經驗、時代背景與思想特質的歸納，在年代劃分上是以謝杏慧（1999）主張為主。

　　不同世代的群體，由於生命體驗差異，想法與作法也會不同，以下將以作者 2005 年國科會研究計畫的實證資料為基礎，佐以台灣社會變遷理論文獻，描述台灣各世代新聞工作者之成長經驗、時代背景與思想特質，分析其間的異同，作為了解社會變遷趨勢下，台灣新聞工作者世代差異的樣貌及交互其間的影響因素。

參、新聞工作者之世代差異素描

一、傳統世代：1949 年之前出生

　　傳統世代歷經了 1895-1919 年日本統治台灣初期的高壓安撫，1920-1936 年統治中期的殖產發展，及 1937-1945 年日本統治末期的積極皇民化和 1946-1949 年戰後動亂期。殖民統治的成長經驗，造就台灣歷史背景及文化上的多元性。國府遷台後，由於外省與本土文化生活上的衝突，使台灣傳統世代的成長經驗只能用「卑屈」、「動亂」來形容。

　　這樣的生命經驗，使傳統世代具備吃苦耐勞的特質，重視家族的情義關係，並渴望安穩的生活；在職場社會關係上則奉從「家父長制」的侍從主義，強調忍耐、順從權威，階級意識強烈，缺乏自主性；政治態度崇尚專制，強調共同性，不喜異議，認為民主是神話。以下將從言論環境下的媒體角色，分析此一世代新聞工作者的工作處境，分析其新聞作為，解析此一世代認為之好記者類型，及其對商品化新聞產製的看法。

（一）言論環境與媒體角色

　　台灣光復初期，國民黨政權尚未遷台，當時台灣省政府，對於言論自由沒有任何的管制，1945 年行政長官公署接收日本政府經營的《台灣新報》，更名為《新生報》，國民黨黨報《中央日報》隔年也在台南市成立分版，也就是《中華日報》。1948 年，大中華地區相繼淪陷，同年《中央日報》奉命遷台復刊（曹聖芬，2002）。

　　此外，一些在大陸的新聞界人士，由於不甘受共黨統治者，紛紛來台另起爐灶，當時政府對於報紙和電台的的申設，尚無嚴格限

制，民營報紙如：《全民日報》、《民族報》、《經濟時報》、《國語日報》、《華報》、《徵信新聞》、《大華晚報》、《民族晚報》、《自立晚報》等紛紛申設（曹聖芬，2002）。

　　但在 1950 年後，國民黨為求鞏固領導中心，穩定政權，使台灣成為反共基地，一方面透過軍情系統滲入民間社團，以取得主導地位。另方面並頒行戒嚴令，強化情治系統及軍隊整治，建立黨、政、軍結合的政治體系。此時，言論環境已大為不同，政府以新聞用紙不夠為由，暫停新報之登記，自從國民政府來台後，報紙的內容走向也由本地的色彩逐轉變成為大陸內容為主（林富美，1998；曹聖芬，2002）。

　　研究發現，傳統世代的新聞工作者，有些人是隨國府遷台的傳統世代的新聞工作者，歷經抗日及國共內戰，國家民族的觀念較強，反共統一為其懷抱的社會關懷；至於國府遷台不久前出身的傳統世代，他們會走上新聞工作者這條路，情況不一，有人是所學所用型，讀了新聞相關科系，畢業後就順理成章走這一行；有人是喜歡舞文弄墨，又懷有一些反骨的批判性格，所以投身可以以文興言的報社；更有人是誤打誤撞，考上媒體就入了這一行。

　　但相同的是在他們當記者時，政府對於言論自由是採取高壓的手段。白色恐怖是形容當時言論思想不自由的社會氛圍。徐嘉宏（2002）歸納當時政府對於媒體的控制，包括：

1. 透過律令：如：出版法、報禁、台灣地區戒嚴時期出版物管制辦法、政府對雜誌執照的控管與不得設記者的措施、廣播節目政令宣導聯播節目的政策、廣播電台禁止設台制度、電影檢查法與制度、優專及賦稅政策、廣電法、廣播電視頻率頻道分配措施等。

2. 廣設組織滲透監控：相關組織有國民黨文工會、警備總司令部、內政部出版事業處、新聞局、教育部社會司、教育部國際文教處、國防部總政治作戰部、交通部、中華民國新聞評議委員會、文化復興總會等。

3. 訂定指導新聞媒體之編輯政策與公約：如國民黨「新聞工作會議」控制的編輯政策，台灣省雜誌事業協會公約。

其間，1948 年通過的《出版法》，讓媒體幾盡完全噤聲；蔣中正主政時代，對於國內媒體進行嚴格管控，雖有雷震等之《自由中國》反映自由民主之聲，然而在蔣中正的大力鎮壓下，造成 1950、1960 年代台灣反對運動完全沉寂；而在教育上，則灌輸反共復國的民族精神教育（薛化元，1990）。因此在國家主義至上的框架下，反共統一是當時的社會價值，三民主義統一中國也是國府遷台後，大學新聞教育的重點方針。媒體被馴化成應服膺於國家政策言論，扮演建立社會共識，圖謀反共統一的當然角色。

（二）新聞人的工作處境

媒體任用新聞從業人員制定了嚴格標準，身家及忠誠度往往會有一定的審度。蔣中正主政時，居處極權統治的媒體組織受到嚴格管控，記者的言論，不但可能影響到記者本身的就業權，甚至一個處置不當，都有可能連帶影響到組織的主管，即使不是敏感的政治議題，都有可能遭致不當的政治聯想。媒體主管任用記者，均會嚴格審核，謹慎把關，在新聞的處理上，更不敢馬虎，因為稍一不慎就可能導致媒體關門，1950 年的《自立晚報》，就因為副刊的一篇「草山簑翁」被舉發影射當時寓居陽明山的蔣中正，經上級核示後

認為涉有不敬之意，下達「停刊，永不復刊」的命令，成為國民政府遷台後，第一家被勒令停刊的報紙[2]（林富美，1999），研究中訪談對象也曾遭遇類似的問題：

> 我報導了一個吳大猷的科技新聞，鬧起很大的風波，我們的老板幾乎都要下台。會發生這樣的情形，就是我寫稿的時候認為這個功勞是吳大猷的，上級認為這個功勞應該是屬於蔣總統的，怎麼把功勞說是吳大猷的，他們就追溯新聞來源是那裡來的……經過了多少年後我才知道我的採訪主任，他退休的時候拿了一個公文放在我的桌子上給我看，原來那個公文就是當年我寫這條新聞的時候，我的社長馬星野先生，我的主任彭先生為此自請辭職，這麼嚴重，就是上面認為這個政策和成就不應該屬於吳大猷的，像這樣很小的事情都會扯上這麼大的風暴出來，如是政治的、軍事的、外交的新聞，假如你拿捏的不好，碰觸到了就會出很大的毛病，很大的問題。

除了言論環境嚴加管控外，當時報社的負責人本身的政治背景也是影響媒體走向的一項因素，如王惕吾（聯合報）和余紀忠（中時）在當時都還身兼國民黨黨職。因此在戒嚴時期，由於身處威權的時代，敏感性的政治議題，均屬於禁忌的議題，須字字斟酌，加上出版法的控制下，民營媒體自由發聲受層層的節制，為黨國喉舌的黨、國、軍營報紙，更不在話下。

---

[2]　1951 年，該報在李玉階奔走努力下，終於排除復刊的困難，於 1951 年 9 月 21 日正式復刊。

　　由於政府對於媒體的箝制，報老闆也樂於共體國難，接受國民黨的收編，這也使當時的記者倍覺職業角色的矛盾與困境。他們不能講真話，必須學會與謊言共處，只能學習自我控制，以適應媒體大環境的需求（林麗雲，2001）。

　　綜合歸納當時媒體組織對於記者控制，一是透過嚴格的任用考核，以預防非我族類的記者，惹出麻煩；或是透過組織的新聞訓練及層層審稿、改稿守門過程，讓記者透過新聞室的社會化歷程，默化其對於政治敏感性新聞尺度的拿捏。

　　此外，研究也發現，這種建立於侍從主義下的國家與媒體的關係，使服務於黨國媒體機構的新聞工作者，由於消息來源與記者信賴度高，沒有價值衝突，因此，在採訪便利性及新聞訊息掌握等較其它媒體更具優勢。許多表現良好者被延攬進入行政部門或其它黨國組織出任要職。

（三）關於新聞處理

　　國府遷台不久，對於敏感性的政治議題，各報在報導上無不戒慎恐懼。民營報紙也不例外，以 1949 年的「吳國楨案」與「孫立仁案」為例，《聯合報》無論社論或新聞，在標題上都採比較負面的立場，並以國家利益提出批判；至於「雷震案」，是支持雷震組反對黨，且認同其所提民主、自由主張。但從其新聞與社論的論述，也不難發現，其所為認同的「民主」、「自由」是建立於「反共」基礎上，支持知識分子對自由民主的憧憬與懷抱（林富美，1998）。

　　但對於一般性的政治性新聞，民營報紙自我約束壓力較小，如1961 年台灣省政府改組之消息，《聯合報》搶先發表，《中央日報》雖明知此一事實，由於習慣先放著，待常會通過再發表，時間上已

落後一日。而《新生報》與《中華日報》，則在行政院院會通過後始予發表，落後二日，黨公營報紙完全成為政府之公報，在新聞即時性上，完全失卻其新聞價值（曹聖芬，2002）。

　　因此，在 1960 年代以前，國內具代表性的報紙就屬國民黨之《中央日報》，不管在市佔率及媒體資源均領先同業，但是這個趨勢在 1960 年代末期，隨著台灣經濟型態由農業轉向工業，《聯合報》和《中國時報》等民營報紙崛起後，就逐漸的式微（徐嘉宏，2002）。

　　也正因為政府對於公營報紙的嚴加管控，1960 年代末才讓民營報紙有機會爭取新聞即時性，強化新聞競爭。1970 年代蔣經國執政期，《中央日報》便喪失其第一大報的市場版圖，隨後在台灣政治改革的聲浪逐漸浮起時，《中國時報》與《聯合報》之市場佔有率已獨居鰲頭。

　　面對民營報紙發行量帶動的影響力，出生於於 1949 年以前，經歷日治殖民統治和戰後外省和本土文化的衝突期，成長經驗充滿動亂和卑屈的傳統世代，在新聞價值的取捨及新聞人的社會角色是否有新的想法、做法？

　　研究發現，即使面對 1970 年代的民主改革浪潮，當時多數人已經當上主管的傳統世代的新聞工作者，多數仍奉行家父長制的組織管理，順應權威的世代特質，欠缺創新突圍，保守依然。以《中壢事件》為例，除了《自立晚報》敢說敢衝外，其它各報都是保守因應。以《聯合報》為例，傳統世代的新聞主管對於該事件的處理，在新聞上是以官方的消息來源為主，對於事件的評論則較偏負面，「不容許少數不良分子破壞民主法治的行為」，並以尊重司法、支持政府查明真相，評論該事件對社會的省思。至於公營媒體，情況是：

> 那時候的新聞是組長看、主任看，一層一層把的很緊，主任
> 看了覺得不妥絕對要問總編輯、社長，把關得緊，不像現在
> 用電腦按了一下就出去了，在×××那時候是不可能的事
> 情……記者發回來的稿，當時上面就指示說不報導，後來發
> 現，事情弄了那麼大了好像不能不報導，然後就找了主任和
> 總編輯去開會，大家一直討論一直討論，最後決定作某程度
> 的報導。……若覺得還有一些問題，主任會再找總編輯，甚
> 至再找文工會主任進一步確認，說這樣的尺度可不可以。

過程中就是經過再三的研究討論，並且經由上級核准後，才得
以放行，當時組織內新聞審查的機制，是層層上報，這是當時身處
公營媒體傳統世代主管，習以為常新聞處理模式，對他們來說，這
樣的過程衝突與矛盾不大。除了報社主管的審查外，與現在最大不
同是最後的把關是國民黨的文工會。

（四）好記者的類型

研究發現，居此新聞產製環境，當時的記者面對長官的要求，
通常會努力以赴，並不會挑戰權威。新聞組織守門過程，階級分明，
新聞工作者多數順從組織規範與管理，不太會有異議。

當時記者仍是男性的天下，女記者算少數，通常都被安排跑文
教或醫療性新聞，這種軟性新聞不容易在組織衝出一片天，多數升
上去的是跑黨政記者，但若能將軟性新聞寫出專業特色，還是有
機會。

在那個時代，對「好記者」的定義，雖有點西方第四權的基礎，
但更多是知識分子關懷國家民族發展的情懷，西方新聞專業的概念

與自主意識，對他們來說不是那麼重要，身處威權時代及戒嚴的白
色恐怖陰影，挑戰權威，表達異議的情況並不見容於當時的新聞內
容。因此，「好記者」特質，一方面是不負組織任務所託，再難纏
的新聞對象都要採訪到、不漏新聞，並且見報率高者；另方面是寫
作文采與報導風格，可讀性、詳實、深入度等都是評比指標；當然
也有或來自於消息來源，尤其是位高權重者的賞識。

　　建立於侍從主義下的國家與媒體的關係，使服務於黨國媒體機
構的新聞工作者職涯發展性高於服務於民營媒體者。如服務於《中
央社》或《中央日報》等黨國媒體，被延攬進入行政部門或其它黨
國組織出任要職者，就比一般媒體的可能性高。一般民營媒體的記
者，則在非政治性的新聞上（如社會新聞）較具競爭力，轉行成為
行政官的少，只能透過後來的選舉，方有機會成為公職。

　　對於傳統世代來說，組織的賞識是工作成就感的來源與工作動
力的最大因素，讀者的回響？對他們來說，感覺不會那麼直接，但
是消息來源的回饋，還是要在意的，因為關乎後續的互動關係，對
他們來說，對抗的角色並不是絕對，沒有必要搞得如此緊張，且那
時社會這種批判性的文章，也不見得上的了新聞，所以這方面的衝
突不大。

（五）新聞商品化下的悲觀無助

　　對於 1980 年代解嚴及媒體生態的開放，曾經歷經政治力介入
媒體的傳統世代的看法又為何？他們認為，媒體解禁後，媒體生態
的改變，首先造成的衝擊是記者素質的低落，因為媒體市場的開
放，造成新聞素材和人材需求的大量增加，但在消息來源有限的前
提下，新聞亂象就開始出現。

　　由於既有的市場容納量不變，而投入競爭的媒體家數增多，每家媒體所能分到的媒體市場有限下，競爭已難避免，其中又以平面媒體經營狀況最為險惡，除了必須面對同性質的媒體新聞競爭壓力外，還必須面對異質性媒體（如衛星電視新聞、網路）的競爭壓力。

　　對於多數已離開新聞圈的傳統世代，大都對於當今記者的發展感到悲觀。因為他們認為，雖然擺脫政治力的介入，但是政商力量的結合，卻使記者面臨更加惡劣的工作環境。傳統世代的媒體人，除了偶爾寫寫民意論壇發抒情感外，能做的其實已經相當有限，尤其政黨輪替後，他們能說得上話、使得上力的關係已不復存在，除了悲觀還是無奈。

二、嬰兒潮世代：1950-1965 年出生

　　國府遷台後，在政治上，國民黨的治台政策，目的在鞏固領導中心，穩定政權，使台灣成為反共基地，一方面進行黨的改造，要求黨員深入工會、農漁會、水利會及青年、婦女、文化界等民間社團，發展組織，以取得主導地位。同時頒行戒嚴令，強化情治系統及軍隊整治，建立黨、政、軍結合的政治體系（林富美，1998）。

　　經濟上，進行土地改革，以農業培養工業，以工業發展農業，透過持續的「經濟建設計畫」，奠定台灣經濟發展的基礎；在國際局勢上，由於美蘇冷戰關係，台灣成為美國對蘇聯圍堵政策下的一環，1954 年中美簽定共同防禦條約，台灣被美國正式納入美國支持的防衛系統；在教育上，則灌輸反共復國的民族精神教育（薛化元，1990）。

　　居處在一黨專政、個人獨裁之戒嚴體制下，國家機關對民間社
會具強烈支配及主導角色，因此，民間自主性權力薄弱，社會運動
寂靜蕭條，人們轉而致力於經濟活動。

　　也因此，嬰兒潮世代普遍缺乏獨立自主的個性，不擅冒險、創
新，思想僵固、守舊，重視安定且有保障的生活；政治取向保守，
並對魅力領袖有正面觀感，主張穩定中求繁榮與發展；較急功近
利、重視社經地位；崇洋心態明顯，但對異己的容忍度較為狹隘（林
絲雯，2005）。

　　出生於 1950-1965 年的嬰兒潮世代，由於沒有外在戰爭的威
脅，但仍歷經戒嚴體制和一黨專政。由於國家機關對於政治、經濟、
社會有絕對的操控權，社會運動無法發聲，人們大多將精力致力於
改善個人的經濟環境。因此，本世代被認為，在價值感上較急功近
利，並且重視社會地位，同時因為言論容易動輒得咎，所以在思想
及主見上較缺乏獨立自主的精神，不擅冒險和創新；加上政治造神
運動及升學主義影響，使他們對於魅力領袖有正面的觀感，且克己
奮勉，力爭上游，爭取成功進取心強烈（彭懷恩，2003；林絲雯，
2005）。這些特質反應於本世代新聞工作者的影響為何？

（一）新聞的產製環境

　　研究發現，出生於本世代的新聞工作者，多數歷經嚴苛的升學
制度，對於文法政畢業的大學生來說，新聞工作是一個可以讓自己
與時俱進，拉進自己與社會距離，不同於一般投身文化教育等性質
的工作。因此，進入新聞圈的嬰兒潮世代，除了新聞相關科系外，
不乏大學是念文、史、法、政者。

　　而拜經建計畫帶動的國民所得漸增，1960 年代中期，台灣的閱報人口成長，加上民營報紙報導尺度受到拘束較少，以《聯合報》及《中國時報》為主的民營報紙，在發行量上已領先黨營的《中央日報》，民營報紙的成長，使投身於新聞工作者的勞動市場較傳統世代活絡（徐嘉宏，2002）。

　　就訪談資料發現，考試是他們進入媒體的普遍方式，有人則透過傳播界師長的引薦。但進入電子媒體的情況則又不同，一來是位子本來就少，除了考試，國家民族的忠誠度，也是衡量的要項，因為電子媒體的影響深遠，晉用人員無疑格外謹慎，黨政軍的背景，雖然不是直接條件，但多少有些作用。蔣經國時期，三家電視台除了接受行政機關新聞局的監督，尚須接受國民黨文工會的指示，三台的受雇者有 76.28%是屬於外省籍（徐嘉宏，2002）；反之，平面媒體省籍因素則不是那麼明顯。

　　加上當時三台的經營者，多由執政者所指派，所以媒體高層本身的政治偏向，影響媒體本身的公正性，因此，三台經營權淪為政治酬庸的工具，已是新聞圈公開的秘密，這種角色使命下的產製氛圍，讓當時身處三台的嬰兒潮世代的記者在處理政治新聞時，想要保持新聞的客觀性，無疑是一項不可能的任務（劉國深，2002）。

　　雖然進入電子媒體服務的機會仍少，且多數要有些人脈，但平面媒體的勞動市場確有增加的情況，雖然報禁還在，但兩大媒體靠著經濟起飛及社會新聞的帶動，人力需求活絡。以《聯合報》為例，在當時是以高薪及優渥的福利制度，吸引人才，強化自己的競爭力（林富美，1997）。

　　陳雪雲（1991）認為，民營媒體勢力擴大，公營媒體的縮減的趨勢，反映政治的影響力逐漸衰退，商業勢力抬頭，而當媒體愈來依賴廣告與消費市場，新聞媒體也逐漸變成一種商業組織。

（二）市場競爭與專業空間

　　由於媒體所遭受的政治干擾力逐漸減少，媒體勢力逐漸抬頭，面對當政者的壓力，媒體組織漸有能力對抗執政當局的打壓手段，以《中時報系》在 1982 年處理的「陶百川事件」為例，就可看出政治的干擾力在這個時期依舊如影隨形，但是其影響力已大不如前，不是當政者的一句話，就可以任意的關閉媒體（張慧英，2002）。

　　研究發現，這樣的環境，使媒體組織對於新聞工作者的任用由傳統的政治判斷能力，轉為新聞專業的要求。好記者與好新聞的取決，不再以政治選擇正確作為新聞價值判斷的先決因素，而是以記者所寫的新聞內容來判斷記者的優劣。

　　解嚴後，有別於傳統世代屈服於當權者的政治壓力，本世代新聞工作者在採訪處境上，由於和政府間的關係，已經不再是強弱分明的態勢，記者爭取新聞主控權的機會較大。如：

> 記者能夠作的要儘量去作，甚至可以向報社的長官爭取，我就是不要這個新聞，就是要那個新聞，我這個新聞就是要這個樣子處理，勇於去爭取，這跟現在記者不同……爭取的結果，可能記者會吃虧，到時候飯碗打翻都有可能的，但是你不作永遠都不會有人去作。

（三）好記者的判斷

　　雖然黨政軍的記者跑官方新聞尚具優勢，但兩大報的發行量正逐漸增加中，著量輿論的影響力，官方消息來源對於兩大報不敢小覷，能力強的記者，如獨家、專題做的好的記者漸漸衝出頭角，成為同儕間具份量的紅牌。

　　至於當上主管的嬰兒潮世代，對於好記者的判斷，也慢慢擺脫傳統世代那種源自於消息來源肯定型（尤其是政治路線），而有獨立性的判斷。如：

> 我作了社長或總編輯，我的記者跑新聞，我幾乎百分之百挺他的新聞，……消息來源，像立法院長或立委跟我很熟，會打電話來說你們那個記者不錯，或你們的記者很爛，新聞亂發，這個也是可以了解的，但是我不一定要相信他們對我說的話。

（四）政治結合商業力量後

　　在民主的社會裡，決定媒體的存留，終究必須回歸到商業面，本世代新聞工作者認為，在他們跑新聞的歷程中，看過多家的媒體吹出熄燈號，但是沒有一家的媒體是因為政治的因素，主要還是無法適應媒體市場的強大競爭，才會選擇退出市場，而這現象也說明了這個時代，媒體干擾因素已經由政治因素，慢慢轉變為商業的因素。

　　政黨輪替後，看在這群過去跑新聞時，還是屬於戒嚴時代的世代眼裡，他們認為，表面看來商業力的介入，似乎取代了政治力的介入，成為新世代影響新聞主控權的主要因素，不過更正確的說法

應該是政治力已經隱然和商業力結合，正以不同的型態影響新聞媒體，且這種影響力正有逐步擴大。

> 現在政治的干擾，並沒有消失，過去我所謂的政治控制，或者政治的干擾，是硬控制，硬控制就是恐嚇和威脅，甚麼種種你觸法了，現在是軟控制，軟干擾，會說你現在是統派媒體哦，你這樣可能不愛台灣，你這樣對我們民進黨實在不利，軟控制比過去增加，過去是有硬控制的，所以現在有干擾，所謂的干擾還有一種，他不是直接的干擾你，而是間接干擾你，比如有人耍寶、亂扯這些事情，基於新聞競爭的壓力，你不得不發，這個也是影響你主控權，以前這種事情根本就是連處理都不處理，其它報紙處理，坦白說一句話，第一個是你家的事，第二個我們還瞧不起你，但現在不是，現在有新聞競爭壓力了，假如你看到 TVBS 有三寶在耍寶，中天新聞沒有，搞不好中天新聞總編會說為甚麼三寶這麼好玩的新聞沒有，我們那時候沒有這些東西，所以相對來講，直接和間接的主控權，我認為早年我們掌控的多一點。

研究發現，在媒體全面開放後，記者面對的是一個更加複雜的媒體生態，媒體面對的競爭壓力，已不全然來自於同質性的新聞媒體，更多強有力的新興媒體加入新聞市場，造成了消息來源可以選擇適合自己的管道發聲。

（五）新聞競爭與價值的改變

對此發展，本世代新聞工作者的新聞價值觀也開始改變，研究發現，當上主管的他們，依舊隨俗也要求記者力求不漏。如：

我們過去從來不會問其它的媒體今天有甚麼重要的新聞，現
在因為媒體蓬勃發展了，彼些間的競爭壓力不一樣，所以對
新聞價值的判斷和定義也不一樣，不漏新聞是最高的目標，漏
了，立即補，即使沒有畫面，唸乾稿也可以。

　　而這樣的發展趨勢具體影響的就是記者報導取向與內容重點
掌握，他們承認：「我當國會新聞記者時，怎麼懂銀行法，但是我
第一篇的特稿，寫的是銀行法第二十九條，我怎麼寫呢，我去問銀
行法的專家，我去問懂得銀行法的立法委員，我們那時候有一個名
言，我找十個博士去詢問，我就是第十一個博士；現在的兩岸和平
促進法，大家不會去寫和平促進法本身，會寫朝野政黨怎麼去爭
論，那個衝突性那個戲劇性，沒有人去談法案本身，就是很大的差
異。」

　　也因此對他們來說，改變最大的是處理記者新聞重點的取決
上，不再擁有獨特的觀點。集體新聞複製的結果，記者寫作內容無
法展現個人特質，在競爭壓力下，媒體一窩蜂的追逐同質性的新聞
內容，將導致記者的傳播權力被扭曲和傳統新聞價值喪失。

　　新聞權力被扭曲後，記者主控權也在無形當中被削弱，消息來
源可以因應新聞傳播趨勢，發展出全新媒體操作模式，記者對他來
說只是工具而已。新聞記者主控權的喪失，直接影響到的將是記者
的專業能力，更長遠則是記者的新聞價值觀。

（六）變動中的場域生存心態

　　研究發現，對於平面媒體而言，組織升遷對於多數記者仍可預
期，優秀記者有相當大的機會被拔擢成為重要的主管。因此，本世

代的新聞工作者，在組織中權力互動仍以穩定保守居多，他們會接受傳統世代的經驗承傳，尤其在新聞尺度的拿捏上，格外小心。而報禁限張下的新聞版面競爭的經驗，使他們的新聞寫作有一定的水平。而隨著解嚴時代的來臨，本世代的新聞工作者，由於實戰經驗及承續著傳統世代的經驗，使他們在組織中都順利卡位成為管理階層。

　　但 1996 年以後，由於媒體市場生態的改變，本世代不乏進軍電子媒體者，主管或總監是他們的頭銜，他們在職場上危機意識超強，個人利益取向大過對國家社會監督責任，這一點不太同於傳統世代。對於世代經驗的承傳，他們的想法也不太相同，有人甚至排斥傳統世代的觀點。至於數位科技匯流，研究發現，本世代之文字記者會覺得工作壓力大了，但對於攝影記者，則多數人開始擔心沒工作。

　　政輪替後，媒體組織的色彩是否影響新聞專業？他們的看法是，合則留不合則去；不然就學會妥協，生存對此世代是一個重要的理性思考。新聞商品化下，他們中有不少是新人類的主管，功利主義下，他們雖然抱怨市場競爭的負面影響，但大都屈服此壓力，少有人出來反抗。

　　1990 年代，由於平面媒體勞動市場進入寒冬，裁員、資遣事件頻傳，為求勞動生涯的維繫。本世代新聞工作者，有些人會上政論性談話節目，成為名嘴，或當起主持人，以爭取曝光及爭取可能的勞動機會與報酬，強烈的職場危機，更讓他們懂得如何選擇有利於己的場域定位與言論觀點（林富美，2006）。

三、新人類世代：1966-1976 年出生

　　本世代在成長經驗中，台灣在國際關係上，連連挫敗。1969 年，美國海軍第七艦隊停止巡弋台灣海峽，同年，美國尼克森總統宣佈部分取消對中國大陸的貿易禁運，1970 年美國與中共恢復大使級談判，1972 年尼克森訪問中國大陸，同年尼克森與周恩來於上海發表聯合公報。

　　外交關係的受挫，國內政治也面臨新的挑戰與接替，1972 年蔣經國就任行政院院長，1975 年蔣介石病故，1976 年蔣經國當選國民黨黨主席。1973 年起推動的「十大建設」，奠定了產業的基本設施，建構國家重工業化的基礎，平均年間的 GNP 成長率有 10% 水準（許極燉，1996）。

　　因此，隨著工業化後的經濟發展，中產階級興起，新進的精英知識分子和政治人物蘊釀政治改革的要求。為使外交上的挫敗，對國家衝擊降低，蔣經國推行「台灣化」政策，起用台籍青年，1975 年台灣區改選「增額」立委，台籍地方反對勢力藉由選舉，逐漸聯結呼應，形成一股勢力（許介麟，1996）。

　　此外，在教育上，1968 年政府實施 9 年義務教育，奠定國民基礎教育水平，對於社會經濟發展，有其一定作用。新人類的父母通常以嬰兒潮世代居多，成長過程享有台灣富裕化的經驗，無需擔心經濟壓力，相對於其父執輩為生存打拚的辛苦，其即時行樂的態度，常不見容於其父母輩，世代衝突明顯。

　　縱觀新人類世代，其成長期，台灣外交處境正面臨大陸對台外交政策全面封殺，國際地位孤立；在政治上，適逢反對運動崛起萌芽，如 1981 年，台灣黨外人士成立黨外助選團，創下台灣黨外組

黨的開端後；1986 年民進黨正式成立，隔年政府宣布解嚴，開放黨禁；經濟上，適值國內經濟成長的最高峰期，1990 年台灣股市上萬點，外匯存底居全世界第一，高達 760 億美元。政府並開放信用卡，擴大金融市場，並且實施一連串的開放電信業務、行動電話，同時國內網際網路用戶也大幅度的增加，台灣正式邁入已開發國家之林（劉國深，2002）。

在他們出來社會工作時，國內政權則由兩蔣時代，轉換至李登輝時代，在他們的成長過程中，沒有任何政治戒嚴下的經驗，對於民主政治，有較多的憧憬。此外，身處資訊化時代的新人類世代，網路使用已成他們生活的一部分，故其數位技能也較傳統世代或嬰兒潮世代優越（劉國深，2002；林絲雯，2005）。

但 2000 年政黨輪替，台灣政經情勢卻每況愈下，政治亂象頻仍，加上經濟成長率持續下滑，國民痛苦指數不斷升高。而同一時間由於大陸經濟能力快速崛起，台灣對大陸的依存度相對提高，但兩岸政策卻走向緊縮，使國內經濟充滿成長上的隱憂（桂宏誠、林佳瑩、王順文，2003；吳文慶，2004）。

居此生命經驗，本世代價值感與前面兩個世代也有所不同，他們傾向以以自我為中心，強調個性、追求流行、講求快速、追求快感、不認同傳統價值或規範且即時行樂、重視快樂，但對未來前途茫茫；以金錢為導向的結果是功利現實，但卻抗壓性低，心靈脆弱（林絲雯，2005）。至於本世代新聞工作者樣貌為何？分析如下：

（一）新聞的產製環境

報禁開放以來，媒體環境變化甚大。就市場結構來看，報禁開放當天，就有 7 家的報紙，一家的通訊社辦理手續，到了 1990 年，

核准登記的發行的報紙就多達了 300 多家，由於報紙家數大量的增加，報業開始進入市場的商業競爭，1990 年，全台報紙銷量雖有450 萬份，但多數報紙個別的銷售量反而下滑，市場壟斷情形越發明顯，新興的報紙，經營困難，如《首都早報》和《環球日報》紛紛於當年停刊。在競爭壓力下，專業報開始興起，民意調查日益受重視，同時開始重視地方版面（徐嘉宏，2002）。

而長期堅守公正客觀的《自立報系》，也因經營不善，於 1990年 12 月首度裁員 97 人，1991 年《自立早報》宣佈改為「政治專業報紙」，二度大裁員近 200 人。1994 年 8 月，《自立報系》易主，陳政忠接手，引發連串新聞自主運動。中時、聯合報系由於有長期累積的市場優勢，繼續佔穩市場的領導地位。

1996 年以後，受網路科技及有線電視紛紛成立新聞台影響，分眾市場的報紙開始在市場上嚐到敗績，閱報率下降；1996 年 1月中時、聯合零售價調高，漲為每份 15 元，發行量從此未見再成長；1998 年《大成報》為因應市場競爭，全面改版為娛樂新聞，裁撤資遣社論、專欄等相關人員。民眾原本看多份專業報的習慣，也逐漸回歸到閱讀一份綜合性報紙（邱奕嵩，2000）。

另方面，表面上黨政的力量鬆手，言論較過去自由，但是在特定的意識型態及商業利益的制約下，報紙面臨另外一種操控模式，如 1992 年《聯合報》因刊出李瑞環談話，引發退報運動。同一年《自由時報》展開強力的促銷活動，當大部分的報紙均呈現衰退情形時，《自由時報》卻異軍突起，從 1992 年的 8%閱報率，到 2001年已經增加到 39．4%。傳統的黨政軍報，不敵自由市場競爭，紛紛的走入歷史當中，如 1996 年《台灣日報》易主，由軍方轉移至民間，過去捧鐵飯碗的員工都被迫走上街頭。國民黨所屬的《中華

日報》，在報禁開放前，就已經退守南部市場；1999 年《中央日報》
與《中華日報》合併，裁員 1/3，750 位員工中，有 250 位離職，
白領新聞工作者終於發現工作權不保的危機（邱奕嵩，2000；林富
美，2002；朱若蘭，2003）。

　　1999 年 10 月《民眾日報》引進新資金，高層全面換血；1999
年 10 月 25 日《聯合報》以營運合理化、人力運用效率化、提升企
業競爭力為由，提出優退優離辦法，共 254 位員工離職；1999 年
11 月 15 日，中時報系宣佈《中國時報》、《中時晚報》、《工商時報》
的財經組，自同年 12 月 10 日起裁撤，三報財經合併成為一個財經
新聞中心，所有中時報系的新聞將由新聞中心統一供稿，由《工商
時報》總編輯統籌指揮，在該中心運作成功後，將全面推動報系三
合一，所有中時報系的新聞將由新聞中心統一供稿運作與策劃，等
於變相裁員及改變勞動條件，報系中人心惶惶；2000 年台灣第一
份網路原生報《明日報》創刊；2000 年 10 月，王世堅買下自晚股
權；2000 年 12 月 20 日，《台灣新生報》由印之林公司簽約承接，
將所有員工全數資遣再重新聘任，印之林公司後來毀約，2000 年
12 月 30 日「網赫資訊科技公司」接手，留聘 42 位員工，其他近
400 位員工將以優退方案或發放 7 個月資遣費處理（朱若蘭，
2003）。新聞媒體勞動市場，只能用一個「慘」形容。

　　隨著報紙開放的腳步，廣播頻率也在 1992 年正式宣布開放，
解除了長達了 33 年的禁令，1993 到 2000 年之間，政府共分 10 個
梯次開放廣播頻率，頻率開放後，民營取代公營成為廣播的主力，
市場競爭激烈，分眾化的電台開始出現，為了市場經營，廣播電台
間興起了所謂的策略聯盟經營新手法（林絲雯，2005）。

此外，1992 年大耳朵正式開放合法申請，1993 年 7 月，立法院三讀通過有線電視法；1993 年 9 月，本土衛星 TVBS 開播；1994 年開放無線電視頻道；1994 年中天與大地頻道開播；1995 年 10 月超視開播；1997 年 6 月，民視開播，為國內第四家無線電視台；1997 年 7 月公共電視法完成三讀；1998 年 4 月有線電視台相繼開播新聞頻道；1998 年 7 月公共電視開播；1999 年 2 月衛星廣播電視法公布實施，國內新聞產製環境，就此走向商業掛帥的市場激烈競爭。

（二）商業的力量

媒體市場的開放，意在政治力對於媒體的影響力逐漸的式微，但市場競爭下，取而代之的是財團商業力的介入。在政黨輪替後，國家機器對於傳播媒體的掌控，由過去明顯的干預，轉為隱性的箝制。將以往明顯的政治操控模式，轉化為商業型式的控制方式，藉由市場與社會的力量來影響媒體。

在政治影響力式微，商業勢力開始主宰媒體市場，媒體經營者的意識型態，開始取而代之主導媒體的走向，雖然在媒體自由市場的機制裡，媒體記者的新聞採訪沒有受到太多的限制，但是另一種箝制記者主控權的政經新勢力，正悄然在媒體機制內展開運作。

研究發現，以國會新聞為例，由於媒體對於議題的需求不同，所以國會記者在面對不同的新聞題材時，首先是必須選擇和自己媒體屬性較為合適的題材進行發揮。此外，在市場競爭壓力下，記者所產生自我控制，考量自家媒體立場決定其報導角度。或先和主管溝通，「組織的利益」是本世代記者在下筆時考量的重要因素。如：

> 立法院的新聞特性就是錯綜複雜，所以要如何處理，就必須
> 和主管溝通和討論……每個主管和記者間用何種方式運作
> 也沒有一定的規律。

　　此外平面媒體版面，從以往的三大張，增加到近 12 張，無疑
需要更多的新聞來填充增加的版面。但量的增加，不代表質的提
升，不過可以確定的是新聞媒體的影響力卻逐漸式微及新聞同質性
大增。對於記者的要求，非關專業而是耐操、好用。如：

> 在以前三大報的時代，受訪者對於新聞媒體相當注重，因為
> 只有三張，所以不管其評論為何，都會很仔細的看，並且會
> 很重視其意見，……現在報紙張數多，除非記者報導引起一
> 致性的討論、批評，才會重視這個報導，否則只會被視為某
> 個記者個人的意見。……至於電視新聞就是不停的播，每台
> 都一樣，電視又抄報紙，報紙上的東西搬到電視台來……量
> 太多了，造成記者個人的價值被稀釋掉。

> 而且現在跑新聞比較多元化，包山包海，左手寫政客，右手
> 寫八卦，記者被要求的工作量明顯變多了，以前國會記者就
> 是政策寫得好就行，就是一個法案法理，媒體呈現政策的討
> 論多於非政策，現在國會有 319 覆議案、真調會，同時也有
> 八卦三寶新聞，所以現在對記者的要求是多元化啦。

（三）新聞價值的改變

由於有線電視不斷重製具視覺效果的新聞畫面，迫使傳統媒體無法再對無厘頭的新聞操作視若無睹，能提高收視率與發行量的煽情、聳動題材，成為新聞價值的指標（陳楚孟，2002），如：

> 差異很大，現在是流行淺碟式的新聞，只要求作表面的東西，不要幕後的東西，……所謂的淺碟，是他注重場面、熱鬧、花俏聲光效果，如戲劇一般的感覺，那你再去對照一樣的新聞，在十年以前作，他討論的深度也許會深一點，但相對來講會比較沈悶，它需要閱聽人用精神去理解，而不是用感觀去接受，那現在的新聞你只要去感受就好，不用去理解思考。

> 電子媒體那樣打啦、哭啦、罵啦，電子媒體追逐這些東西，其實他們也不掩飾很喜歡這些東西，……對有線電視台來講，在那麼多競爭者當中要突出，就是要以聳動為主，……然後要把這個新聞炒作的非常辛辣，才是所謂好看的新聞。

最明顯的例子就是過去不屑一顧的搞笑新聞，如今在市場操作下，反而躍昇為新聞主流，國會記者縱使不能認同，但在市場的壓力下，亦只能隨波逐流，新聞綜藝化的結果，記者被動等待人家給新聞，公眾人物也懂得如何表演以博版面，提高知名度，如：

> 有很多立委在國是論壇搬了很多的道具，過去國會議員講話要貼海報那是丟人現眼，祖宗三代都蒙羞，可是現在有一大堆的立委專搞這個，因為有畫面嘛！然後又變成綜藝化，像

　　王曉嬋和鄭余鎮的那種情節,再厲害的編劇也不能編的那麼
好。……例如三寶的新聞沒有甚麼,但是可以用娛樂新聞的
方式來作,以前我們會以為他們是跳樑小丑,不用理這種
人,因為對我們的黨政發展一點幫助也沒有,但現在他們把
它當娛樂新聞來看。

　　像三寶我們也覺得很無聊,可是幾乎他們的新聞都會上,因
為覺得好笑跟搞笑,同樣都有緋聞的,親民黨立委孫大千和
×××的緋聞,比較起來大家都會比較想看孫大千的,不諱
言的就是畫面的視覺效果,還是以外表取勝。

　　對他們來說,當記者好像越來越被動,有點像是等著人餵新
聞,已經不是採訪而是等著人家告訴你一個訊息,不用加強新聞路
線專業熟悉度。

(四) 好記者概念的改變

1.帶感情、不漏新聞者

　　研究發現,在寫稿方面,過去好記者被要求用字遣詞,要強調
字句的正確性,語調要非常平和中立的,不帶情緒的;現在不同,
就是要口語化,強調尖銳,愈情緒性的愈好。

　　且由於每天供稿的壓力及考評,對於新人類世代的記者來說,
不漏新聞就是好記者。因為,沒有太多時間去思考、消化求證新聞
內容,只保不要漏新聞,且很多記者沒有跑新聞,挖新聞的概念,
認為採訪回來發出去就是新聞,不會考慮是不是一個好新聞,及其
對社會的影響。

　　因為，漏新聞比查證更難承擔，漏了就要寫報告說明，嚴重還要被調離原跑的路線。「像親民黨立委馮定國上次那種烏龍記者會，我們明明知道那不對，現場有很多的疑點，但還是發了，等到錯了，就當沒事一樣，第二天再發一個」。

　　當然，新人類欠缺追新聞的企圖心也是主要的因素，如：「我也很希望成為像蘋果日報那樣子的記者啊，每次都爆料很多的事情，可是他們花的時間非常多，然後跑到最後都會難免啦，就會越來越沒有那種的企圖心了」。

2. 關係良好、或象徵資本夠大

　　過去好記者的定義在於其報導所呈現的專業，現在則是能幫組織拉多少關係、賺多少錢，使得消息來源除了以資訊酬庸，建立、控制與記者間的關係外，又多了一個更為「有力」的手段（工具）。為了「業績」與「金額」，採訪單位有時也提「企劃案」，主動出擊。記者轉身成了超級「業務員」，獨立性應聲而倒。

　　對此轉變，就訪談資料發現，新人類多半認為是商業化下的惡果，但他們只能逆來順受，不然只有辭職一路。此外，研究發現，在新聞行銷的考量下，形塑「明星」記者也成為組織的重點，但明星記者衡量的標尺，並不全是專業考量，說話、談吐、穿著打扮的個人風格與品味，有時反能勝出，其間，電子媒體情況特別明顯。新人類世代記者，所謂的好主播或好記者，不同於過去，多了一項所謂的市場排行與人氣指數，象徵資本取代過去文化資本，成為場域中權力鬥爭的另一項重要資產。記者對於名聲的價值，經濟利益的考量也是重要的因素，對於新人類世代的新聞工作者，成名後如何轉行，常是投入新聞工作之職涯規劃重點。

　　整體來說，新人類世代進入新聞圈，正逢平面媒體走下坡，有
線電視開放競爭時，進入電子媒體，對某些人來說，是他們從事記
者第一個工作，運用視覺及口語傳播是他們習慣的表達方式。且這
群世代，有人是因為主播的光鮮亮麗才投身新聞圈，嫁入豪門更是
許多女主播生涯規劃，新聞專業對他們不是頂重要。市場競爭下，
輕薄短小八卦緋聞是他們的最愛，新聞工作對他們是短暫的。另研
究也發現，平面媒體在此世代人力資源上出現斷層現象，新人類流
動率偏高，對組織的向心力不夠。世代交替，留不住人才的情況，
存在著無法接續的危機。

四、新新人類世代：1976 年以後出生

　　在政治上，本世代與新人類世代不同的是，他們是出生不久，
就歷經 1977 年「中壢事件」；1978 年蔣經國當選六任總統，但隨
即中美斷交；1979 年美國與中共建交，國府外交陷入前所未有的
困境；1979 年「美麗島事件」；青少時，歷經 1986 年「民主進步
黨」在台北圓山飯店宣布成立；1988 蔣經國去世；1990 廢止「動
員勘亂時期臨時條款」；1991 資深民代退職，第二屆國代選舉；1996
李登輝當選第一屆民選總統；大學畢業步出校園後，2000 年政黨
輪替，陳水扁當選總統等。

　　在經濟上，受全球化的影響，其成長階段歷經強大國際競爭壓
力。如 1986 年歷經美國眾院通過「貿易綜合法案」，加強對所謂不
公正貿易國的報復，台灣經濟面臨國際自由化的強大壓力；另方
面，受本土意識影響，1996 年李登輝推動戒急用忍政策，而台灣
在 2001 年，又正式成為世界貿易組織（WTO, The World Trade
Organization）的會員，產業結構面臨全球化下的市場競爭。在政

府對兩岸政策消極性的作為下，1996-2006 年台灣國民所得停留在 14000 美元，零成長。而國民所得高低差距，以家戶計 2006 年已擴大到 6.04 倍，高所得者家戶平均年收入超過 179.7 萬，低所得家戶一年只有 29.8 萬，受薪階級卻要負擔國家 70%的稅負，貧富差距逐漸擴大（何宏儒，2006）。

在教育上，2002 年廢除聯考，改為多元入學。同年，國中生開始實施九年一貫課程，多元入學及一綱多本下，造成教育資源與學習成效的城鄉差距；在社會方面，台灣意識抬頭，2000 年及 2004 年總統大選，由於統獨及省籍被政治人物激化，支持國民黨、新黨及親民黨，主張兩岸統一願景者被歸為泛藍群眾；反之，支持民進黨、台聯，主張台獨，強調本土意識者，則被歸為泛綠群眾（林絲雯，2005）。

此外，伴隨著高度資本主義所帶來的消費社會，本世代關心的是品牌、網路等流行文化，討論的是情慾問題與內幕消息，這種欠缺歷史感的後現代思潮，幾乎滲透了他們的細胞，也支配了他們的思考（陳芳明，1998）。而且這群人和網路一起成長，深受數位科技的影響，數位媒體已是他們日常生活中不可或缺的一部分，與舊世代（傳統及嬰兒潮世代）的生活、工作型態存在著明顯的數位落差（張戌宜，2002）。

整體來說，新新人類在成長錯程中歷經蔣家政權的落幕、民選總統的出現；謀職就業時，適逢政黨輪替，台灣經濟開始下滑。再加上選舉頻繁，國內政局在政黨刻意操弄族群議題下，分裂問題更形嚴重，只問藍綠，不問是非的情況，民主與法治都陷入空前的危機。在全球化的聲浪下，台灣因本土意識高漲，面對中國大陸經濟起飛，本世代對於國家、民族的認同，矛盾又衝突。對他們來說，

消費是自我最好也最方便的認同（蕭新煌，1995；陳芳明，1998；張戌宜，2002）。茲因此世代投入新聞工作時，台灣經濟開始走下坡，媒體勞動市場正逢寒冬，居處其間，新聞價值的看法與操持不同於往，分析如下：

（一）新聞勞動市場的寒冬

　　1996 年以後，媒體市場因大環境不景氣的影響，都呈現衰退的景象。傳統的平面媒體閱報率逐年的遞減，從 1997 年的 65.4%、1998 年的 65.7%、1999 年的 61.6%、2000 年的 58.7%、2001 年的 55.3%，到 2002 年降為 48%；總廣告量負成長 25-30%，廣告市場由 1998 年總值 18 億美元，至 2002 年，報紙廣告下跌四成三，只佔整體市場的 22%，約 3 億 3 千萬美元。但是最令人怵目驚心的是台灣已經有過半人口不看報紙，和 10 年前相較，台灣 30 歲以下閱報人口更下降二成（何國華，2004）。

　　因此，媒體停刊、裁員事件頻仍，2001 年 2 月 21 日，《明日報》董事長詹宏志宣佈「結束營業、承認錯誤」後，正式停刊，280 員工有 150 位轉進黎智英的《壹傳媒》集團。2001 年 4 月大成體育報停刊，裁員；2001 年 6 月 1 日，《中國時報》無預警裁撤中南部編輯部，員工成立自救會，向資方抗爭。2001 年 6 月，《自立晚報》傳出停刊；2001 月 7 月王世堅新設自立國際文化事業股份有限公司，經手晚報帳款；2001 年 7 月 26 自立晚報再度易主，王世堅以 1000 元讓出他本人持有的 78%股權給中醫師張福泰；2001 年 8 月《中國時報》推出優退離方案，精簡 500 人為目標，目標為年資 10 年以上員工；2001 年 10 月 2 日，《自立晚報》產業工會宣佈該報停刊；2001 年 11 月 9 日，自立員工不支薪自救復刊；2001 年

12 月 19 日，王世堅釋出 68%股權，以 2000 元將股權轉讓給自晚工會；2002 年 1 月 29 日工會宣佈暫時停刊；2002 年 1 月《聯合報》新考績制度，強制考績配額、汰除不適任員工；2002 年 2 月 20 日，《勁晚報》不堪 16 億元虧損，宣佈停刊；2002 年 4 月《中央日報》全部優離，326 位員工重聘 90 人；2002 年 11 月 1 日，《聯合報系》優退優離，優退 151 人，優離 152 人；2003 年 1 月，《中華日報》由《中央日報》接管，資遣大部分員工；2003 年 5 月，台灣《蘋果日報》在台發行；2005 年 11 月 1，《中時晚報》無預警停刊，資遣散大部分員工；2006 年 2 月 4 日，《民生報》生活中心裁撤，資遣近 50 名員工；2006 年 3 月 27 日，《中國時報》常務理事陳文賢遭資遣；2006 年 4 月《聯合報系》校對組解散，資遣大部分員工；2006 年 6 月 1 日，《中央日報》停刊；2006 年 6 月 6 日，《台灣日報》積欠薪資而停刊（蕭肇君，2006）。

　　其間，香港《壹傳媒》進入台灣，更為傳統媒體帶來巨大的衝擊，除了市場的衝擊外，台灣《蘋果日報》更帶動國內同業間新聞走向的改變，甚至成為電視媒體追逐新聞的主要消息來源，台灣媒體也在蘋果效應的影響下，漸走向小報化（Esser, 1999；蘇蘅，2002）。

　　電子媒體則在新科技的帶動下，出現更多元的發展方向。數位電視的發展，國家的電視產業和消費者的消費習慣，也有所改變。如：電視頻道大量增加至數百個，隨選視訊造成個人化電視，可過濾掉不必要的電視廣告，也因此出現沒有廣告的電視頻道，並可以結合網路和行動通訊等平台，讓電視台的收入不單只是廣告，而有更多的收入來源。

　　和電視一樣，廣播也在頻率開放後，進入市場的戰國時期，民營的商業勢力，逐漸成為廣播市場的主力，而數位廣播的出現，更影響了廣播市場的結構，科技的進步，對於廣播市場的影響包括傳播信號容量大增，信號接收品質優良，可聲音、圖像、文字結合，同時也可以下載數位資料，提供多媒體服務，形成 3C 通訊網路。如此的產業環境，對新新人類世代工作者來說，工作權與勞動競爭都更加險峻而激烈。

（二）政經控制

　　市場競爭及外來媒體的進入，更讓國內媒體面臨前所未有的生存困境，導致政治力有機可乘，政府藉由商業之名介入媒體的操作，部分媒體對於政治力量的介入幾乎是採取門戶開放的政策，如置入性行銷，使媒體原本應該採取的批判、監督角色，變成所謂的魚幫水、水幫魚的關係。另外，政治人物有媒體幫它搭好舞台上台表演，媒體則有政治人物在後面庇護，平日就由政治人物支撐收視率和廣告收入，在關鍵時刻則是推動或反對某個法案來維護自身的既得利益（姚人多，2005）。其間，標榜本土或意識形態正確的媒體，產品市場與廣告市場，相對風險低。因此，報紙本身的立場會形成記者跑新聞時的先天壓力，縱使長官下的指令違背現實狀況甚遠，但是對於部分的新進記者而言，還是必須唯命是從。如：

> 因為報社的立場就是那麼偏，你要記者怎麼樣。……長官會要求對民進黨、台聯的立委多照顧，（那如果你不想作那些題目），那你可能就不能待下去。

　　另政商結合的經濟力量，尚包括由親政府商界人士在 2001 年所組成的廣告主協會，結合了義美、新光等三十多家的廣告大戶，可藉由廣告預算的分配，影響不同立場的傳播媒體。廣告主協會成員的三分之一和執政黨有相當深厚的關係，無怪乎《新新聞》質疑該組織帶有濃厚的本土色彩。

　　此外，新聞局透過審照制度進行內容控制；調查局與國安局透過搜索及監聽，影響新聞自由，如《中國時報》在國安秘帳的報導時，無預警被搜索；《蘋果日報》爆料記者和主管的通話遭到國安局的監聽等。多數媒體在不願得罪當局下，讓卻其監督政府的角色；而批判性強的媒體，換照時掀起的風波，更讓其它媒體戒之在心。

（三）變遷中的新聞價值

　　媒體生態的競爭，連帶影響新聞取捨與價值的改變。最明顯是獨家新聞價值的改變，除了部分媒體有一定的獨家壓力之外，包括電子媒體，對於獨家新聞所採取的態度都不再強求，防止工作錯誤的產生，才是現今國會記者採訪的重點。以平面記者而言，研究發現，媒體組織對於記者錯誤會有一定的懲處，至於對手報跑出的獨家反而不會過於苛責。但有線和無線電視台對於新聞正確性和時效性的要求並不相同，無線電台因為時段的因素，比較重視新聞的正確性，但是有線電視台則以新聞的時效性作為第一優先。

> 因為無線台的新聞時段比較少，它的重點都是擺在晚間新聞
> 七點那一檔，七點之前會有比較長的時間去作求證的工作，
> 有線台幾乎是把關的工作做的最少，因為求快嘛，所以很多
> 消息是一有就丟出去，錯了再說。

新聞內容的最後輸出及市場反應成為規訓新聞價值的手段，如：

> 新聞室的控制，那是無形的，他不會列出一、二、三、四，
> 不可以寫李登輝，不可寫陳水扁，而是你寫了甚麼永遠不會
> 上，而是你寫的版面永遠是小小的，跟鼻涕、鼻屎一樣大，
> 而是你寫了甚麼，版面永遠在底下，那你自然而然就知道，
> 甚麼東西報社喜歡，甚麼東西報社不喜歡，慢慢去試你就知
> 道報社喜歡甚麼，不是限制，就是我覺得現在是一個自由市
> 場的機制，報業也是、媒體也是，他自然有不同的取向，
> 因為他要找到自己的閱聽人，找到自己的消費群眾，讀者都
> 也是一種消費大眾，所以他呈現的版面就是他認為他的讀
> 者喜歡看的東西，我覺得這很正常，你不要把它窄化為限
> 制或是甚麼，所以你自己在報社就要去發掘不同的商業取
> 向吧。

（四）立場與媒體大小成為原罪

　　在藍綠對決，意識形態先行的情況下，研究發現：親綠媒體，
記者跑新聞就顯得容易多了，獨家機會很大，也不會在意有時發新
聞的功能是當為政者的傳聲筒或試探氣球，這在 2006 年扁政府弊
案頻傳時特別明顯。至於被貼上藍色標籤的媒體，則政治新聞都很
難跑。

　　另外，在過去，雖然多數消息來源也會看媒體大小與跑線記者
進行互動，但新新人類表示，這種情況，現在更明顯。如：

你告訴別人說你的頭銜是×××，大家可能會感覺哦，你是×××，但是如果是在ＹＹＹ，他就會說哦沒聽過，不知道，可能是這個媒體有公信力，或是它的曝光率很高，受訪者就會比較在意你的採訪，那如果你的曝光率低，或是影響力低，那對方就會覺得可有可無。……當然，如果你收視率高，他們還是比較不敢如此，但立場與媒體大小往往影響與採訪對象間的互動關係，記者並不容易靠個人能耐闖出一片天，不被封殺已是萬幸。

（五）充滿悲觀的記者這一行

研究發現，以國會記者來說，政策討論的國會新聞越來越少，口水新聞充斥國會新聞的版面，媒體環境的惡化，讓記者的工作尊嚴盡失，扭曲的新聞工作環境，讓本世代記者失去信心，找不到工作動力，更無法樂觀面對未來。

環境一直這樣下去的話，我覺得這工作越來越沒有吸引力，變成越來越無奈，……大家對記者這個工作很無力，很難有成就感、滿足感，……而且環境又這麼差，然後薪水生活是這樣，我覺得非常不值得，轉業也困難，很多人都走了，我覺得這是很現實的。……記者的工作讓人覺得走到一個沒有發展的地步，長期以來就覺得整個媒體環境是差的，也沒有讓人覺得當一個記者是有尊嚴的，……整體的感覺是不滿足，也不開心，那又走不掉。

肆、不同世代新聞工作者之差異

一、工作價值感與態度

　　若我們將傳統世代與嬰兒潮世代歸類為舊世代，新人類及新新人類歸類為新世代，相關研究發現，在工作價值感上，舊世代普遍認同能力、理智、寬容雅量以及尊重傳統等工作行為規範，並認為「知恥」、「毅力」、「尊卑有序」、「忠誠」、「謙虛」、「自我約束」、「尊重傳統」以及「節儉」等是重要的；反之，新世代對這些價值並不重視，較重視能否從工作中獲得成就感及自我成長，自我創業是許多新世代工作者的夢想，而拼命賺錢的目的除了為了享受，焦慮也是原因之一（藍明龍，1996；楊極東，2000；徐增圓，2001）。

　　研究發現，上述的價值同樣反映於新聞工作者之新、舊世代差異上，其間，舊世代新聞工作者「任勞任怨」，傾向「自我要求」、「自我約束」並較重視輩份與倫理，工作目的除了找一份安穩工作外，還會有國家社會大我的價值感；新世代新聞工作者重視的工作價值觀則是能否帶給他滿足，較以自我為中心，凡事先考量自我利害關係，選擇工作考慮的條件是：薪水合理、休假制度、符合個人興趣、工作發展、良好的培訓計劃、升遷機會好及工作豐富性。至於發生問題，爭功諉過表現較明顯，工作目的很少人會談到國家社會，多半認為賺錢求生存。

　　此外，就工作穩定度來說，新世代的離職率與流動性普遍高於舊世代，舊世代多數會希望新聞工作可以久任，透過階層制度升遷；新世代工作者則多數人不會考慮把新聞工作當成可以長續經營的工作，加上媒體家數多，認為透過跳槽加薪、升遷的可能性遠遠高於在同一公司等待。

　　至於工作態度，研究發現，新世代抗壓與忠誠度都較舊世代低，職場上應對的最常用語：充滿了「不知道、你沒說、我說了、我不會、還沒好、不幹了」（江逸之、羅詩成，2002）。也因此，多數企業主管認為，新世代工作者普遍缺乏挫折容忍度、解決問題、承擔責任、合群性的能力，至於創意與爆發力多數主管表示看不太出來。

二、工作報酬

　　一般來說，新舊世代都很在乎工作發展與薪資報酬，但就任職主管角色反應，研究發現，主管們多數認為，新人類工作者對工作投入普遍不高，但對工作發展可能性的重視程度，卻普遍高於舊世代工作者。

　　此外，舊世代較在乎工作的直接報酬，如加薪、獎金與升遷，為此，他們可以努力工作不休假；但新世代除了直接報酬外，也有不少人在乎間接性報酬，如給特休假、提供進修與訓練機會、或提供國內（外）旅遊以及運動休閒設施等，為了工作，要他們放棄原訂的休假計劃，配合的意願多數較低。至於報酬的公平性問題，舊世代會較多傾向支持整體制度性的安排；新世代則比較喜歡個別議價，但也不排除制度性的安排。

三、工作滿足與壓力

　　在工作滿足感上，新舊世代工作者也不同。研究發現，舊世代新聞工作者較重視「工作內容滿足」，在媒體市場開放前，普遍工作滿足度較高，滿足的原因在於相較於傳播業新聞工作者之工作及薪資報酬確定性高；之後也因工作權不保及薪資待遇的相對滑落而

使滿足度相對低落；新世代工作滿足多半來自於名聲累積及可能的職涯發展已取代「工作內容滿足」。

在工作壓力方面，調查發現，舊世代受訪者因責任感強，壓力感受較大，工作沒做好會有較大的愧咎感與自責，壓力緣來自於自我要求；新世代則壓力來自於組織工作內容多樣與效率，壓力源來自於組織要求。面對壓力的情緒反應，舊世代與新世代的差異不大，多為疲勞躁鬱。

伍、結論與討論：不同世代相同的問題

一、功利主義下名聲、專業與升遷的困境

研究發現，署名報導同樣也強化不同世代在場域的競爭，無論資深與資淺每天的表現是立見真章。加上名聲形塑的專業資產是跳槽、轉業時，有關工作職等、薪酬條件等議價必要的象徵資本與籌碼，在此前提下，如何增加曝光率與知名度，成為不同世代為求升遷與發展共同的目標。

此外，場域中享有名聲，被冠上「資深新聞工作者」屬嬰兒潮世代為最普遍，在電子媒體開放時，跳槽與轉入電子媒體的情況較多，在國內談話性節目蓬勃發展時，參與談話性節目情況也較多。新人類及新新人類投入媒體時，多數人就志在進入電子媒體，除了看壞平面媒體市場前景外，能夠迅速成為家戶喻曉的知名記者或主播也是原因之一。但不管那一個世代，他們對於名聲價值之升遷、發展等經濟性的考量都頗為相同，植基於專業基礎的名聲，對他們來說並不是充分而必要的條件。

　　當名聲類如品牌，能建構勞動的差異化價值時，為求出名的場域鬥爭無疑更趨激烈。本次調查更發現，除了傳統世代因任職新聞工作時，報導採不署名，名聲功利主義較低外，嬰兒潮世代、新人類及新新人類世代在場域生存心態下，名聲的考量有時會駕馭專業，當名聲遇上專業，功利主義無疑戰勝專業主義。

二、職業角色與職業價值：談社會責任太沉重

　　而以維護社會公平正義為職責，被喻為「無冕王」的新聞記者，在台灣，隨著不同的政經脈絡，反映於不同世代的社會責任，也呈現不同的社會意涵。居處戒嚴時期的傳統世代，在三民主義統一中國的大旗下，服膺國家政策被視為重要的社會責任；但由於投身新聞工作者以外省籍居多，且媒體生態以公營為主的架構下，「無冕王」對於民間，卻有「文化流氓」的負面社會觀感。

　　歷經戒嚴、解嚴的嬰兒潮世代，在台灣社會運動蓬勃發展的1980 年代，在籌組工會或面臨媒體易主的抗爭性行動中，階級自覺似乎被喚起，但隨著報禁及電子媒體的開放，在市場壓力下，自覺意識並未引發新聞工作者獨立自主之社會角色的認同，在市場競爭及商業壓力下，反而屈就於新聞產製的市場邏輯，媒體組織利益先行下，社會對記者所期待的社會角色與責任欠缺一分道德勇氣。

　　歷經經濟成長，同時又面臨台灣經濟下滑的新人類與新新人類世代，透過電子媒體放送新聞主播光鮮亮麗的形象，投入新聞工作多半懷抱著夢想，只是這種夢想並非大有為的社會角色與責任，而是如何以新聞工作作為踏腳石，希冀透過記者工作所累積的人脈與知名度，成就職涯的高峰與轉業的可能。因此，所謂的社會責任，在政經勢力的介入下，無不應聲而倒，為求表現與「成功」，自我

規馴的情況格外明顯，面對新聞工作既缺乏熱情，對其發展又充滿悲觀的情況下，所謂的社會責任，對他們來說無疑顯得太沉重。總體而言，不同世代難逃程度不同的政經宰制，在台灣，新聞社會責任是理論上的應然而非現實社會中的實然。

　　新聞記者，在收入及工作型態上被視為白領，在社會角色上，被視為拿著筆的知識分子。以勞心為主的白領勞工，工作所賦予之社會聲望、獨立與主動性較高，經濟階級隸屬社會中產階級，優越意識較強。就我國新聞史的發展脈絡，執筆為文議論時政的新聞記者，同時被賦予知識分子之社會角色。

　　研究發現，在台灣，記者的職業角色，無論傳統世代、嬰兒潮世代、新人類或新新人類世代，立基於中國士大夫或西方知識分子的角色期許與反思並不多見，但白領勞工階級認同則有一些變化，傳統世代與嬰兒潮世代認為自己為白領但非勞工；新人類及新新人類世代因為媒體勞動市場變化，引發的工作權問題，對白領亦勞工的階級自覺較明顯。有關新聞工作者之集體意識與集體行動，下一章會進一步分析討論。

三、科技變遷

　　1982 年以來，各報相繼進行印報自動化與排版電腦化[3]，高效率與高產量的印報作業設備改善了報紙產製流程與效率，也啟動了

---

[3]　1982 年，《聯合報》採用電腦排版作業系統，是國內最先導入排版自動化的報社；1988 年，《中央日報》引進了全頁電腦組版，成為國內第一家使用全頁組版連線系統的報社（傅旋，2003）；同年，為了因應報業競爭，《聯合報》不惜耗費巨資購買彩色平版印刷機（黃年，1991）；而《中國時報》則以 2100 萬美金引進印刷設備，配合耗資台幣一億元的電腦排版貼版作業

機器取代人類勞動力的勞動市場變化。率先被波及是印務部門的檢字工，他們嫻淑的技巧，過去是經營管理者爭取出報時間必需仰仗的勞動力，但現在，卻成為率先被解雇的對象。至於文字記者被迫必須學習電腦輸入，否則工作不保。

在這段時間，多數居管理階層的傳統世代因為有特別助理或祕書的幫忙，問題不大，嬰兒潮世代有些人在讀大學時有上過電子計算機等課，但多數還是要從頭學，雖然學會不難，可是打稿速度比不上新人類及新新人類世代，尤其看到年輕一輩在採訪現場常常是邊聽邊打，倍覺壓力。但不管那個世代，面臨科技帶來的勞動市場變化卻多屬相同，即在數位產製流程下，記者工作量、工作時數非降反增。

由於數位化有利於簡化產製流程、降低產製與傳輸成本、利於跨組織之間的人力溝通與協調，及有利於內容加值，擴展內容產製市場規模等諸多好處，因此，媒體產業為發揮資源共享的經營目標，無不砸下大筆資金添購新型器材與設備。至此，新聞工作人員除了面臨了科技簡化產製流程所帶來的「勞力取代」的憂慮之外，也承接了來自集團本身投資數位化所形成的成本壓力。

但數位化帶來的去技術化有助於組織進行扁平化的改造，縮短了指揮鏈的長度與人力精簡施行。隨著數位化的建置腳步越來越快，各大媒體開始力行縮編或組織整編動作。

系統（中國時報社，2000：460）產製報紙。1992 年《中國時報》進一步以網際網路為核心，將生產電腦系統資料庫系統及加值網路服務系統貫穿在整體作業流程中，正式將報業帶入網路世界（陳萬達，1999；謝慧蓮，2001）。

　　在過程中，我們也發現平面媒體架設的電子報，徵人行動就大幅吸收年輕世代，尤其是新人類或新新人類世代。但這樣的發展並不代表組織管理階層就會大量啟用新人類或新新人類世代，在台灣，管理階層因為媒體 E 化而世代交替的情況並不熱絡。科技對於不同世代新聞工作者，其衝擊來自於產製壓力與人力的精簡下的工作危機，至於升遷，在編採部門則尚看不出直接的影響。

四、世代交替下資深新聞工作者的悲哀

　　資深記者林照真（2004）曾撰文批判「資深記者的墮落」乙文，該文引國外自由記者（freelancer）為典範，指出國內一些資深記者，離開平面媒體後，喜以電視為表演舞台，在腥羶不忌的談話性節目中擔任主持人或是來賓，儼然成為媒體寵兒或是政壇意見領袖。並將自己的好惡任意釋放，臧否政治，批評時局，甚至經過計算後，自動因應政治市場需要而轉換藍綠立場。本書第四章，也有相同的調查結果，但造成資深記者如此，是資深記者太功利或是台灣欠缺資深記者制度使然，或恐也是探討記者專業職涯可能性中的重要問題。

　　研究發現，被稱為資深記者者多數為嬰兒潮世代者，在他們跑線時，歷經解嚴、本土執政、政黨輪替及報禁、電子媒體的開放，勞動市場曾經大開，在他們步入中（老）年時卻逢勞動市場緊縮，堅持跑線的他們，在新聞場域上常被稱同業戲稱為「叔叔」或「伯伯」，與年輕的新人類或新新人類在一起跑新聞，對於大多數資深記者來說，除了體力壓力外，也有來自於場域不自覺的社會視為「異類」的痛楚。

　　而當上主管的資深記者又常面臨每次大選後的組織人選洗牌的風險，想離開又卡在中高齡就業瓶頸而為難，真正能順利退休

的，就要看能不能搭上組織優退優離方案。真退下來的人，因為習慣於忙，有人閒下來，日子反而過得無聊又憂鬱；不想退又被逼退者，則有人也是憂鬱病痛上身，「資深記者」在國人重視組織階位升遷代表「成功」的意義下，常是負面的。

當媒體組織進行人力精實方案時，他們由於年資所帶來的高薪，裁減這一群人，被視為是快速減少人事成本的最佳方略，也因此，相較於其它世代，他們的職業與工作危機更大，隨著資訊商品化，流行輕薄短小能有賣點的市場壓力下，他們的專業資源並不被重視，當永續新聞勞動變成不可能，外界有關資深記者的批判，確有失厚道。況且在國內沒有「資深制度」下，這些因為年資與經驗被稱為資深記者的世代，除了發揮該世代堅忍迎變的毅力外，稱資深記者已非榮耀，而是莫明的悲哀。對不同世代的新聞工作者來說，這是台灣記者職涯的寫照，會改變嗎？沒人知道。

第六章
台灣媒體工會意識與集體行動之初探

　　本章以新聞工作者為對象，探討台灣媒體工會意識及集體行動的情況，試圖分析媒體工會意識及集體行動弱化因素，是勞動階級意識的欠缺？或是工會成員（藍、白領）階級意識差異所致？或是受制於媒體組織管理衍生之利害考量？同時針對環境變遷看台灣媒體工會意識與集體力量所呈現問題，與台灣工會的結構性發展，又有那些相似處？結果發現：工作處境上之利害考量，會影響媒體工作者之工會意識與集體行動。台灣媒體工會之設立與運作，常受制於資方，加上工會會員藍、白階級偏態，連帶也弱化工會之集體行動能力。解嚴後，台灣政經結構邁向「新政商關係」，威權統合主義對勞工控制的基本架構並未改變，勞資爭議反而因為執政黨和資本家的結盟與聯合壓制，更不利勞工。台灣媒體工會成立於此時，弱化是必然的。1990 年代以來，媒體市場競爭加劇，在資方一切因市場生存優先及其與政治人脈良好之社會結構下，有關勞資爭議的案例中，工會集體行動更顯分裂與無助，談判結果隨著媒體經營之困頓，一次不如一次。

壹、前言

　　工業社會的歷史發展中，勞工組織被視為藉集體組織以對抗企業專權，確保勞工權益最有效途徑。西方先進國家的經驗，以勞心

為主的白領勞工多數擔心加入工會會喪失中產階級的地位，普遍存著工會是製造麻煩的刻版印象，認為加入工會只會與老闆對立，失去升遷機會（朱柔若，1998）。

故相關研究發現，對白領勞工而言，工作所賦予之社會聲望、獨立與主動性，遠比工資與工作保障，更能左右其加入工會的意願。白領勞工會加入工會，多數是因為工作情境已發生問題，企盼藉由工會保障工作情境之自主與尊嚴。該因素使白領勞工很難組織起來，也使組織起來的白領工會很難協調出一份全體適用的契約。白領勞工對組織化行動所突顯的不安與猜疑，構成勞工運動內部團結的主要障礙（Poulantzas, 1975; 朱柔若，1998）。

而國外經驗顯示，白領勞工集體意識與集體行動的消長與其勞業市場變化及勞動場域的處境有關。解嚴以來，媒體環境競爭激烈，媒體工作者勞動環境也今非昔比，也因此本章企圖探討如下問題：

一、台灣媒體從業人員的工會意識與及集體力量為何？

　　（一）工會意識指：1.個別勞工加入工會的意願高低；2.工會是否公開身分；3.工會是否註冊登記；4.工會是否加入總工會？

　　（二）工會集體力量指：1.與政黨的（聯盟與否之）關係；2.與企業主的關係，即是否為其懷柔或獨立自主；3.是否具有怠工、罷工等保障及伸張員工權益能力及意願；4.解決勞資關係實質議題（如薪資、假期、加班、年金、福利、培訓、升遷等），或程序議題（指解決問題的方法和程序）擁有之種影響力為何等。

二、影響台灣媒體工會意識與集體力量因素為何？是勞動階級意識的欠缺？或是工會成員(藍、白領)階級意識差異所致？或是工作處境之自我權益考量所致？

三、從媒體競爭環境變遷看台灣媒體工會意識與集體力量所呈現問題，與台灣工會的結構性發展，又有那些相似處？

貳、白領勞動者之勞動處境與意識

新聞勞動屬勞心的白領工作者，因此以下爰引分析藍、白領勞工階級意識對勞工組織的發生與參與之相關理論文獻為基點：

一、階級意識與勞工組織間關係

（一）工作處境與勞工階級意識

Lockwood（1958; 1989）、Blackburn & Prandy（1965）認為，影響工會特性與行為的主要因素，是工會會員工作處境的差異（指工作場所內勞僱權威關係），勞工的階級處境受到市場關係結構與工作場所內的權威關係結構的影響。至於階級意識，則根據勞工涉入工會，獲得階級程度的特性而定。

Blackburn & Prandy（1965）則以社會面「工會取向」和企業面「工會取向」的概念，作為分析勞工組織全心接納工會運動的一般原則與意識型態的程度。社會面取向（society unionateness）主要涵蓋工會與較廣大的社會關係，分為四大類：1.勞工組織對外是否公開承認其工會的身份；2.是否註冊登記為工會；3.是否加入全國總工會；4.是否與政黨發生聯盟關係；企業面工會取向（enterprise unionaetness），關心的是僱傭範疇內工會的行為，及為了達到協商目的，該勞工組織是否獨立於僱主控制，是否將集體協商與保護會員權益視為主要職責，以及是否準備不惜一戰（militancy），即為

　　了肯定其會員權益,實踐其作為一個工會的職責,不惜用盡各種形式的工會行動與雇主抗爭。

　　「不惜一戰」的程度端視二項因素決定:一是工會實際的力量,工會的實力決定了工會抗爭過程中,實際上能作什麼的本事,基本上受到工作與市場處境以及會員普及程度的影響;二是意識型態,包括階級與地位二個要素,「地位」涉及到員工與管理者間存在上下等級的概念,而「階級」則負擔著衝突的概念,因一個協商團體的存在本身,就某種程度來說,代表著某種被公認的利益衝突,公開承認工會身份這項事實,雖然帶有認同階級的意識型態,但多少殘留著地位意識的成分。

　　基此,Blackburn、Prandy(1965; 1982)認為,對白領勞工來說,雇主的權威是可以接受的,雇主在經營上所行使的控制權也是合法的,所以白領工會動員的重點不在協商而在代表,與在相對權力下尋求妥協的藍領工會運動完全不同。

　　Bain(1979)、Coates & Topham(1972)則不認為社會階級與加不加入工會及所採取的工會行動上,存有互相對應的關係。其論點有二:1.勞動者所在的社會階層位置與工會身分間沒有一致的關係,因為並不是受雇於社會階層結構位置上低的職業,工會組織的情況就比較高;2.工會的特性本身並不能正確反應其成員的目標,工會組織的目標,大多是工會領導者所選出需要追求的。所以專業或白領階級所展現的「工會取向」特性,最好將之解釋為對特殊情境所發展出來帶有實用主義的回應,而不要將之視為階級意識的具體表現。

（二）資本主義的生產結構

　　Crompton & Gubbay（1977）認為，工作處境與地位雖是解釋白領勞工工會成長與行為的重要因素,但無法解釋白領勞工近年來在市場處境與工作處境上劇烈變化,而這樣的問題，必須從資本主義的生產模式的發展中去尋求解答，Crompton & Gubbay（1977）提出來的解答有三：1.資本的功能日漸被沒有擁有生產工具的代理人所執行；2.大量的白領勞工受雇於特屬於資本主義生產的經濟部門；3.有一小部分的白領勞工，在法律上雖然並未擁有生產工具的所有權，但是卻確確實實地控制著生產工具、勞工與剩餘價值，這些白領勞工同時執行著資本與勞動的功能。

　　故 Crompton & Gubbay（1977）認為以階級處境來建構白領工會的行為是行得通的，但必須掌握社會階層與白領勞工間的關係，雖然白領勞工與藍領勞工同樣面對著無產階級,但白領勞工在資本主義的生產模式上所扮演的角色，卻常執行資本功能的代理人，使他們無法明確認同無產階級（勞動的功能）或有產階級（資本的功能）。因此，這群白領勞工工會行動的獨特性，大多反映這些因素交互作用的結果。

　　從上述說法，事實上都支持工作處境是影響勞工組織，建立勞工組織特性與發展集體協商行為的主要因素。至於階級意識，Blackburn & Prandy（1965）認為會影響勞雇協商談判與是否不惜一戰的目標與方法，但 Crompton & Gubbay（1977）指陳，階級意識的發展與階級處境有關，而階級處境又受到市場關係結構與工作場所內的權威關係結構影響，白領勞工勞動階級意識出不來，是其工作職位與處境（較為自主或本身又是管理者），讓它無法發展如

同藍領階層鮮明的勞動者意識，至於是否加入或籌組勞工組織，會有利益與內在價值的衝突與矛盾，故必需放在更高的資本主義歷史發展結構中，方能釐清。以下以資本主義歷史發展結構中國家角色作為論述分析的基礎。

參、國家角色

　　理論上，工會是代表或反映特定屬性工人的需求和利益，工作處境、階級意識與工會集體行動有關外，工會組織從設立、運作到變遷的過程，都不可能獨立於該社會的政經結構的影響之外。其間涉及到國家機關與社會階級或團體（主要是勞工階級與資本家）間的結構關係。探討範型有「國家中心論」（the state-centric）及「社會中心論」（the society-centered）。

　　社會中心論的前提假設是，國家機關的政策與行動都只是反映社會團體某一階級的利益，國家沒有意志，沒有特定的利益（Stepan, 1978; Nordlinger, 1981），以此為研究範型主要為「多元論主義」和「新馬克斯主義」；國家中心論則強調國家在政策過程的積極主動的角色，依此範型作論述取向又可分「統合主義」與「後馬克斯主義」，如表 6.1。

　　國家中心論並不否認國家機關在政治過程或社會變遷過程中所扮演的角色，會受到來自民間社會乃至於國際社會的影響制約，可是它強調國家機關在制定公共政策時，往往會有本身特定立場，有本身可以憑藉的稟賦和可以運用的資源，也常常會對抗社會上的優勢群體或階級，以謀求較廣泛的整體社會福祉，或者國家機關本身成員的利益。

表 6.1　國家機關與社會階級團體互動之研究範型

	多元主義	新馬克斯主義
社會中心 國家從屬於 社會	精英主義（Mills） 新多元主義（Lindblom ；Dahl） 官僚行政（政府和私人組織）決 定政策走向，而非民選之代表	工具論（Miliband） 結構論 ◎功能主義（Poulantzas） ◎階級鬥爭論（Block）
國家中心 國家從屬於 社會，但是 具自主性	統合主義（Lehmbruch） 將私人團體納入政策制定過程。 新右派 重視國家制度的行動性和反應 能力，如 Thatcherism 中的政府和 Reganomics 政府等	後馬克斯主義（Offe；Jessop） 資本累積與合法性之間的矛盾 關係，仲裁工業、財經、國境和 國際場域的衝突。

整理自：McGrew，1992；丁仁方 1999；李允傑，1999；王振寰，1996 等

　　統合主義的出現是為了終止階級間的對立，由國家制度的介入及規畫使得階級間由原先上下的鬥爭關係，轉換為平行的談判關係，透過制度化的管道解決可能危及資本持續累積的衝突。其特性為主要的社會團體或社會利益被整合進入政府體系，通常立基於壟斷性的基礎或在國家的指導、保護及控制之下，達到調合的國家發展。故統合主義的重點在探討國家角色與階級力量在資本主義所呈現的關係。

　　所有對統合主義的定義大抵不脫離兩個關於國家與社會關係的基礎問題：合作與控制，或者誘因與限制。Schmitter（1979）以統合形成過程中壓力的來源及表現的體制，將統合主義分為「社會統合主義」與「國家統合主義」兩類，其差異如表 6.2：

表 6.2　社會統合主義與國家統合主義的差異

	社會統合主義	國家統合主義
工會會員的限制	參與成員的決定	國家的限制
工會數目的單一性	淘汰、整合或協議	國家法令的強制
工會會員資格的強制性	社會壓力、階級意識	國家法令的強制
工會組織間的非競爭性	協議、協約	國家的壓制
工會組織內部的階層性	階層化趨勢、組織鞏固	國家法令的規範
工會代表的壟斷性	工運的成果	國家的特許
工會組織的功能分化	組織間的協議	國家對職業類別的規定
國家的承認	由下而上的壓力	由上而下的特許
工會領導階層的選擇	自主性的階級意識	國家的控制

資料來源：Schmitter,1979

　　Jessop（1990）的國家理論源起於對新馬克斯主義國家理論的
批判，強調行動者的策略選擇，認為結構的限制不是命定的，結構
和形式提供不同策略不同的機會，他強調制度的重要性，但他不「物
化」國家機關的概念，或將之視為不分化的整體；相反的，他認為
國家機關本身並不具權力，而是使用或借用國家機關的行動者在代
理國家機關的權力。對 Jessop 來說，國家機關不只反映權力精英的
利益，而且積極建構「想像的社區」，轉圜危機和衝突，並不斷調
整與經濟和社會間的關係（Jessop, 1990; McGrew, 1992; 王振寰，
1996）。

　　Offe（1981）則認為，社會利益的匯集包括社會系統（the social
system）、組織（the organization）和個人（the individual）三種不
同的層次。勞工利益取向來自於社會經濟系統的客觀地位，其利益
的匯集是先有社會系統的層次，才有組織的層次；與社會多元主義
者持先有個人層次，再有組織層次不同。故此派學者關注於國家機

關在資本累積與合法性之間的矛盾關係中，如何仲裁工業、財經、國境和國際場域的衝突（Offe, 1981；丁仁方，1999）。

　　晚近新右派主義者，更重視國家制度的行動性和反應能力，如「柴契爾主義」（Thatcherism）或有人稱之「雷根主義」（Reganomics）。在很多時候，國家機關為一個積極主動的行動者，可以主動出擊，推動「自由市場」（free market）的運作。新右派主義下，勞工在國家與資本家的自由市場共識中，更居弱勢（McGrew, 1992）。

　　學者從國家機關與社會階級或團體（主要是勞工階級與資本家）之間的結構關係，探討台灣工會組織、從設立、運作到變遷的過程，基本上認為以上述的統合主義較貼切。然台灣工會組織形式上受到國家機關的扶植協助，但實質上國家機關並未透過工會將勞工的利益整合進來（甚至在制度形式上，國民黨中常會也沒有納入工會代表），因此也有人認為以國家主義的概念來解釋其間的關係也不完全恰當（李允傑，1999）。

　　也有學者認為，在台灣因為統合主義在威權體制時期亦被黨國機關運用，藉以控制社經部門，達到鞏固政權的目的，屬黨國威權體制。國家機關與社會團體間主要的交換管道並非正式的制度管道，而是統治精英與佔據社會組織的社經精英彼此間的「恩庇主—侍從」關係（王振寰，1996）。

　　其互動關係是：黨國部門先進行「國家化」的步驟，對民間社會完成征服與臣屬的工作，包括將地方原有的政治精英派系化、社經部門組織化及地域化、利益匯集壟斷化，其次再藉由統合主義及侍從主義的機制達到控制民間社會的目的。黨國部門採取這兩種機制其實是交互運用，對地方派系內部整合雖是以社會人際關係為主，但卻鼓勵地方派系滲入官方與民間的組織，以方便選舉的運作

動員，因此地方派系既控制地方政治權力，也相當程度壟斷地方社經部門的利益匯集。故侍從主義人際式動員及統合式組織性控制，其實是交互為用的。以社會政經脈絡看台灣統合制度，可以分成以下三期：

一、1950-1965 年以前——仿列寧主義的國家統合主義，1950 年國民黨的改造運動正式開始，1950 年 8 月中央改造委員會成立，開啟一個新的規範社經團體的架構，為求安定，執政者強力介入工會策組及運作。

二、1965-1987 年以前——實踐中的國家統合主義，1960 年代台灣經濟發展進入出口擴張時期，1965 年第四次經建計劃公佈後，工會運作安定的重要性已逐漸超越前時期快速策組的需求，因此有一連串由國民黨內部啟動的密集性改革。1969年後期，國民黨克服這些因素後，台灣工會才開始顯著成長，復由選舉逐漸開放，基於政治動員需要壓迫國民黨充實基層。因此 1970 年代，絕大多數新成立的工會，皆由黨政策組成立。加上台灣各公／工會選舉雖有公開選舉程序，但大多數理事長都是「黨政關係良好」者，這種交換關係，不同於統合國家與民間團體組織性的交換關係，最主要在於它是非正式人際間或特殊主義的交換，形成威權統合制度內的侍從結構。

三、1987 年以來——弱化中的國家統合主義，解嚴後，「自主性工會」及工運團體攻佔體制內工會的領導權等情形出現（沈宗瑞，1994）。

承上可以發現，台灣威權統合制度下也有如下非統合特質：

(一) 近似一元化──國家與社會結合成一個實體，社會組織變成單一極權政黨的附屬品，集權意識型態的文化霸權及政治恐怖增強極權政黨對大眾部門的整合。但仍容許政治競爭的多元、意識型態上的分歧、及其它自主性社會組織的存在，所以也並不完全是一元化的結構。

(二) 低「統」低「合」的問題──台灣的威權統合雖然透過法令規範了包括強制入會、單一壟斷組織、層級組織等控制原則，但實際上這些原則並未真正發生作用；所謂低「合」則指經濟組織與國家之間的合作關係偏低、偏少。

(三) 只「統」不「合」的問題──只有黨國機關對勞資組織的「統」，勞資內部組織並沒有真正的「統」，勞資組織間沒有「合」，也就是勞資合作機制在台灣並沒有真正透過強制性統合制度具體落實，不僅在最高層次層峰組織透過國家整合的「三邊委員會」的形成付諸闕如，就連法律所規範的勞資間透過工會簽訂團體協約也無多大成就（丁仁方，1999）。

對於勞資爭議，解嚴前，國家機關與資方是採取比較消極的策略因應。資方以勞工法令為基礎，拆解勞工的要求；但從解嚴後，新興勞工運動的主題朝向爭取年終獎金、改善勞動條件、工會改造、挑戰勞動法規等更具積極意義與深化的運動主題。國家機關在苗客抗爭事件後，採取較積極方式回應，以「治安問題」置換「階級衝突」。另對勞工團結權、集體爭議權與罷工權等最根本的「勞動三權」進行設限，以行政裁量權限制工運的擴展，希望將「強制

入會」改為「自由入會」，以弱化勞工的集結動員能力，使勞工原本脆弱分散的政治力量，在資本家國家機關的聯合壓制下開始逐漸萎縮。

　　隨著民主政治的開展，資本部門以其逐漸累積的經濟權力，開始積極參與政治事務，以保護或擴大其自身的利益。大型企業的精英逐漸擺脫過去的從屬關係，成為國民黨的重要合作伙伴，形成了「新政商關係」。新政商關係表現出比過去更濃厚的「偏資本家」政策取向，特別是與勞資關係相關的議題。

　　故工會組織與運動雖然曾在民主化過程中出現高潮，但卻未能持續有效的動員，威權統合主義對勞工控制的基本架構並未改變，勞資爭議反而因為國民黨和資本家的結盟與聯合壓制，更不利勞工。新政商關係的發展也由威權統合主義下的控制關係，逐漸變成兄弟的合作伙伴關係。而這樣的背景，也是本章分析媒體工會勞工階級意識與集體行動時，一個結構性基礎。以下將以作者 1999 年國科會研究案之實證資料進行分析說明。

肆、台灣新聞工作者之集體意識與集體行動

一、媒體的工會意識

　　勞工工會組織的種類，以工會而言，一般大致可分為兩種：一為產業工會（industrial union）：係一種產業組合，即聯合同一產業內各部分不同職業工人所組織者；二是職業工會（craft union）：係一種職業組合，即聯合同一職業工人所組織者（黃越欽，1991）。依據目前工會法的規定，同一區域或同一廠／場年滿 20 歲之同一

產業工人，或同一區域同一職業之工人，人數在 30 人以上，應依
法組織產業工會或職業工會。

　　這樣的門檻，對媒體而言，組織其所屬的產業工會不難，但鑑
於大部分媒體老闆，都視工會為禁忌，因此成立媒體產業工會的情
形並不理想。戒嚴時期台灣沒有媒體工會組織；解嚴後迄今，傳播
媒體成立產業工會的有 11 家（調查時為 18 家），相對於媒體總數
是偏低的。至於媒體職業工會，多屬一些小眾媒體廣告代理或雜誌
發行人者所成立，限於一個區域只能成立一家，大眾媒體，多半很
難再籌組工會。

　　從研究訪談資料發現，台灣媒體工會組織，除受既有工會法的
限制外，媒體所有人對工會的態度，更影響工會組織成立、運作性
格與工會成員參與的情況。如：

> 聯合報籌組工會的構思在 1987 年底，當時報系已整整四年
> 都沒調薪，再加上報禁後增張，工作量加大，印務部同仁認
> 為應籌組工會保障權力，1988 年成立台灣第一個媒體工會
> 且創辦人採樂觀其成的態度……因為報老闆支持……我們
> 員工入會比例以印務部最高，編輯部也達八成以上，算是所
> 有媒體工會中最高。（聯合報工會幹部 1）

> 有什麼樣的老闆就有什麼樣的員工，有什麼樣的員工就有什
> 麼樣的工會。（聯合報工會幹部 3）

> 1988 年中國時報工會是第一個由記者催生的產業工會，但
> 勞資雙方為工會的主導權發生資方搶先登記，勞方連線忿

工，報社出報誤點，勞工局協談破裂，資方動員警力鎮壓，並片面調職和解雇籌組之記者。（中時工會會員 2）

中國時報工會的成立過程面臨激烈的抗爭，三位記者被解雇，並以很大的廣告刊登解雇聲明，目前會員 1200 多名，很多記者視加入工會為毒蛇猛獸，編採部門入會很低。（中時工會幹部 1）

中時工會的戰鬥性比較強，有所謂小組長會議、聯席會議、勞工教育等。……中國時報工會為儲備戰力，要求會員每人繳交 1 萬元，作為工會罷工專用之「團結基金」，共 1100 位會員繳交，共 1100 萬；另外 100 多位不繳費的會員，工會以停權及除名處置，創媒體工會主動將會員集體除名之記錄。（中時工會幹部 2）

　　比照中時與聯合工會之訪談資料，可以發現，中時工會成立時，會員之「在己階級」（class in itself）比聯合報系工會清楚，工會對如何在經濟獨立的情況下形成「自為階級」（class for itself），維護勞工權益之警覺性也較強。[1]至於採強制入會之自立工會，員工對「在己階級」的體認，來自於：

---

[1] 所謂「在己階級」，依 Marx 所述，係指經濟條件把大量人口變成勞工，相對於資本家，這群勞工明白在資本的宰制下自我階級共同的處境與利益；當勞工明白自己的階級處境，擴大結盟團結，以維護本身階級利益時，就形成「自為階級」。

這幾年因媒體經營權的轉移，開始有較多人注意到工作權的保障，過去幾年大家一直認為自己是文字工作者，不算是勞工。（自立工會會員 3）

台灣很多工會可以存活下來，都是靠老闆的善意，包括自立工會在內，自立工會一方面是靠法律而活的，由於我們實施強制入會，成員並不會因為加入工會而在個別的升遷上受影響，至於積極參與工會者，在工作職務上是會有一些負面的影響。（自立工會幹部 1）

自立早報休刊，自立晚報縮編後，自立報系工會從 670 人，減少至 265 人，近 10 年，自立報系 4 次易主，工會卻能苦力經營維持，在危機時發揮功能，實屬不易。（自立工會幹部 2）

　　原有工會之台灣日報，1996 年 9 月 17 日易手後，在買主不允情況，工會自動消失。新進員工中也有多人來自於自立報系，對於工會並不陌生，然不知是經驗現實使其對工會功能失去期待，或受資方對工會排斥的影響，對於台灣日報為何不籌組工會一事，編採主管以「有關新聞工作只之權益問題，記協應可取代工會回應」（台灣日報編採部門主管 2），極力迴避問題核心。訪談沒有工會之自由時報記者及編輯主管也發現，報老闆的態度是工會存在與否的關鍵，因為「沒有理由和老闆過不去……」（自由時報記者 2）。

　　為因應媒體電腦化、組織扁平化等勞工權益，1996 年，聯合報產業工會等媒體工會團體，籌組成立「大眾傳播產業工會聯合會」（以下簡稱大傳聯），希望透過集體力量，替會員爭取權益。但受

限於工會法規定（全國性聯合會必須要有七個省或直轄市發起），大傳聯遲至 2001 年 12 月 3 日才獲勞委會認可，組織力量相對被削弱。

　　1995 年 5 月成立的記協，其成員的範疇界定於記者、攝影、自由撰稿、專欄作家等傳播實務界人士，媒體的一級主管，雖可加入，但不能擔任記協會長職務。其組織路線定位於自主性專業團體之「專業主義」，而非「工會主義」，故不承認自己是工會組織，也不承認與特定政黨發生聯盟關係，僅以專業聯誼社團自居。該組織也認為工會路線，並非其組織所訂的行動目標。

　　有工會組織的媒體，其會員結構，除採強制入會的《自立報系》外，會員多集中在技術生產與及業務部門，聯合報編輯部有八成以上人員入會，算是少見。有媒體之工會組織，都公開承認其工會身分、且註冊登記為工會、除因媒體經營問題造成會費繳不出，被取消資格外，都會加入全國性媒體總工會（如大傳聯），政黨輪替，全國產業總工會合法化後，媒體工會加入地方產業總工會的有：四家無線電視台、《聯合報》、《聯合晚報》、《國語日報》、《自立晚報》、《中央日報》、《中國時報》、《中央通訊社》等，參與率達六成以上。

　　然從工會數偏低、會員結構偏態及記協非「工會主義」的定位，台灣媒體工會意識整體而言似顯薄弱而被動。馮建三（1998b）訪談中時、聯合報工會及大眾傳播聯合會、台灣記協幹部，描述其對工作權上的認知作為，並對照分析其發行之刊物論域訴求，發現各自的定位與主張並不太相同，其成員特質也呈現不同的勞動者意識，這些差異影響媒體改造問題。

　　本文研究者訪談也發現，活躍的工會幹部多數是藍領階級。[2]唯一例外的自立工會雖由白領主導，不過，自立工會內部曾因藍白領價值取向不同，在易主過程的勞資談判中，發生內訌事件。

　　另外，工會幹部與工會會員加入工會價值取向不同，造成會員與幹部間的互信不足，常常相互牽制，砲口難以一致對外。以聯合報工會為例，訪談資料發現，工會幹部擔任工會理事長後，老闆多少會禮讓三分，可以在工作組織上取得有利地位，形成既得利益的獲利者。《聯合報》成立至今，卸任的二位理事長也都能獲得不錯的出路（第一、二屆理事長陳建新卸任後，轉任職工福利委員會理事長；第三、四屆理事長簡正福擔任印務部總經理特別助理），但也造成工會會員對工會幹部的互信不足。再加上，工會幹部仍是企業體組織內部的成員，年度考績和考核大權仍主掌在企業主手中，除了少數自覺意識強的幹部可能不惜與組織對峙外，一般都會在企業主的管理權大帽下，妥協屈服，難有作為。

　　以白領為主之記協，其核心會員與一般會員參與度也差距很大，其會長就不諱言：「記協的會員始終維持在 300-400 個間，但除 10 幾個核心幹部有在互動外，因為大家時間很難配合，互動很少，只有在活動時聲援一下或需要連署時簽個名」（記協幹部 5），「記者不管有無加入記協，都是有工作權益或被打壓等麻煩才來找記協，可說是很被動的，彼此間的關係並不是很密切」（記協幹部

2　階級是對社會中地位相等的一群人的稱謂。所謂藍領階級（blue-collor class）係指以體力工作的雇員而言；白領階級（white-collor class），則為一般不以體力工作的雇員，所作的工作是腦力工作。對媒體工作者而言，本文採媒體工會團體一般說法，所謂藍領階級，係指有關印務、打字、廣告業務、發行派報等部門勞工，至於編採部門及管理階層則歸屬為白領勞工。

3），「記協推動的事情，只有和這些議題有關聯的記者才會支持，其它人則覺得不關我的事，記協只能做到選擇性的接觸互動和片面的連結，無法做到廣泛結盟和支持」（記協幹部 1），「以白領記者來說，他們通常只關心自己身價，待價而沽……。老闆要裁員，記者比較不會從勞工身分，與媒體中的人團結起來和老闆談判爭取權益，不然就是公務員心態只要老闆不威脅到個人，裁員沒裁到就沒事了。等到自己被裁員，但自己又沒能力跳槽時，才覺得自己是勞工，要趕快爭取權益」（記協幹部 2）。

　　大傳聯幹部與工會幹部，以出身藍領居多，活躍於各媒體工會之幹部，通常也是大傳聯活躍幹部，二者重疊性相當高。常會有相互奧援情況，以自立停刊事件來說，「從抗爭開始，工會便邀請大傳聯、自主工聯，北市產總等上級工會派員加入抗爭決策小組，他們豐富的經驗研判形勢，再加上盟會的聲援，讓工會穫更有效資源」（自立工會幹部 1）。

　　「然成員以白領居多的記協，與藍領為領導幹部的大傳聯，互動的情況也不熱絡，以自立停刊、中時三合一或聯合報優退優離等事件來說，並未見大傳聯與記協雙方人馬，相互協商、奧援情形」（大傳聯幹部 1；記協幹部 5）。

　　承上所述，可以發現，市場處境與工作環境的變化，是 1988年以來台灣媒體工會陸續組織成立主因，然勞工「在己階級」之勞工意識，受制於工作場所勞雇權威關係的影響，多數並不清楚，因此在發展「自為階級」之工會組織上，依舊受制於資方態度與作為。從白領勞工參與工會偏低及以白領會員為主之記協，標榜「專業主義」而非「工會主義」的立場，也可以發現，白領勞工的「在己階級」勞動者意識，顯然又較藍領勞工弱，或許正如記協所標榜之「專

業主義」，白領媒體工作者工作處境之自主性不同於藍領，加入工會組織爭取「自為階級」利益，與藍領難免有所斷裂與衝突。媒體勞工的「在己階級」體認，已出現內在衝突，媒體工會意識發展除了受制於資方外，缺乏「受雇者皆勞工」的「在己階級」共識，恐也是工會意識薄弱的主因。

二、媒體工會集體力量情形

組織工會目的在集體力量以爭取勞工權益，研究發現，台灣媒體工會集體力量的展現，情形如下：

（一）受限於媒體老闆

在報老闆精神態度與實質幫助（資金、辦公室等奧援）下成立之聯合報系工會，工會集體力量的運作，就顯得處處以和為貴，資方懷柔化解的功能，從以下論述，可知一二，如：

> 工會與資方的互動主要以勞資合諧為前提，用談判溝通作為抗爭手段，聯合報有家族企業的模式，處理勞資問題時，拿捏很重要，很多事情工會不能衝過頭，工會主要在表達意見。（聯合報工會幹部 1）

工會幹部認為，「工會的存在就是挖掘問題，工會本身沒有行政裁量權，問題要老闆解決，但給的建議要讓老闆覺得有前瞻性，可創造雙贏」。（聯合報工會幹部 3）

　　該爭的爭，爭不到的就設法一步一步慢慢來，工會提出不可
　　行的辦法，根本不會有結果，還不如務實些好。（聯合報工
　　會幹部2）

　　工會每年會費才300萬，如果資方不補助，工會早就出現赤
　　字。（聯合報工會會員1）

　　聯合報系工會主體意識薄弱，使其集體行動的展現，連帶缺乏
自主性。強制入會的自立工會，會員參與結構，顯然與工會集體力
量的自主性並沒有多大關係，工會的運作，依然需要媒體老闆的善
意回應，工會幹部無奈表示：「台灣很多工會可以存活下來，都是
靠老闆的善意，包括自立工會在內」（自立工會幹部3），涉及員工
權益保障，資方對於工會事前因應的提案，往往也置若罔聞，如：
「工會對自動化與產業變動所造成工作權問題，一直希望社方能針
對此提出一套人力資源評估方案，讓會員在轉業或職訓上有所因
應，但可惜都未能如願」（自立工會幹部2）。
　　標榜走專業自主之記協也認為：「記協聲援之事件若與報老闆
之利益不合時，就很容易受到媒體的抵制與旁觀」（記協幹部5），
「如果要拉到媒體結構問題時，記協是無能為力的，大生態是資本
擁有者在操盤，而不是媒體受雇者」（記協幹部4）。所以「通常雇
主會以不變應萬變，等待『藍』、『白』領的自我了斷的雙贏策略。
媒體所有權人與媒體工作者，在資本主義市場運作的邏輯下，永遠
存在著不對稱關係。再說媒體所有權人輕易擁有『媒體抗爭資訊』
的封殺權」（記協幹部4）。
　　如上所述，媒體工會在集體行動展現上，會事先評估資方的態
度與反應，但這種評估並沒有轉化成積極協商談判的戰鬥力，多數

反掉入自我設限，處處消極退讓妥協的組織作為。勞雇權力不對稱的因素，在工會集體行動中格外明顯，這樣的情形，反應出工會法中以廠、場單一工會的限制，當工會與資方居處同一生產事業下，工會指揮、調度權責全控於資方，資方擁有棍棒與胡蘿蔔的策略，永遠比工會還多，更何況媒體老闆擁有相關資訊的封殺權，連帶更加削弱工會集體力量的展現。

（二）會員結構

　　如前所述，台灣媒體工會會員是以印務、打字、派報、廣告、發行等藍領勞工為主，本研究發現，這一波工作權受影響的白領勞工，因為非工會會員，工會集體力量對其權益維護，都以無從著力回應，如：「三合一涉及的員工都不是工會會員，工會沒有身分角色為他們爭取權益，或保障其可能引發之工作權」（中時工會幹部1），故工會無法採取為其爭取權益的集體行動；而工會集體力量，也因生產自動化，發生結構空洞化的危機，如：「生產線的技術完全被取代，工會等於名存實亡，就算保住了工作權，但等於是沒有工會，那麼留下來的人要如何保障自己的權益，是不是可能個別簽訂工作契約」（中時工會幹部 4），「自動化後遭裁員者都是工會會員居多，資方正設法讓工會空洞化」（中時工會幹部 5），「工會最有實力的生產單位，在自動化後將慘遭淘汰（新的印刷機操作以技術理由將完全改聘新的人員），而分散成立不同的公司，也使工人的力量難以集結（因不同公司員工，便不能組成同一工會）」（中時工會幹部 5）。

　　白領工作者工作權益，已成近年來媒體勞工問題的主軸，然受限於會員結構的偏態及產業自動化後，工會會員逐漸空洞化的危

機，造成媒體工會集體行動弱化的情況，這或許是媒體工會未來最大的隱憂。

（三）勞工內鬨

　　面對勞資談判時資方、工會幹部及會員往往也會有各自的權益考量而難有共識。在 1999 年自立停刊事件中，工會幹部抱怨：「四年間，資方屢次降低勞動條件，會員希望工會幹部爭取，但自己為保住飯碗，也不願挺身而出，但若工會幹部冒進，下場是橫遭整肅」（自立工會幹部 2），「聰明人嫌工會沒力量，光會批評卻不投入」（自立工會幹部 1），「在這場抗爭中，自立員工出席率差不多僅佔 30%，人數不算多。少數位置較優勢的員工，不但沒有參加這場抗爭行動，甚至一味的批評，工會不僅耗力對外抗爭，也得花力氣澄清內部員工因誤解產生的認知差距」（自立工會幹部 3）。

　　在聯合報優退優離事件中，也發現：「工會反應會員的意見，大部分不被經營管理者接受，會員對工會代表的不滿，基層同仁會逐漸不信賴工會，甚至放棄工會溝通管道」（聯合報工會幹部 4）故即使「優退優離對編輯部的同仁是不公平的，雖然社方公佈的辦法強調一體適用，但受限於團體協約的影響，社方能有不同意的優勢，擔心同仁跳槽，但申請優退不准，優離卻同意，顯得又相互矛盾」（聯合報工會會員 3），所以「優退優離任何人都可以申請，但通過與否的生殺大權掌握在主管手裡，往往造成想走的走不了（如編輯部、業務部），不想走的卻被逼走」（聯合報工會會員 2）。在一樣勞工、二樣情的情況下，工會的訴求就難有一致性作為。

　　自立停刊事件，反應更是明顯，如：「在這場抗爭中，工會面臨二個最大的矛盾：一是自立早報的會員要資遣費，晚報會員要保

工作權,一旦早報會員採取較強硬得抗爭手段,晚報會員不免擔心他們的飯碗受影響」(自立工會幹部 3),「當時自立部分主管暗中發動所謂『護報聲明』,意圖利用這個矛盾製造工人內部的對立,也因工會明確的態度獲得會員的支持而即時化解」(自立工會幹部3),在集體行動的過程中,「工會面臨的第二個矛盾是,年資淺的會員希望快打,痛打,早日解決,即使拿不到資遣費,痛痛快快打一頓,出口怨氣也好,他們擔心下手太輕,資方不痛不癢,打慢了戰力潰散」(自立工會幹部 3),「可是對資深的會員來講,他們的資遣費依協議比照退休金,動輒數十萬,他們擔心『呷緊弄破碗』,出手太重,自立成了引爆宏福集團的導火線。二條路線在抗爭期間不斷糾葛,在工會沒有獲得更明確的情報前,兩種主張誰也不讓誰」(自立工會幹部3)。

　　從上述勞資談判過程中,可以發現,個別勞工切身利益與工會組織作為可能發生衝突,當會員發現媒體工會在過程中並不能正確反應其目標時,集體行動未戰已先敗。工會會員對於工會幹部的不信任,也使先天不良的集體行動,在過程中易於失序、潰散。勞勞間對集體行動所突顯的不安與猜疑,正是勞工集體行動展現的最大障礙。

(四) 無法自主的勞資談判協商

　　以聯合報優退優離事件為例,整個過程全由資方操盤,工會意見在決策過程被完全漠視,如:「王副總原允諾在 6-7 月間端出菜單,卻拖至 11 月 9 日公佈,給同仁選擇考慮不到 1 個月時間...表面上同仁可以主動申請但准不准的權力卻在社方……真的自始至終工會僅止於間接參與,提供資料建議,所有的決策過程並未參與」

（聯合報工會幹部 3），且「從公佈日（10/21）到截止申請日（11/30），僅 1 個月又 1 星期，要讓員工在這麼短促的時間做決定，似乎不盡人情」（聯合報工會幹部 3）。

　　工會幹部指陳：「基本上社方肯辦優退優離，我們持肯定的態度……但理監事聯席會之所以難以接受，是因社方沒有和工會協商，公告與截止日期太短促，金額也未如 85 年印務部優惠專案那般公平優渥」（聯合報工會幹部 3），雖然「工會為此創下一個星期開 3 次臨時會的紀錄……報社一手拿錢，一手拿政策，面子裡子都要的作法，令工會十分的無奈」。（聯合報工會幹部 1）

　　且工會在過程中，更逃不掉等待資方的慣性思惟，一再犯錯，如，「對工會運作而言由於急著尋求王副總到場說明權益問題等相關的答案，反而把『因應』一事的主題給模糊了……」。（聯合報工會幹部 5）

　　至於中時三合一事件，情況就更壞，如：「是會員的人，請他來開會或出面和資方協商，也沒人敢來，你說自己就如此這般，工會又能如何，老實說，『阻咒』讓別人死比較多啦」。（中時工會幹部 3）

　　涉及產業結構變遷，「可能發生」的員工權益問題，工會與資方行動的不對稱關係，從以下訪談資料，愈見明顯，如：「電子科技環境的因應與傳統產業結構的經營調整，是工會恐懼之一，遇到人事調動的問題，總經理不提種種可能性，捉摸不定是工會恐懼之二」（中時工會幹部 1），但是「要求資方對沒被挖角的員工規畫在那，人力需要多少，那些是需要人，時間多久，能對工會有所說明，但都沒有下文」（中時工會幹部 2），「中部編輯部裁徹全國版時，

那時說中部編輯會裁，高雄編輯不會裁，結果沒幾個月，高雄編輯就裁了（1999/10/1 日裁）」。（中時工會幹部 3）

也因此工會幹部下的結論是，「依據慣例，中時的條件向來比聯合報落後，工會的策略在那，是主動逼上，要社方提出方案，若此，則主動的力量那來，或者被迫等待，到時工會要爭，條件只會越來越差」（中時工會幹部 1），足見無論工會採取主動或被動，通常資方都以無動於衷回應。

從自立停刊事件，也說明了當媒體經營狀況不佳時，對於立即危及員工工作權益的停刊，工會並非資方認為必須先行知會的單位，如：「1999 年 1 月 21 日，自立宣佈早報休刊，但許多同仁是直到 21 日到報社上班，報社登了休刊新聞，才知道自己的飯碗出了問題。不少外埠記者出外採訪是由採訪對象告知，方知早報休刊的新聞」（自立工會會員 4），「早報停刊，工會是當天下午才知道，會員認為『工會的反應太慢』」（自立工會幹部 1），雖然工會表示：「早在休刊之前，工會體會到宏福集團的體質問題、宏福票券易手轉讓、陳政忠意圖議長提名失利等訊息，已覺得苗頭不對，因此在 1 月舉辦幹部勞教，分析研判情勢，整合幹部意見，推動小組座談」（自立工會幹部 3），「但修刊發佈後，資方對員工的態度，就是一問三不知，要求無回應，員工的勞動條件一再下降，勞動契約說變就變，平常一味的壓制與壓榨，臨到春節前夕宣佈關門，居然還敢以支票支付薪水和資遣費，員工只好選擇抗爭」。（自立工會幹部 1）

在抗爭中工會幹部也發現，「一旦戰線拖太長，會員就撐不下去，屆時沒有會員的工會，一點也沒有用。有意接手自立晚報的新買主出面表達接手心意，工會在評估戰力有限的情況下，2 月 5 日勞資雙方達成協議，讓早報員工的資遣費得以現金兌現，晚報員工

的薪水可以順利發放」（自立工會幹部 1），「在抗爭期間，自立工會並先研擬出十個抗爭步驟，如果資方不拿出誠意解決問題的話，打算每天採取不同的抗爭戰略，堅持問題不解決就不歇手的姿態，終於逼出大老闆陳政忠出面解決問題。在與陳政忠幾番的談判中，工會幹部學到談判要步步為營，不能因小失大」。（自立工會幹部 3）

　　從訪談資料可以發現聯合報、中國時報與自立工會在解決勞資關係實質議題，如薪資、假期、加班、福利、培訓、升遷等較積極，因為攸關勞工實質權益。然而，實質議題的成敗，常繫於程序議題角力，媒體工會在程序議題上，往往無法取得相對優勢（如：被動、事後研議常多於主動、事前參與），也因此解決問題的方法和程序，常操控於資方。林淳華對新聞記者工作自主權與決策權之研究也發現「記者治報」或「產業民主」這樣的理念，尚未被台灣記者所接受（林淳華，1996）。從訪談資料中也可以發現工作處境及切身利益的考量會影響工會的協商，在被動、薄弱又分裂的工會意識下，工會在掌握程序問題時，往往喪失先機，對於實質問題，又因共識難一致，讓資方有較好的談判情境。

（五）政黨聯盟

　　如前所述，我國媒體工會多為禮儀性、象徵性或被資方控制。也因此媒體工會在政治取向上相對偏弱。筆者從訪談資料發現，既期待又怕受傷害或先天老闆就是政治人的宿命論，是台灣媒體工會普遍存在的政黨聯盟情節，如：「有人覺得民進黨執政後很多方面的改革機會較大，但我們不應該過度樂觀」（中時工會幹部 2），「台灣在國民黨威權統治數十年的情況下，對新聞的控制及扭曲已經相當嚴重，政府長期以來希望把媒體塑造成一個工具，為政府服

務……白領專業團體最大的困頓是扭曲的傳播結構」（記協幹部
5），「媒體老闆很多都是政治人，工會要透過政治結盟與他們鬥，
圈圈與實力都比他們小」（大傳聯幹部 1），也有工會幹部認為：「媒
體本應中立，工會不會透過選舉或政黨表態的方式，為本身爭取權
益……」（聯合報工會幹部 5）。

　　訪談工會、大傳聯、記協的幹部都表示在政黨傾向上，不會表
態，但會與政黨發展聯盟關係，反應台灣工會似乎想要與政黨畫清
界線的共同立場，至於是否與媒體老闆與政治人物關係有關，仍待
釐清。結盟媒體產業工會成立的大傳聯，則以工會組織定位，並極
力透過與公部門的協商，希望讓其合法化，但也沒有透過與政黨聯
盟關係，達成其合法化的目的，也因此工會代表對於藉由政治力加
速工會法的修改，並沒有反應於工會組織行動上，連帶使其社會面
之組織作為，常受制於現存之權力結構，無法透過政治權力的競
爭，壯大組織之社會影響力。

（六）不惜一戰情況

　　本研究發現，台灣媒體工會並沒有發生激烈罷工等抗爭手段，
僅發生過怠工行為（如自立工會在 1999 年早報停刊時，晚報曾發
動過延後印報抵制；中時校對部門以各校對工壓稿延誤編採時間的
方式，抗議資方裁員）。當勞工決定與雇主不惜一戰時，勞工不受
工會人數多少，或對資方造成罷工影響力深淺而影響，而是已經被
逼到窮途末路時（如易主、停刊），才會堅定站在第一線抗爭。

　　從訪談中，本研究也發現，資方透過利益分化（如早報與晚報
不一定連動）與收編的方式（如聯合報對工會理事長卸任後的禮
遇），會影響其不惜一戰的行動強弱。而這樣的情形更容易造成工

會會員間或工會會員與工會幹部互信基礎瓦解，削弱不惜一戰的集體行動。

　　工會意識的弱化，對於不惜一戰之程序與戰略方法的求知，也不明所以，當然更興趣缺缺。工會幹部就感慨的說：「為了加強工會意識與強化會員對於集體行動的策略與方法，工會會安排一些勞教性座談，但為了讓會員踴躍支持與參與，幹部平常都必需和這些會員『博感情』，泡茶、聊天或去唱KTV……，會員對聯誼性人情互動，大於對集體行動的認識與了解」（中時工會幹部5）。

　　更有趣的是，「對於我們報社來說，勞教可以請公假，在籌辦時，會員會要求地點必須在名勝古蹟或休閒度假中心，老師在台上上課時，聽的人『離離落落』，但下課時，各景點與角落，人聲鼎沸，好不熱鬧，聊的不是上課內容，盡是閒話家常」（聯合報工會幹部3）。當聯誼成為工會會員集聚時的「常規」，反應工會會員對「自為階級」的集體行動就出現認同空洞化現象，而表現的結果是平時不在意，需要不惜一戰時，不是很難持續就是快速的被收編，這也是近年台灣媒體工會展現不惜一戰時，多數流於蜻蜓點水，不見水波的主因。

三、影響台灣媒體工會意識與集體行動因素

　　媒體工會因「藍」、「白」領間的意識型態差異，再加上「白」領階層都未積極參與工會事務，功能較難發揮。發行部門著重於業績之商業利益，編採部門卻較著重於編採權自主，管理部門則看重內部管理，結構位置不同，專業分工衍生的價值取向也大不相同，這種「藍」「白」領混雜，權利義務各不同的情境下，更彰顯媒體

工會的結構性困難（簡慧卿，1990；徐國淦，1997）。就訪談資料
整理如下：

> 記者的冷漠心態和特殊的工作性質，使記者一直很難有勞工
> 意識。……記者職業標準之一即是保持中立，平衡報導、兩
> 面並陳的常規常貫穿整個行為邏輯，故常以報導觀點，自外
> 於工會運動之外。（中時工會會員2）

> 記者是勞雇關係中的勞工，但勞方與資方在位階上是不平等
> 的，是『弱勢勞工』，『沒有任何籌碼』，故『不會主動參與
> 工會與資方抗衡』，在工作處境中，多數人不會故意與老闆
> 翻臉，否則吃虧的還是自己。（聯合報工會會員4）

> 新聞工作者的成就感與新聞表現習習相關，新聞表現又和組
> 織對你的肯定與認同有關，這些又影響新聞記者升遷，很現
> 實的，不用明說，大多數記者當然是明哲保身，可以搭便車
> 就好（工會爭取到的，人人有分），不會想要加入工會……，
> 連工會會員，請他來開個會都怕，你信不信……」。（中時工
> 會幹部3）

> 許多記者、編輯往往自視為專業人士，無法認同本身為勞工
> 或受雇者角色，白領新聞從業人員對自身勞工角色尚未釐
> 清，對於工會自然採取觀望的態度。（中時工會幹部5）

> 工會開會，是會員的記者、編輯會來的很少，以本報工會來
> 說，記者編輯選理事長意願很低，能夠在工會寫寫文章已經
> 不錯了……，就連事涉自己權益的會也不會有人主動參加，
> 都在觀望，期待工會幫他們出頭就好。（聯合報工會幹部4）

　　故媒體藍、白領工作處境（白領強調自主、專業，強調中立職業態度），多少影響其「勞工」階級的看法。而這樣的看法，也使其工會意識顯得被動、消極。體認自己現實的勞雇關係，使勞工宿命的認同勞資權力的不對稱關係，而喪失勞動者意識之自覺，導至其對工會角色與功能的質疑，故不認為工會組織對平衡勞資權力不對稱有何幫助且參與性低。

伍、國家角色

一、國家機器與媒體企業主的關係

　　台灣勞資關係是屬於國家統合模式，即企業與勞工組織在一個社會結構中所扮演的角色，是由國家予以決定。特色如下（黃越欽，2000），見圖 6.1：

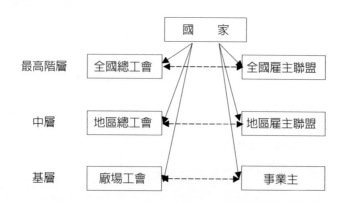

圖 6.1　國家統合模式

說明：實線部分表示彼此有強烈互動關係；虛線表示彼此影響力弱。
資料來源：黃越欽，2000

(一) 國家為遂行統合力量，不但對勞動契約採干預態度，並且對集體勞動關係予以壓縮。國家強力介入勞資雙方團體運作，所謂社會夥伴只是學理上的憧憬。

(二) 國家公權力對勞資雙方的勞動契約直接介入、干預、管制，行政權高漲，國家為貫徹其統合力量，並以刑事制裁為手段對違法者予以制裁。

(三) 在國家統合前提下，勞工安全和勞動檢查採官僚本位主義，欠缺工會與勞工參與。

(四) 社會福利給付原本是社會安全觀念下政府對人民的給付關係，但受國家統合影響，將社會福利給付曲解為雇主責任與政府恩惠。

(五) 勞動政策，配合國家經濟發展計劃，並沒有以體現勞動者利益的立場規劃。

　　研究發現，台灣媒體工會成立是順應於政治開放與經濟發展的一個縮影，然媒體工會的實力與作為在媒體遭逢科技與資本衝擊的 1990 年代，並沒有因為媒體競爭加速而開展，反而減弱。媒體工會意識與集體行動的弱化與台灣工會結構性發展有關。

　　台灣勞工運動的狂飆期自 1989 年，但隨即開始式微，並逐漸走向比較溫合的路線。勞工人數增加，但在政治過程中或在公共政策，所佔的角色卻一直未十分突顯（龐建國，1990）從國家機關與社會階級或團體（主要是勞工階級與資本家）之間的結構關係。媒體工會發展也呈現如下問題：

　　台灣第一家登記在案的媒體工會成立於 1988 年 3 月。同年 8 月發生苗客抗爭事件，國家機關在苗客事件後，採取較積極方式回

應，以「治安問題」置換「階級衝突」。另對勞工團結權、集體爭
議權與罷工權等最根本的權利進行研議，以行政裁量權限制工運的
擴展，希望將「強制入會」改為「自由入會」，以弱化勞工的集結
動員能力。其間以生產事業為主體之媒體工會，迫使藍、白領各種
職業不同的工作者，限於法令，必須廠場／公司之內合組相同工會
的問題，導至勞工階級分裂。致使初萌芽的媒體工會組織，在此政
經結構中勢必弱化。

　　1990 年代以來，由於電子媒體環境的開放，媒體企業主開始
積極參與政治事務，或向政治人物靠攏，以保護或擴大其自身的利
益；政治人物也企圖透過媒體鞏固或開展其政治資源，二者交相
利，在這樣的結構下，也難怪如前所述，工會組織成立與其集體行
動，更要看媒體老闆臉色。

二、經濟力作用

　　解嚴以前，媒體的市場結構，在黨國機關的結構性控制下，二
報三台的利潤豐厚，加上沒有工會，一旦發生勞資爭議，勞方只能
個別承受解決。報禁開放後，媒體工作者勞動市場暢旺，雇主大量
招募勞工，新聞工作成了熱門行業，然為因應市場競爭，報業推動
產業電子化及自動化，以節省成本，媒體工作者又面臨解雇失業的
處境。

　　以《聯合報》為例，印務部門工作者工作最先受到衝擊，但因
報社事先推動勞工技術訓練，1991 年自動化過程，沒有因此解雇
一人，無勞資爭議。隨著 1993 年有線電視開放，報業盈餘已大不
如前，《聯合報》於 1996 推動第一次優退優離，「但因條件優渥，
很多人也急著轉台，工會與資方協商過成算是順利的」（聯合報工

會幹部 1）。1999 年 10 月第二次優退優離方案，如前所述，資方給的條件變差，而勞方在過程中只能處於被動提供資訊或等待資方回應的情況，受整體景氣低迷影響及網路對媒體生態的衝擊，2001年該報又推動第三波優退優離，「條件又比 1999 年更差，工會理事長，更一路處於被打的成分居多」（聯合報工會幹部 3）。

至於《中國時報》對於走上三合一的決策，員工直指是產業科技變動的結果，如：「都是被網路事業害……，余紀忠體認網際網路的市場競爭力，考諸電子商務的未來發展趨勢。時報系的電子即時新聞系統基礎上，不得不更上層樓以取得競爭優勢，因此他要以革命性的編制，來打這場新聞供應戰」（中時工會會員 1）。

資方則著眼於人事成本是因應產業變動最佳的利器，如：「過去報系內三報一刊，幾乎在跑新聞的人力配置上呈現重疊與資源重複浪費現象……三合一後，一個報系駐派 3-4 名記者跑同一單位的不經濟情形將會改善，統由供稿中心供應新聞即可解決」，更何況「中時一部機器就要 10 億元，人事薪水佔 32%，材物料 35-38%，網路沒有財物料，成本最大是人力成本，他們抓住這一點來打」、「中時報系這幾年來都是苦撐，在聯合報，自由時報的夾擊下，如果人事不作適度的精簡，恐怕會拖垮時報」。（中國時報內部會議記錄）

所以，「從工商時報開始所謂財經記者三合一，我們做的不光提供報刊的經濟新聞，其它報刊的經濟新聞也要提供，同時也出雜誌即時新聞，由我們網路財經新聞……創造一種市場價值是一個中央大廚的模式，不是把力量只給一個報紙或刊物。」、「現有事業，現有單位變成另一種事業，除單一任務外，可以多做其它事，多賺點錢回來，讓報社少負擔一些」；報老闆更理直氣壯認為，這是長痛不如短痛的負責態度，如：「我是一個有責任的經營者……中時

傳統印刷媒體是一定要保的⋯⋯今天留一個人的工作，還不如去創造整體的工作環境，未來的發展環境大家可以在裡面工作，用這種方式解決人力，否則搞也搞不完⋯⋯解決一時的問題解決不了長期的問題」。（中國時報內部會議記錄）

　　也因此，三合一對中時員工的勞動權益的影響，裁員是首當其衝：「中時三大報的財經記者人數超過 200 位，整合後只留下 180 位，部分記者將調至編輯台，做重整稿子的工作」（中時工會會員 4），接下來還有幅度更大的整併，「余紀忠並透露，未來財經新聞中心運作成功，績效出來後，報系將全面推動三合一，相繼成立八大新聞中心，打破三報一刊的藩籬與界線，所有時報的新聞，全由新聞中心統一供稿，運作策劃，不分彼此」（中時工會幹部 5）對此員工人人自危，「三報一刊的記者已經開始盤算自己是否應該找好退路，有的則開始擔心三合一推動後，自己的位子不保或更動，特別是為數眾多的一級主管，危機感特別強烈」（中時工會會員 3），「隨著中時自動化的進程⋯⋯加上對手進逼，眼前預料社方大開殺戒的時間不會太遠」。（中時工會幹部 1）

　　但過程中，資方卻不忘描繪天邊的彩霞，向工會宣導，經過如此改造，未來還是會更好，以提振士氣，如：「總經理余建新在 1999 年勞資協商會上說，中國時報的部分部門將朝向成立獨立公司，比如編輯部變成編輯公司，印務部變成印刷公司，發行部變成物流公司，廣告部門變成廣告公司，2000 年 2 月底更傳出要將電腦處獨立成電腦公司，然前提是『原有的員工必須先結清年資』」。（中時工會幹部 1）

　　顯然不論作法為何，過程中勞工勞動條件已先行被犧牲，如：「1992 年實行『記者打字』政策後，至今已超過 85%的稿件是由

記者電腦打字，會電腦打字是基本趨勢，既不會增加工作負荷，反而便利迅速，但如今又要自行校對，在爭取時效的有限時間內，將造成精神的壓力，與工作的負擔……，自校實施以來，PC 打字組工作量減至三分之一，至財經版『三合一』實施，財經中心負責改樣工作，校對組工作量頓減，工作危機加深」。（中時工會幹部 5）

　　對此依研究資料所述，中時工會所能做的是除了恐懼，還是恐懼，完全束手無策，如：「總經理要避免靈夢成真，追求企業再造，但遲遲不說明對員工的安排，難道非等到那一天，才讓員工對擔心的靈夢來個措手不急，工會的恐懼如何化解，電子科技環境的因應與傳統媒體產業結構的經營調整，是工會恐懼之一……這二方面遇到之人事調動的問題，總經理不提種種可能性，捉摸不定，是工會恐懼之二……吸引外資……要吸引外資，就必需裁撤多餘的人力，用什麼方式裁，總經理說，非到最後關頭此事不會發生，但以現實的環境發展，此事一定發生，工會面對不可知的未來……按照總經理的說法，在整體路線不變，美夢成真時，代價是完畢後，進行清檔」（中時工會幹部 1），「總經理得以逃離他的靈夢，卻不能保證我們員工也能共享此一美好果實，相反的，卻可能是我們工人的一場靈夢」（中時工會幹部 1）。

　　承上所述，科技變遷與環境的變動，對不同勞動者利益衝突不一。媒體工會對於科技引入過程及市場變動對勞動權益的衝擊，從訪談資料發現，其運作過程並沒有因資方給的壓力越大，更團結或更有自覺，反而更顯無力、無助；資方會以生存至上的理由，讓勞方體認「有工作」最重要，使其談判結果一次不如一次。

三、管理制度

　　另本研究也發現組織管理對於集體行動會有影響，訪談資料如下：「聯合報工會理事長採借調制，卸任後是否能回原單位或被調職，不確定性較高，工會幹部多少會有一層顧慮……反觀我們中國時報則是帶職幹，在任或卸任都還是在原單位工作，所以工作始終在做，職位沒變，顧慮較少，然資方還是會以你的公假太多（工會開會可以請公假），把你的考績打差一些」（中時工會幹部3），「我們也在了解為什麼編採部門加入工會這麼少……，不過就我個人任內看法，考績獎勵制度是個因素，想成為紅牌或明星記者，見報率一定要高，這當中牽涉到組織管理問題，誰願意自己被冷落，況且成名後，記者想去那就去那。況且記者跑到獨家新聞，報社獎勵是立即的，所以多數記者會認為好不好，與自己表現有關，只要不發生被解雇或裁員，他們很少去看勞資間關係和結構性問題」（中時工會幹部4）。

　　顯然媒體組織管理制度的賞罰作用，對於工會參與與工會集體行動的思惟都發生一定程度的影響。當工會幹部個人利益成為集體行動考量的變項時，就難免會發生會員與幹部間的不信任與猜疑情形。個別媒體工作者，一方對工會功能質疑，一方又畏於現實的考績獎懲壓境，居處這樣的結構，非但「在己階級」的勞工意識出不來，「自為階級」的工會意識與集體行動，也參與情況不良、被動而分裂。造成這樣的結果，組織管理制度的影響，或恐是探討工會意識與集體行動時，應一併納入之影響因素（慧民、王星譯，1991；許嘉猷，1994）。

陸、結論與討論

　　本文研究發現，新聞工作者在工作上所體會之階級意識（藍、白領不同），會影響其工會意識與集體行動。媒體參與工會時，往往屈就於現實勞資談判權力結構及個別權益考量，也因此在不惜一戰之集體行動上，易受分化及瓦解。受制於資方的媒體工會，及會員藍白階級偏態，連帶也弱化工會之集體行動能力。無論是工會組織或聯合會、協會組織對於程序問題掌握，反應過慢，也使實質議題協商，只能退居守勢，今後若想發揮更大的實質功能，對程序議題協商必需更積極及主動。研究結果大抵支持 Lockwood（1958；1989）、Blackburn & Prandy（1965）及 Crompton & Gubbay（1977）等階級處境的看法。然從訪談中也意外發現，台灣新聞媒體所有權人對工會組織與工會集體行為的干預似乎較西方理論文獻發現為甚，如所有工會都在老闆默許或認可下方可能成立，否則鐵死。有趣的是所有權人之影響力來自於二個面向，一為產製過程之階層管理制度（如獎懲、薪酬、升遷等），另一則來自於所有權人之恩威並濟手段，以「我說了算」之「家父長」模式，跳脫既有之管理制度，發揮「馴服」勞工之社會化功能，這一點與西方勞雇爭議解決模式大不同。

　　從理論文獻中，我們也很清楚左右工會發展與集體行動的因素之一是國家與社會階級利益間的政策與制度問題。解嚴後，台灣政經結構邁向「新政商關係」，威權統合主義對勞工控制的基本架構並未改變，勞資爭議反而因為執政黨和資本家的結盟與聯合壓制，更不利勞工，台灣媒體工會成立於此時，弱化是必然的。工會或聯合會之政黨聯盟情況不佳，連帶使其無法藉由政治力改善勞雇關係

結構性不對稱。大傳聯雖已合法化，但受人力、財力限制，加上會員重聯誼性質，使其介入媒體勞雇實質議題與程序議題的功能難以發揮。記者協會若只限於社團聯誼，則其改造媒體、保護專業自主的社會目標，也很難落實。

1990 年代以來，媒體市場競爭加劇，在資方一切因市場生存優先及其與政治人物關係密切的國家社會結構下，工會集體行動更顯分裂與無助。媒體工會意識與集體行為的弱化，勞動階級意識的分裂固然是因素，但勞動階級意識分裂的工作處境場域，造成權力不對稱的體制，或恐更見真實。在新政商關係中，國家機關的「無所作為」，媒體工作者的勞動權益，顯然是悲觀的。然更令人憂心的是，這種不對稱勞動體制，也將扼殺反應不同利益之媒體社會本質，對整體社會影響或恐更大。

第七章
文化中介的類型、功能與文化勞動權益的思考

　　文化中介制度的產生與資本主義體系的發展脈絡息息相關，資本、市場與科技是啟動文化中介組織類型與功能的關鍵因素。本章旨在介紹文化中介的發展脈絡，說明文化中介三個層面運作型態與功能，以幫助讀者理解後文八、九、十章研究目的與內容旨趣。

壹、文化中介的發展脈絡

　　文化中介制度的產生與資本主義體系的發展脈絡息息相關，資本、市場與科技是啟動文化中介組織類型與功能的關鍵因素。在十八世紀工業社會之前，只有少數人能買得起藝術作品，文化藝術品欠缺市場流通的利基，因此，當時成名的藝術家、詩人、畫家、音樂家等文化工作者，多半聘雇於王公或貴族門下，賴以維生並持續創作；至於懷才不遇者，則多半自行販賣作品，以求生活。

　　由於當時市場有限，藝術價值與價格間難有共識，文化工作者被動等待青睞，大於主動爭取欣賞、認同與購買。因此，能有效賣出，爭取好價錢者不多，故窮途潦倒，一身貧困者所在多是（Williams, 1981; Hesmondhalgh, 2002）。

　　工業革命之後，中產階級興起，藝術品味的鑑賞與擁有，成為彰顯社會階級重要文化資本與象徵，藝術作品的需求，不再局限於王公貴族間的流通。販賣藝術作品，有其市場利基，吸引「文化中介者」（culture intermediaries）將藝術作品商品化並創造市場流通，以滿足需求，企圖讓更多有能力購買者可以擁有這些作品（ibid.）。

　　所謂的文化中介，泛指中介文化勞動或將其勞動產製商品化者。具體而言，其角色在穿梭於產製端與通路販售端，整合這兩端成為一個有效市場，以提高獲利。以一本書的產製到銷售來說，從撰寫、編輯、出版、販售，係透過出版商、書店通路商等進行分工、整合。在此，文化作品（如書）不再是透過作者直接販售給大眾，而是由出版商、書店通路商等中介者來掌握（ibid.）。

　　十九世紀末至二十世紀初，工業化國家中的人民，由於休閒時間及可支配收入大幅擴增，通路及生產中介者的資本化程度也快速提高。成功的文化創作者，除了能透過版稅來獲取利潤，更能夾聲望及締造經濟效益的潛力，在產製中能取得「某種形式」的專業獨立，有關作品的委託製作就更加專業化及組織化。加上當時廣電媒體漸趨發達，文化產製除了書籍寫作、音樂演奏及劇作表演等外，文本形式更趨多樣，如原著可以改編成電影、電視劇、廣播劇。除了作品直接銷售，又能賣廣告，廣告也成為創意作品賺取金錢的新手段。為鞏固這套生產獲利機制，透過公司組織，成立權責單位，聘雇文化工作者或中介者成為公司員工為其效尤，就成為當時資本家投資文化產製的主要方式（ibid.）。

　　二十世紀末迄今，在文化產業市場化及產業數位匯流的趨勢下，文化產製的延伸性不再只限於不同文本轉換，而擴及不同產業價值鏈的連結，以迪士尼為例，其核心為具獨創性的創意內容，經

由金錢與人力等資本投入將創意實體化，以動畫的方式經由包括戲院、有線電視或錄影帶等文化銷售業讓消費者進行消費，並透過迪士尼樂園結合旅遊、觀光、教育、娛樂等其他產業，將文化產業發揮至極（花建，2003）。因此，既有公司組織中權責部門，已無法解決科技啟動後文化產業多樣的文本及其複雜的勞動分工，如何將多樣性的生產鏈及價值鏈的運作，委外發包就成為趨勢，專業整合（complex professional）的中介形式就應運而生（Williams, 1981; Hesmondhalgh, 2002）。

　　綜觀文化產製發展脈絡，有關於文化中介的角色與功能，大抵不脫離導論中所述的三個類型：一是守門中介，係指中介文化創作者或作品的守門過程。如作家、音樂家、劇作家及導演等，必需靠文化中介給出版商、唱片公司、製片商，或廣播電台 DJ、媒體記者等，中介行動在扮演「守門人」的角色；二是科技／媒體中介：通常指中介傳播內容的媒體載具，如傳佈流行音樂、文字，及影像的媒體科技，包括了錄音的媒材、載具、廣電媒體、數位科技、樂器等；三是社會關係中介：係指文化商品化過程，交互於製作端與接收端所有社群關係的中介，包括產製團隊、再製及行銷、廣告等關係的建構及協調，涉及不同組織階層的權力互動（Williams, 1981; Negus, 2004）。

　　本章將說明此三類中介交互於文化產業的情況，解析文化中介對文化勞動權益的影響，作為讀者理解後文第八、九、十章研究目的與內容旨趣之基礎。

貳、文化中介三個層面

　　文化產業結構，涉及混合的團隊組織，為減低過程中不確定風險，如何在產製、行銷、再製等過程中維繫團隊關係並調合其間利益，涉及「文化中介」三個層面，此三個層面並非分立而是交互影響，（Williams, 1981; Negus, 2004）：

一、守門中介

　　簡單來說，守門中介的功能係對文化產製中有關「人」與「作品」進行把關。其中勞務仲介為其重頭戲。因為優秀的人力資源，是締造文化商品創新、稀有的關鍵。如何讓不同類型的文化工作者，適才、適性、適所的發揮職能與創意的勞動輸出，文化勞動的人力中介、派遣，扮演相當重要的角色，就勞務中介的守門特性，文化勞動屬派遣勞動。

　　派遣勞動是一種臨時性的聘雇關係（contingent or temporary employment relationship），其聘雇關係是一種非全時、非長期受聘雇於一個雇主或一家企業的關係，包括部分工時勞動、定期契約勞動。派遣勞動的特殊性在於派遣勞動涉及一個三角互動關係，包括派遣機構（dispatched work agency）、受派業者（user enterprise）、派遣勞工（dispatched worker）三方（Willborn, 1997; 黃俐文，1991; Polivka & Thomas, 1989; Cordova, 1986）。

　　對派遣勞工而言，派遣機構和受派業者之間形成一種雙重關係（dual relationship），一方面是派遣機構合法僱用的，另一方面卻要在受派業者處提供勞務、接受受派業者的指揮與監督（Bronstein,

1991）。其間勞動條件與勞動權益的商議與訂定，負責中介的派遣機構（或一般熟知的經紀公司），扮演相當重要的角色。

當文化遇上經濟，市場關係會決定文化勞動者工作機會、工作型態，為求創新及預防市場的不確定性，文化守門中介發展出的運作類型是：（一）建構明星體系；（二）大量啟用新人（或稱為產業後備軍制）。在守門中介對新人或明星勞動價值預期差異化下，協議安排的勞雇契約內容常存在階層化的差別化待遇。檔期、酬勞、誘因或賠償性條款等權利主張，涉及手門中介的評等及場域的關係權力。

加上文化勞動沒有輸出，就沒有價值，在「市場為大」、「有市方有價」下，大牌、中牌或新人其實都難逃市場排行榜的支配。在僧多粥小的情況下，場域間的競爭格外激烈。

名單排序除了依據其創意、才能、技巧外，也依據該文化勞動者是否能藉由重要的人際互動等技巧來掌握參與勞動產製的機會。故文化勞動者通常會選擇性地對特定對象，進行與眾不同的互動，以建立「自己人」的人脈關係。而糾結於「人情」的人脈關係，往往是爭取守門中介認同的敲門磚。因此在文化勞動者間，也充滿了友誼、結盟、勾結、嫉妒及衝突。

暢行於演藝圈知遇之恩的觀念，就是中國人知恩圖「報」的充分表現。這種「重情知義」的關係常規，一方面可以發揮「人情債」的生產意識，另方面它也強化經紀人（公司）、製作單位生產權力關係，使生產方式所需要的組織效率得以維持（Friedman, 1977；林富美，2004a）。有關台灣演藝經紀之守門中介的型態與勞雇關係，下一章會有進一步的說明。

二、科技／媒體中介

　　承如前述，科技中介的目的在使創意內容交互傳播於不同的文本與載具，擴大市場範疇，將利潤極大化。數位化前，文本內容型態為類比式，儲存、轉換與傳輸的速度、效率有其限制；數位化後，任何訊息內容都可以 0 與 1 的數位檔案進行存檔、處理、傳輸。數位內容「通透性」的特質，一方面導致不同載體的匯流；另方面透過數位方式的編碼、解碼、與傳輸訊號，資訊可以重組、切割、壓縮和混合，隨著顧客不同的選擇或需求在不同的平台上出現，提升了數位內容的利用方式，（謝章富、陳雯琪，2001a、2001b；蔡念中，2003；李艾玲，2005），如圖 7.1。

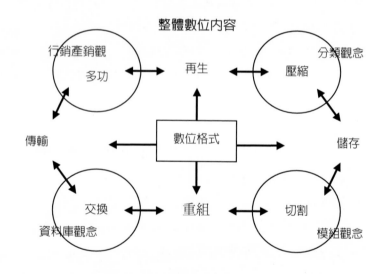

圖 7.1　數位內容的利用方式

資料來源：蔡念中，2003

　　數位中介改變了文本內容的利用方式，連帶影響文化產製的思維模式，如何藉由數位產製的流程，為過程中的每個商品創造「加值」，形塑內容商品的價值鏈，提升原有產品或服務的附加價值，將利潤極大化，就成為文化產製的重點。鄭景燧（2001）認為，在這整個價值鏈的過程中，可以將內容生產者從創意發想到產品量產的過程分成三階段，包括了創意的產生、生產製造，以及行銷銷售，每一個階段的活動都是為了增加最終產品的衍生價值。內容加值策略具體作法，見表 7.1：

表 7.1　內容加值策略具體作法

加值策略			說　明
創意產生階段	創造力		以原有素材為基礎，加入新點子，將素材加以衍生，創造出新的產品
	內容增加或延伸	異質素材組合	將文字、聲音或影像等不同類別的素材加以組合
	內容分解後重組	同質素材重組	單一素材經分析、篩選、擷取分類等步驟重新組合
生產製造階段	技術加值	製造	利用生產技術將產品構想具體化成為商品進入量產
		轉換載體	將同樣的內容以不同載具呈現
行銷銷售階段	行　銷		行銷宣傳能力
	授　權		與授權單位之關係

資料來源：劉沛晴，2003

　　透過數位中介的分割、重組及加值效果等，也使文化創作者的智慧資產發生了膨脹的效果，提升文化工作者獲利空間，以音樂產品為例，光是通路，數位化前可以收取的權利金範疇包括：卡拉OK、KTV、飯店、購物中心、酒吧、咖啡廳、餐廳、PUB、俱樂部、舞廳、夜總會、韻律舞蹈教室、錄影帶店、點唱機等；數位化後多出來的通路包括：有線、衛星廣播音樂（音樂頻道商）手機鈴聲下載（ring tone）、網路電視影片、網路廣播、網路卡拉OK、KTV網站上之襯底音樂、網站上提供之音樂欣賞等等（梁秀雯、林富美，2004）。

　　但水能載舟也能覆舟，數位中介儲存、交換、傳輸、壓縮的便利性，也助長了盜版行為。加上文化商品的消費特性屬「公共財」，資訊分享不會因為多人消費就影響其產品分量。因此經營者必須運用人為的手段，來限制文化商品或服務的取得途徑，以保障其稀有性。否則盜版吃掉正版市場，非但無助於獲利，可能讓高價製成品，連回收的機會都難，文化勞動的創作心血將付諸流水，加上網路傳輸無遠弗界「去中心」化的特質，盜版問題成為扼殺文化產業的最大殺手。

　　故如何透過授權、監督以悍衛文化商品耐久的經濟權益，不被輕易被盜版、盜錄，並透過相關契約的協商、訂定，以保障文化創作著的合理權益，就相當重要，如此的發展，也使文化中介代理授權的功能與角色，成為產業發展下必然趨勢，有關於這一方面變化及其對文化創作者契約內容與權利主張的影響，本書第九章會有相關的實證研究。

三、市場關係中介

延續表 7.1 的內容價值開發策略，可以發現創意的發想是產業的核心資源，當文化變成產業，雖然重要但也僅是產業生產鏈或價值鏈開發的第一個環節，能否成功，在於其價值是否能激起市場共鳴，也就是說市場關係的好壞決定了文化產製最後的成效。

文化商品屬於「體驗性產品」（experience good），買方的評價與需求十分主觀。以媒體內容為例，閱聽人的評價是十分主觀的，叫好不一定叫座，叫座又不一定叫好。即使經驗豐富的市調機構，依舊只能提供明確的「事後諸葛」分析，對於產製前風險的規避與市場的掌握，尚難提供確切有效的分析工具。無怪乎好萊塢觀察家對於媒體市場分析的結論是:「Nobody knows」，畢竟面對創新求變又需掌握明確存在的閱聽人市場並不是件容易的事。

因此文化商品的本質在吸引消費者的內心情感，而非理性使用。情感、故事、敘述方式與價值觀是締造產品核心價值所在。以媒體內容產製來說，無論電視劇、電影、詞曲、文章乃至新聞事件，故事本身就是產品。如何將內容附加上夢想與情感，逐漸成為產製市場邏輯。

因此文化商品是依附在一套符號意義下的創意輸出，如何透過市場關係中介，定義商品的意義價值，也就顯得格外重要。商品化過程中，交互於製作端與市場所有社群關係的中介，包括產製團隊、再製及行銷、廣告等關係的建構、協調，涉及不同組織的權力互動。在創意價值轉化成商業價值的產業結構中，有關商業價值之市場關係的建構、調節，文化中介扮演相當重要角色。

　　但不同於其它勞動，文化勞動者常可以透過「產品現身」取得市場名聲。名聲此一「象徵價值」，能區辨文化工作者專業職能，對於資本家來說，透過文化勞動者場域的聲望，能減低市場的不確定性並有利市場差異化的行銷策略，透過明星體系的市場行銷，常常是票房的保證。

　　文化商品內容與隨產品現身的勞動者，究竟哪一個符號較具說服力，並沒有一定的準則。但可以確定的是透過符號輸出的勞動本質，使文化勞動者的角色不再單純在內容產製上，其本身的符號，能成為資本家驅動產業價值鏈的商業利益符號（Healy, 2002）。因為閱聽人通常會因為某個勞動者認同他們所拍的廣告，此時，勞動者與其勞動力，同樣都是文化商品符號體系的一部分。

　　以唱片產業為例，明星常成為消費者購買唱片的主要核心因素，故產製中，如何選才，透過 A&R 企製，包裝、行銷，涉及企宣與行銷等環節，中介（經紀公司）如何打理如何在歌手形象與音樂產品與消費者間，搭起密不可分的社會關係，關乎整體製程速度、產品品質與市場效果成敗。在不確定性高、重製率高、產品生命週期短的流行音樂市場下，整合製作端到產製端的市場關係活動，就成為當今唱片經紀活動中的重頭戲（Firth, 1986）。

　　因此，當文化勞動成為商品，以商業價值為主的市場關係模式，將改變文化勞動者勞務輸出與報酬給付的契約關係，有關此方面問題，本書第十章會有相關的案例研究。

參、中介關係下契約問題

如同前述，文化產業本質是以創造利潤為核心，以企業為骨幹，將擔任不同分工任務的企業、組織、個人連接在一起，透過大規模的分工協作，將創意價值轉化成商業價值的產業結構（花建，2003）。這樣的產業結構，涉及一個混合的團隊型組織，牽涉到大量人性複雜的因素，如何協調彼此間關係，達成分工協作團隊目標，透過文化中介所建立契約關係，就顯得格外重要，居處其間的文化勞動者在市場為大的產銷策略下，其契約關係常面臨如下的問題：

一、協作風險

文化創意計畫通常需要多方不同但互補的資源共同合作，一項計劃的淨利或營收是所有參與者互補綜效的結果，每位參與者對該項創造價值的計畫都是不可或缺的，也因此很難認定或犒賞其中任何一位的功勞，因為一項計畫的成功，是因為有了每一位參與者才得以完整。如何訂定合理有效契約，涉及協同團隊的契約問題。理想的契約是每方的報酬應該依據其對計劃總成效的貢獻，以誘使參與者對整體計畫付出最多的投入。但產製中充滿了太多不確定的因素，因此契約形式通常都很簡單，並且會迴避一般完整契約所要求事先詳定各方工作內容與事後相互監督的必要性，讓團隊的協調運作更具彈性。在此，參與各方與企業體間，其信任關係，係乎文化中介居間所建立的社會關係與合作經驗（Caves, 2000; Hartley, 2005）。

　　但如何發揮有效執行的機制，避免計畫中途以要求增加報酬否則拒絕繼續投入的方式來威脅、阻礙計畫的進行，或企業主以控制成本的方法來降低風險，讓勞動酬償蒙受不明的損失，有賴文化中介者有效評估相關的不確定性，並進行合理確切的協調。

　　而在製作文化商品的過程中，行銷策略、成本控制、企劃包裝等環節是同步運作的，「創意」、「行政」從來不是分立可切割的兩個階段，在「產製」的過程中，不只有「創作者／製作團隊」的相互複雜關係，文化產業的其他部門也進入其中，造成文化商品產製時多個中介行動者（culture intermediaries）與創作者、製作團隊、唱片公司行政人員的聚合，形成多方力量的交互拉扯與協作（張維元，2002）。

二、變動關係發展下的權利主張

　　一份契約是約束一項經濟交易的協議文件，其中界定在交易中的各方可以從中投入多少。但隨著交易變得複雜時，問題也變得更有趣，因為在創意過程中或許有更多人在不同時間參與且獲得報酬，而這些參與及報酬又取決於契約簽定後的發展。

　　另方面，文化產製其契約所約束的創意計畫本身即具不確定性，因此契約中各方很難簽下一份完整的契約並詳訂各方的義務或應得的報酬。在契約中，應該被明訂為任何「自然狀況」（state of nature）下，也就是任何在計畫內可能會發生的事件，以預防許多影響契約結果的偶發事件。但實際上，從來無人能確保契約的完整性，且總是會發生意料之外的事件，即使是在議約時能料想得到的「情況」，也很難以正式的文字在契約中註明（Caves, 2000; Hartley, 2005）。

再加上議約者也很難耐心專注地擬定一份盡善盡美的契約，這也就是經濟學中所謂的「有限理性」（bounded rationality），一旦契約簽訂後，其內容不盡完全的問題就隨即出現，於是各方為爭取己利並針對任何不預期自然狀態下的回應展開要求。因此，所有呈現於實務中的合約都是極度不完整的。

契約約束的決議與行為會隨著參與契約人數的增加而增加，也會隨著其約束行為延展多年而變得更為複雜，因為在這段期間中可能會有更多的發展介入。

簽訂合約的每一方都希望能從中獲取最大利潤。但是給予某方較多的利潤意味著其它方面獲利的減少；而契約中各方的利潤分配是取決於其「議價權力」（bargaining power）（ibids.）。

但複雜的是，有時議價能力卻又變成次要因素。因為契約條件不是如此容易決定，並不容易確切算出彼此認同的責任及貢獻，尤其某方的貢獻遭到限制，其獲利分配就會變得混淆不清。為彌補契約的不完整性，便產生了所謂的「誘因契約」（incentive contract），如在契約中明訂對方完成義務可獲得的報酬。一旦以計畫最終結果作為分配報酬的基礎時，所有參與者將因為可能的誘因而認真投入計畫；但其中的風險是，該計畫可能在執行過程中，遭逢意外狀況，參與者就必須願意負擔這些風險，如此他們就應該得到比其預期更高的報酬。

如此一加一減，反而會使得最終的報酬誘因降低，而誘因一旦降低，參與者的投入便越少，於是契約的每一方總是在增加誘因與降低風險之間尋求最佳的解決之道。

經濟學中的「契約論」認為，自我利益相關者（self-interested parties）架構商業交易方式。文化工作者與其它不具創作慾或創作

技巧的人一樣，在工作中會做出符合經濟利益的抉擇，但其主張與執行，仍賴文化勞動者與中介者間協議及契約關係（ibids.）。後文三章，將以第貳節所陳述的三個層面，透過作者近年所作的研究案例，說明文化中介的型態、功能與角色在市場邏輯運作下發展之勞雇關係及契約問題，探討科技、市場與資本對文化勞動權益的影響。

第八章
藝人與經紀人派遣勞動關係初探

　　本章以派遣勞動關係為基礎，探討經紀人（公司）、藝人與製作單位三者間從屬關係及運作模式，並透過三方勞雇關係，呈現出三者互動情形，探討藝人勞動特質、藝人派遣勞動的生產關係及存在於藝人派遣勞動問題。研究發現：藝人勞動價值，依附於市場反應，「機會」和「人情網絡」是藝人獲得成功的「充分」條件。在市場為大的情況下，藝人除了努力以外，包裝策略的名聲行銷，對藝人格外重要。而藝人演出機會、包裝行銷與培訓多賴經紀公司提拔，使得藝人對於經紀人無由地產生敬畏和感激。暢行於演藝圈知遇之恩的觀念，就是中國人知恩圖「報」的充分表現。這種「重情知義」的關係常規，一來可以發揮「人情債」的生產意識，使藝人對於不當剝削，以得過且過或是視而不見的方式解決，另方面它也強化經紀人（公司）、製作單位生產權力關係，使生產方式所需要的組織效率得以維持。在經紀類型上，本章歸納出個人、家族及事業共生等三種經紀類型，其中以「家族型」佔大多數。國內藝人與經紀人契約的訂定方式是採「視個案而定」的彈性制，相關合約內容沒有一定的法制標準，故易產生簽約年限、酬勞抽成、職災求償無主、退休及勞保健保自理等不當剝削問題。

壹、前言

　　傳播科技因具有即時傳輸，不受地理限制，且很容易與其它科技產品結合使用，而與生活的各個生產及消費領域發生關係，十九世紀以來，已經成為科技明星，更成為資本主義開疆闢土之利器（Becker, 1988）。消費性的影視產品，經數位化複製轉換後，其相同影像產品能夠得到「瀑布效果」（cascade effects），創造逐層獲利（spin-off）的極大化。加上同一產品能附著於不同形式，反覆穿過時空，再三現身，藉由偶像塑造及相關周邊產品的製造和授權，成為原影視公司重要的利潤，這也是為什麼影視產業近年來成為資本家競逐的新興事業（Maggiore, 1990；Gay, 1997）。

　　影視產業之方興未艾，也使演藝工作近年來也成為不少青年男女熱中的行業。許多少男少女為成為大明星，努力瘦身、拍寫真，參加各種綜藝節目才藝競賽，增取曝光，盼能博得製作單位或經紀公司的青睞，踏上星途；也有藝人看準藝人的勞動市場，籌組演員訓練公司，以培訓及經紀作為號召，吸引想當藝人的有志之士。

　　當然成名藝人的收入，更是莫大的誘因。以近年影視產業表現優異的韓國來說，根據南韓國稅單位的資料，韓星張東健，年收入將近 2 億多台幣；拍韓劇「大長今」的李英愛，一集酬勞約 32 萬元台幣；「浪漫滿屋」宋慧喬每集 48 萬元台幣，「悲傷戀歌」金喜善和權相宇則一集高達 64 萬元台幣的酬勞；至於人氣指數最高的裴勇俊，拍一支廣告，片酬以「億」為單位計價，其年薪，韓國報紙以「天文數字」形容（TVBS，2005；10；30）。

　　在台灣，以 2004 年年收入為例，周杰倫總共在台灣、香港、新加坡、美國和大陸地區，唱了 10 場，每場 15 萬美金計，扣掉其

中 3 場前年已支付，7 場酬勞有 105 萬美金，另接了 10 場的拼盤商演，每場酬勞是 10 萬美金，10 場就有 100 萬美金，光是演唱會方面的酬勞總計 205 萬美金（折合新台幣約 6355 萬元），加上代言、版權金，總收入近台幣 1 億 8000 萬元；蔡依林全年大陸 7 場商演，4 場個人演唱會，每場約 6 萬美金，有 66 萬美金（折合新台幣約 2076 萬元）收入。另加台灣的麥當勞、線上遊戲，廣告代言酬勞分別是台幣 500 萬元，百事可樂（包括兩岸三地）代言費約台幣 1200 萬元及版權金，總收入差不多台幣 8800 萬元。三立一哥陳昭榮，2004 年的「台灣龍捲風」從頭演到尾，每集酬勞台幣 12 萬元，3 百多集就讓他賺進近台幣 4000 萬元，加上代言總收入有台幣 5000 萬元（張文輝、劉衛莉、葉君遠、葉宜欣、許晉榮，2005；06；03）。

　　當然，高收入只加惠於少數「超級巨星」身上，對於不成名的藝人，想靠表演工作混一口飯吃，都不是那麼容易，待遇微薄、流動率高是他們的處境。藝人從入行到走紅，各自都有一部辛酸史，然跨入這一行也不如想像中的容易，其間涉及勞務提供的經紀（仲介）問題。透過經紀人（公司）仲介工作的藝人，其勞動力的付出與酬償，涉及到經紀人（公司）、藝人與演出單位間的互動關係及其間的約定，勞雇關係屬派遣勞動類型。[1]

---

[1] 隨著勞務型態多元化與經貿全球化，德國與日本訂有勞動派遣法規，歐盟與美國都在相關法規中加入勞動派遣規定，行政院勞委會也針對我國勞動派遣法制，提草法案（楊通軒，2002；鄭津津，2002；黃程貫，2002；邱祈豪，2002）。派遣勞動發展之因：A、勞動彈性化（labor flexibility）---包括數量彈性化、（numberical flexibility）、功能彈性化（functional flexibility）、距離策略（distancing strategy）、區隔彈性化（segmentation strategy）、報酬彈性化（pay flexibility）等人力資於源措施；B、市場供需因素──為應付國際競爭，雇主不願意也無力提供全時受薪的工作，加上

　　在台灣，藝人與經紀人（公司）在勞雇關係並不受《勞基法》
的基本保障，加上派遣勞雇未法制化，因此，藝人與經紀公司或經
紀人間糾紛，日來常是娛樂新聞的焦點，但演藝圈派遣勞動的類型與
契約關係，常因法治疏忽形成不當剝削，影響勞動者權益的事情。

　　然面對媒體匯流與全球化浪潮，台灣藝人一方面受到外來影片
大舉輸入，壓縮工作機會，另方面透過經紀人（公司）派遣往返於
兩岸拍片工作情況，也越來越多。有關藝人勞動力與勞動派遣問
題，對日益頻繁的藝人跨國勞動派遣，應值得重視。

　　有趣的是發生於藝人身上的勞動權益問題，藝人、經紀人與製
作單位，卻都抱持多一事不如少一事的心態，加上文化產製與其市
場報酬充滿不確定性，因此藝文界多數不贊成納入《勞基法》；面
對合約糾紛，普遍是個人化承擔，法制權利，對於藝人，很遙遠，
也因此不太看重，更惶論爭取。其因安在？是否與藝人勞動特質及
特殊產製關係有關？因此，本章以藝人與經紀人間勞務仲介關係，
探討如下的問題：

一、藝人表演勞動特色為何？市場專政對藝人勞動本質的作用
　　為何？

二、藝人派遣勞動類型有那些？國內經紀人角色是什麼？國內
　　經紀類型有那些？藝人與經紀人合約類型為何？常見合約
　　問題是什麼？

產業重心由製造業向服務業移轉，使減少人事成本及勞動彈性的派遣勞動
加速發展；C、服務產品化趨勢，企業在人才專業多樣化需求與現實低勞動
成本考量下，彈性化勞動力之派遣業就更蓬勃。

三、藝人派遣勞動的勞雇生產關係為何？其生產政治的運作情
　　況？藝人、經紀人與製作單位間生產共識又是如何建立的？
　　居處產製結構中的藝人，其勞動意識及集體意識又如何？
四、派遣勞動對勞動權益影響有：工作不安定、工時、工資等不
　　當剝削問題、健保、勞保、職業安全等權利主張問題及退
　　休養老等福利問題，這些是否也同樣存在於藝人派遣勞動關
　　係中？

貳、派遣勞動

　　所謂的派遣，係指由事業單位派遣員工到另外一個事業單位提
供勞務，並接受此事業單位的指揮命令，但卻由原所屬事業單位來
給付薪資之狀況（如圖8.1）。

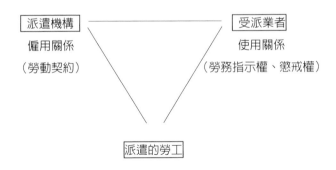

圖 8.1　勞動派遣關係

資料來源：翁玉珍，2000；黃俐文，2001

　　派遣勞動的特殊性在於派遣勞動涉及一個三角互動關係，包括派遣機構（dispatched work agency）、受派業者（user enterprise）、派遣勞工（dispatched worker）三方（Willborn, 1997; 黃俐文，1991; Polivka & Thomas, 1989; Cordova, 1986）。

　　對派遣勞工而言，派遣機構和受派業者之間形成一種雙重關係（dual relationship），一方面是派遣機構合法僱用的，另一方面卻要在受派業者處提供勞務、接受受派業者的指揮與監督（Bronstein, 1991）。

　　派遣勞工與派遣機構間又因僱用時間長短，通常分為常僱用型和登錄型二種不同的型態（Bronstein, 1991; 鄭津津，2002）。派遣勞工，勞動力具有減少人事成本及勞動彈性的直接利益，當企業面臨競爭壓力，有削減勞動成本的需求時，往往會僱用此類型勞工。國際勞工組織於 1997 年通過私立就業機構公約（Convention Concerning Private Employment Agencies No.181），[2]呼籲國際社會成員要重視勞動市場彈性化的重要性，尤其在全球化趨勢下，國際社會開始重視非典型準聘僱關係，尤其是派遣勞動（dispatched work）的發展趨勢（成之約，1998；Coates, 1997）。

　　藝人的演出，涉及到媒體製作單位的勞動需求及經紀人（公司）的仲介，其勞動屬派遣勞動。派遣勞動是一種臨時性的聘僱關係（contingent or temporary employment relationship），其聘僱關係是一種非全時、非長期受聘僱於一個雇主或一家企業的關係，包括部分工時勞動、定期契約勞動。

---

[2] 此公約有二個重點：第一、修正 1949 年收費就業機構公約（Convention Concerning Private Employment Agencies, NO. 96），將私立就業機構的活動不在局限於以往職業介紹與就業安置二項，擴張成為可以雇用勞工供第三人使用的雇主；第二、呼籲國際社會成員重視勞動市場彈性化的重要。

　　台灣的戲劇、綜藝節目及流行音樂，已經深入華人市場，台灣經紀人（公司）穿梭於兩岸三地及新加坡、馬來西亞等地仲介藝人演出，孕育出許多明星藝人，因此有關藝人派遣勞動探討，愈益重要。

參、勞動派遣制度：美、中、台經紀人（公司）發展概況

　　佔全世界電影市場的總票房市場的 2/3 強，全年多媒體產業的總值約 13000 億美元，約佔全國 GDP 的 14%左右的美國（花建，2003），其經紀人（公司）制度建構於市場機制，也較具規模。相較於美國，中國大陸的媒體產業，則由國家機器強行介入，是企盼藉由政府訂定的管理辦法，加速提升文化產業經濟效能的典型實例。反觀台灣，經紀人（公司）發展，則與台灣媒體環境變遷，有著密切的關係，但不同於美國與中國大陸，國內無論就市場機制或國家政策，迄今尚未有經紀人（公司）制度化的積極性想法與作為，以下本節將以這三個不同地方之經紀人（公司）發展情況，作一介紹。

一、美國

　　在好萊塢，經紀人（agent）需要領取執照，必須獲得演藝人員工會的認可才能執業。一般重要的戲劇、電視、電影的演員，導演、編劇等創作人員，都由經紀人負責洽談工作項目，包括合約、酬勞、利潤，以及工作狀況的細節等。經紀人通常可抽取客戶 10%的佣金做為酬勞，但有些超級經紀人還可以分享影片的利潤，但法律禁止「經紀人」兼任影視節目製作人，也不許他們擁有客戶參與作品的版權（葉以雯，2002）。

　　在美國另有一種角色是經理人（manager），經理人像是藝人的私人顧問，負責安排客戶的生活及事業。美國法律不要求經理人需領取執照，但卻禁止他們幫客戶進行交易，若經理人暗中或間接為客戶穿針引線談成的交易，藝人的經紀人仍然可以按合約抽取 10% 的佣金。一位經理人，按照規定只能照顧一位客戶，因其佣金高達 15%，但經理人可以擔任製片，領取額外的製片酬金，並且可以擁有節目版權。許多好萊塢的大牌藝人往往同時僱用經紀人與經理人為自己服務（同上）。

　　美國經紀人制度，建立於歌舞雜耍表演團流行於全美各地時，1898 年在紐約的第 14 條街成立世界上第一家經紀公司「William Morris Agency」，是歷史上最悠久的演藝人員經紀公司。隨著有聲電影於 1920 年代初期的出現和迅速普及，大批歌舞藝人和廣播藝人轉向電影界發展；好萊塢各大電影公司為了鞏固自己的製作實力，紛紛與著名藝人簽下長期合約，影響當時獨立的經紀人公司發展。很多大牌的編劇與導演都成為製片公司的私有財產，根據合約條件從事公司指定拍片任務，不必透過經紀人居中協調。

　　1960 年代，由於彩色電視節目的普及以及好萊塢創作勢力的出現，使得傳統的大製片廠難以生存，提供美國經紀人制度發展的良機，新的經紀公司紛紛成立。1961 年成立的「Creative Management Associates」，因為簽下了保羅紐曼、勞伯瑞福、達斯汀霍夫曼、艾爾帕西諾、芭芭拉史翠珊等巨星，而一度成為好萊塢最有勢力的電影經紀公司。1975 年 Ovitz 與其他四位經紀人共同創立「Creative Artist Associates」，靠著團體作戰方式，積極爭取客戶，改變遊戲規則，從幕後整合到幕前，充分發揮資源整合功能，突顯經紀人公司在「仲介電影創作人員」方面具有關鍵性的地位（沈若薇譯，1998）。

　　好萊塢電影工業中經紀業的經紀事項，可分為內部公司運作與外部資源整合兩大部分。內部公司運作包括郵件配送、實習經紀人制度、發掘藝人、與藝人簽約、人際網絡經營、資料與財務管理系統，以及隨時幫客戶解決難題等。外部資源整合包括找尋並篩選劇本、導演及演員尋找（內部客戶或外部網絡）、包裝成全套企畫案，接洽電視台或片場、客戶酬勞談判、交由製片廠開拍等提供協助（葉以雯，2002）。

二、中國大陸

　　中國大陸目前有影視歌星演員經紀人、圖書經紀人、書畫經紀人近萬名，專業文化經紀機構 205 家，演出經紀機構 78 家，截至 2000 年底，娛樂、音像、演出、藝術品所創造的產值達 130 多億人民幣（同上）。

　　1995 年 10 月 26 日，中華人民共和國國家工商管理局，訂定「經紀人管理辦法」，規範的類別相當廣泛，包括金融、保險、證券、期貨和國家有專項規定的其它特殊行業經紀業務，但並沒有針對文化經紀人。

　　因此為因應大陸文化出版影劇事業的發展，中共制定「文化經紀人管理辦法」，縣級以下的城鄉文化經紀人都須具備執業資格，其他人員須取得從業資格。這項辦法從 2005 年起開始實施，目前，中共已在直屬單位、省、自治區、直轄市等所屬文化單位，逐步建立包括文化經紀人的職業資格制度。尚在制定中的《文化經紀人管理辦法》將確定中國發展文化經紀業的指導思想，基本原則、從業條件、審批程序及管理措施。這個辦法訂定將使中國文化藝術經紀業儘速納入法制化的軌道（同上）。

三、台灣

　　葉以雯（2002）研究發現，台灣最早類似像經紀人的出現是在「秀場」，當時秀場經紀人大多都有黑社會的背景。經紀人只安排各秀場的時間，並不負責任何的宣傳活動，其權利金抽成是每一場表演費用的 10%。

　　70 年代中期以後，台灣娛樂產業開始脫離秀場型態轉往電視發展，於是經紀公司應運而生，除了擺脫黑道力量介入，經營方式除了仲介功能之外，還希望能幫助表演者創造更寬廣的業務。經紀人（公司）不但要注意藝人形象、定位，有些時候也要作藝人表演專業訓練。現今，台灣藝人都有需經紀人（公司）仲介的認識與需求，且大牌明星背後的經紀人慢慢左右演藝環境生態，經紀公司在台灣已衍生各集團制度的發展，主導演藝市場。

　　目前經紀人（公司）、製作公司朝整合方向發展，如製作公司起家，慢慢吸收其演出藝人，設立經紀部門；或從經紀公司出發，累積足夠資源跨足製作領域；也有電視台不透過經紀人（公司），直接與藝人簽約，成為該台製作戲劇、節目的固定班底，如民視、三立等電視台。

　　在無線三台時代，電視台盛行簽約基本藝人，保障藝人工作機會，卻也要求藝人不得跨台演出，各台壁壘分明。而隨著有線頻道的開放，加上整體大環境不景氣，電視台不再以合約綁住藝人，政策轉向與經紀公司策略聯盟，互惠互利。包括三立電視與最佳娛樂、喬傑立、怡佳、萬星，中天電視與數位製作，東森電視與全能製作等等，都是電視台與經紀公司合作極為成功的例子。

　　近年來，電視台又紛紛成立藝人經紀部門，將有潛力藝人納入自己旗下。無線頻道方面，民視成立「鳳凰藝能股份有限公司」，

陸續簽下陳美鳳、王識賢、黃維德、張鳳書、韓瑜、李芳雯等 40 多位藝人，動作最積極。而華視總經理江霞走馬上任後，也加入培養新生代藝人行列。有線頻道中，最早投入經紀市場的是八大電視台，從 2000 年開始，就將藝人和公司簽訂的節目約改成經紀約；2004 年 3 月，八大更將經紀部門獨立出來，成立「娛樂線股份有限公司」，其後，TVBS、緯來、東風等電視台也陸續成立經紀部門。而電視台會如此積極成立藝人經紀部門的原因，在於電視台基於經費考量，擔心被經紀公司拉抬藝人價碼，自己培養新人，一來節省製作成本，二來推出新面孔，若幸運地捧紅了，附加利益將大於投資成本，例如當年「流星花園」的 F4 就是小兵立大功的最佳例證（陳銘軒，2005）。

　　台灣的娛樂經紀產業上下游垂直整合的情況十分普遍，大致可分為經紀與製作整合、經紀與媒介整合、媒介與製作整合三類（葉以雯，2002）。雖然台灣各演藝經紀公司的策略定位逐漸走向垂直或水平整合，並有國際化發展之趨勢，在此論點之下，看似藝人權益日益受到照顧，但由於無線、有線台興起自製劇風潮，不論偶像劇、本土劇都需要大批藝人助陣，於是各台四處網羅藝人，有票房價值的藝人，從原本經紀公司手上，一再轉簽給電視台，成了被剝了好幾層皮的羊（粘嫦鈺，2004）。

　　電視台爭相和藝人簽約，說得好聽是保障，但如果雙方關係經營不善，形同相互「綁票」。[3]以致於有些藝人在走紅之後，不願意再和任何一家電視台簽保障約，但許多經紀公司仍不斷以「組合輸

---

[3]　以黃少祺為例，三年前他從「笙華」轉簽給民視，有兩年 200 小時保障時數約，但「飛龍在天」一拍兩百多集，時數早在合約期滿之前就用光了，但被合約綁住，那裡也去不了。

出」方式,將旗下藝人大批送進電視台(陳銘軒,2005)。有關目前國內各電視台藝人經紀公司現況(部門),整理如表 8.1:

表 8.1 各電視台藝人經紀公司現況(部門)

電視台	經紀公司	旗下知名藝人	成立時間	簽約方式	基本簽約時數
台視	台視藝人經紀聯盟(台視藝人經紀組)	陳仙梅、沈世朋柯叔元、丁國琳	2004 年 11 月	不便透露	不便透露
華視	華視經紀公司	柯宇綸、黃雨欣	2004 年 12 月	不便透露	不便透露
民視	鳳凰藝能經紀公司	陳美鳳、張晨光張鳳書、施易男黃維德、韓　瑜	2002 年 9 月	通常為戲劇約	A 級:1 年 100 小時B、C 級:2 年 100～150 小時新人:3～5 年 200小時
三立	怡佳經紀公司	立威廉、蔡立群唐家豪、季芹	2004 年	全經紀約	新人:5 年
	喬傑立經紀公司	5566、朱木炎K 1、王心凌	2000 年 12 月	全經紀約	
TVBS	TVBS 經紀部	林依晨、林立雯楊雅筑、賀軍翔	2002 年 9 月		
東風	經紀部	賈永婕、東風 12 少	2004 年		
	福隆經紀公司	陶晶瑩、金城武黃　磊、侯佩岑			
八大	娛樂線股份有限公司	侯昌明、洪其德阿　龐、唐哲禹	2004 年 3 月	全經紀約	不固定
緯來	緯來電視藝人經紀組	周姿君、張庭瑋	2003 年 10 月	唱片、經紀分開	不便透露
年代	年代整合行銷公司	黃嘉千、蔡依林羅志祥、黃志瑋	2003 年	不便透露	不便透露
東森	東森公關公司	利　菁、黃文華	2003 年 3 月	全經紀約	因人而異

資料來源:陳銘軒,2005

參、藝人的勞動生產關係

一、表演勞動特色

（一）市場專政的勞動力

　　研究發現，藝人的勞動，在文化商品的製造中，並非在產品上提供「量產」的勞務，而是「母帶」的表演生產，因此，藝人的勞動產出深具「獨一性」。不論是拍戲、發行唱片或現場演唱，其所從事的勞動過程就是為生產文化商品的「母帶」，以讓其他層級的勞動者進行「拷貝、製作子帶、發行」的工作。

　　一般說來「做越多、賺越多」、「勤做事將來才能成功」，這套「不變」的定律，似乎無法完全套用在藝人的勞動報酬上。根據本研究訪談的結果，藝人即便是不斷的工作，並不一定就能獲得較高的報酬，必須是要等到節目「真正播出」後才能領取到酬勞。換言之，藝人即使已經付出了勞動力參與生產製作，若節目並沒有「播出」，藝人很可能就無法獲得報酬。

　　在薪資結構上，藝人並非如同一般工人擁有基本的固定薪資，基本上藝人的薪資來源是取決於其唱片的銷售版稅、戲約的集數、通告費用等，是以「上多少、賺多少」的「計件制」薪資結構方式。另外，獎金、假期、禮物（車子、演唱會等）亦是資本家用來酬庸藝人的另一種形式的「薪資」。有關藝人與一般受雇勞工勞動力的差異，如表 8.2。

表 8.2　藝人與受雇工人的勞動力的比較

勞動力差異	一般受雇勞工	藝人
勞動產品	物質性商品	表演母帶（表演藝術）
勞動生產力	可以衡量	無法準確估算
勞動力的投入要素	操作技能	表演才華
薪酬給付	固定薪資	依案而訂＋獎金／紅利

資料來源：參考方德琳，1997 及研究者自行整理

　　由於藝人的勞動涉及其表演才華，因此對於資本家來說，想要藉由勞動產品來衡量、控制藝人的勞動力付出，並非單就「量化」的測量指標即可，勢必需要透過另外一種規訓、約制的機制和方法；不過由於藝人勞動品質衡量又涉及收視率、唱片排行、銷售量、票房、人氣指數等市場反應，故市場所擬生的商品衡量機制，卻也可以用來控制藝人的勞動力。

　　研究也發現，藝人的勞動力市場結構呈現「僧多粥少」的情況，容易造成藝人彼此之間「削價競爭」的問題，是以，除了努力以外，「機會」和「人情網絡」是藝人獲得成功的「充分」條件。在市場專政的影響下，現代藝人的勞動商品生命周期能維持長期暢銷不多，故包裝策略的運用成為藝人建立名聲和市場行銷方式。

（二）名聲行銷重要性

　　能力、努力與機運都是決定勞動力市場交換價值的重要因素，知名度對於藝人來說，更是衡量市場交換價值的另一項指標，如何透過宣傳工作提高藝人的知名度，可說是文化工業重要的一環，宣傳在塑造明星與形象時，也提高藝人商品生命周期，確保長期獲利的可能（饒秀華譯，1998；Ryan, 1991）。

　　從訪談資料中發現：宣傳工作主要針對藝人個人特質與天分，不斷地增加藝人這個勞動力商品的交換價值。演藝圈以名聲為基礎的行銷策略，透過長期曝光建立個人形象特質，使得文化消費者能夠漸漸形成一種名聲忠誠度。因為閱聽眾多半會持續支持名氣高的藝人，「知名藝人」雖然片酬較高，但因其附加價值高，因此，文化生產者寧可減少私人產品的開支，也會繼續邀聘高知名度的藝人生產。

　　值得注意的是，販賣表演藝術賴以維生之藝人，其演出成功與否，多數認為「成敗責任在己」，但捧與不捧紅，給工作、給舞台、給包裝、給訓練、給投資等，都是關鍵，加上勞動產製過程，尚需附屬於其它文化商品，如：好劇本、好導演、好搭檔、好宣傳、好製作等團隊搭檔，表演藝術的自主性，其實是編派於一連串的產製權力結構中。而依附在「知名度」的市場指標下，也使藝人的表演內容屈從於市場專政。

　　研究也發現：藝人行銷有一套「文化價值的階層體系」（hierarchy of culture value），這套階層體系是由宣傳業者所建構的，根據文化商品的重要性予以排序，而且將較大牌的明星放在重要的位置。越大牌（即越具知名度）的藝人較能夠擁有較多的市場交換價值，似乎成為藝人勞動力市場的鐵律。然給不給包裝、宣傳，更涉及製作單位、經紀人（公司）與藝人三方派遣勞動互動情況。

　　此外，文化產業基本上可劃分成三個主要的部門：製造部門、宣傳部門及商業部門。其中，製造部門主要是指私人產品、半私人產品與中介產品的生產者；宣傳部門指廣告、中介者、及媒體；而商業部門是指零售與展示的傳銷方式（楊惠玲，1995；Ryan, 1991）。在 Ryan（1991）的分類中，私人產品包括書籍、雜誌與唱片等；

半私人產品包括電影、戲劇、音樂會、巡迴演出及各類型現場表演；
半公共產品包括電台與電視（報紙與某些期刊也近似於此）。從文
化產品部門分工、生產流通關係，可以知道文化工業確實把文化當
成一種商品，加以商業化的操控（Gay, 1997; Becker, 1982）。有關
文化產業之部門分工，如下表 8.3：

表 8.3　文化產業之部門分工

部　　門	產　　品	生產與流通之關係	實　　現	利潤來源
製造部門	私人產品	生產－銷售 （行銷、宣傳）	直接、立即 的零售方式	勞動剩餘 宣傳剩餘
	半私人產品	生產－展示 （行銷、分配、宣傳）	直接與漸進的 票房收入	勞動剩餘 宣傳剩餘
宣傳部門	半公共產品	生產／宣傳者－廣告者 （中介產品的供給者）	直接經由廣告	宣傳租金 勞動剩餘
商業部門	商業服務	零售-供給	－	商品剩餘

資料來源：Ryan，1991

　　文化產業分工體系中，屬於宣傳和商品的部分大部份皆是由經
紀公司來安排規劃，此部分是文化商品銷售成功與否的關鍵因素之
一。良好的經紀公司，對於如何塑造表演者或團體之形象、推出吸
引人的訴求、為其包裝、宣傳等，關係著文化商品在市場流通的成
敗（楊惠玲，1995）。

　　演藝工作是一連串角色內化，演練、揣摩、排演、表演轉達、
修潤與創造的過程。這種勞動力雖具有獨創性，但在產製分工中，
更仰賴宣傳部門與商業部門的運作，因為藝人勞動力的酬償，不同
於一般生產力是「有做就有，事先議定」，而是「有市才有價，依

上市銷售量、集數、場次來算」，依市場決定論的藝人勞動力酬償，是文化產製分工的一項特色（彭懷棟譯，1985），故有沒有演出機會，是藝人勞務提供的先決條件，經紀人（公司）在藝人勞務仲介中的角色，就顯得格外重要。

肆、藝人派遣勞動

一、雇用分離的派遣勞動

藝人的勞動過程中，工作的接洽往往是透過藝人委託之經紀人與廠商、製作單位居中協調，待雙方合約談妥，藝人便接派工作履行合約內容，在藝人的事業當中，經紀人巧妙地扮演勞動派遣角色，而廠商、製作單位則作為勞務需求的受派遣公司，藝人（即勞動者）必須在受派業者指揮下供給勞務工作，這種僱用人與使用人分開行使職權的勞雇關係，正屬派遣勞動（翁玉珍，2000）。

研究發現，雇用分離是演藝圈常規。藝人與經紀人（公司）簽訂合約，將藝人個體的「勞動力獨賣權」授與經紀人，由經紀人負責與廠商、製作單位洽談工作。因此，經紀人與藝人有最直接的接觸，而製作單位與藝人間的關係，也因經紀人而有所聯繫。當經紀人與廠商簽訂合約後，藝人便到製作單位或廠商指派工作地點進行勞務交換，履行合約工作內容，至於「工作內容之效果評估」則是以廠商、製作單位滿意度而定。

就被派遣者（藝人）來說，派遣機構和受派業者之間形成一種雙重關係，這種特殊的派遣關係，某些程度上造成雙重老闆的問題，在履行工作內容義務時，也容易呈現出無所適從的現象，因為

一方面是派遣機構合法雇用，另一方面卻要在受派業者處提供勞務
與接受受派業者的指揮和監督。

二、無法明確歸類的派遣類型

　　依受派勞工於等待期間與派遣人之契約關係，勞動派遣可分為
常用型派遣與登錄型派遣（黃俐文，2001）。常用型派遣是指受派
勞工於等待期間與派遣公司間之勞動契約依然存續，只要有勞動關
係的存在，在合約期間內派遣公司都可以指揮、監督與管理被派遣
者，且在此期間內，被派遣者都有固定的支薪；而登錄型派遣是指
派遣員工只有在接受派遣至要派公司工作的情形下，才和派遣業者
有雇傭關係，即派遣與被派遣者間，並無明確的契約關係，且派遣
事業單位與被派遣勞工之間也未訂有勞動契約，只有要派事業單位
有需要，派遣事業單位才會與被派遣勞工簽訂定期勞動契約。相較
於常用型派遣，登錄型派遣所建立的雙邊關係不太明確，只有在勞
動期間才有薪資可領。

　　本研究發現，藝人與經紀公司簽約屬於公司的成員，在合約期
間不得再找其他公司簽約，只有在拍戲期間才可領薪資酬勞，此與
常用型派遣有別，然而藝人與經紀公司又不純然是登錄型派遣，因
為兩者只要簽約後兩者就建立了契約關係，並非登錄型派遣中不明
確的契約關係。

　　擺盪於常用型與登錄型間的勞動派遣，使藝人勞雇關係，發生
無法歸類的問題，既不屬常用型派遣，也不屬登錄型派遣。依藝人
派遣實務，在合約簽署上大致都有固定的年限契約，符合常用型派
遣類型，但福利部分卻有近似登錄型派遣，沒有基薪，報酬標準以
類似「計件制」的方式計算，即演藝人員需要實際接演一份工作才

擁有薪資給付。當工作面臨真空狀態時，契約當中也未明定仍有薪
資付給的保障，使得其勞動權益更加被剝削與彈性化。

三、經紀人（公司）的角色

經紀人抽取藝人的演出酬勞作為佣金，他們要替藝人負責什麼
樣的事務？其實經紀人工作內容相當繁瑣，也因個別性問題而有部
分出入，但大致上可以歸納如下：

（一）藝人的培育

藝人本身除了是產品製造者外，其產製品與主體形象是需要在
市場流通與販售的，包裝宣傳相對重要。而在訪問過程中，經紀人
未對包裝的重要性提出具體說明，倒是藝人本身都強調包裝對於藝
人的重要性。雖然受訪的經紀人並未點出包裝的重要性，但經紀人
對於藝人的包裝發生效應確實是存在的，以當紅的 F4 為例，不但
觀眾對他們產生相當大的迴響，連藝人都將經紀人視為階段性演藝
走向好壞的指標。經紀人通常會考慮市場預期的反應，作篩選的動
作，評估該案對於藝人是否有加分的作用，以確保藝人主打形象的
一致性，即對於包裝作最嚴格的控管動作。

藝人認為訓練是經紀人必須承擔的責任；但經紀人卻不能認同
這樣的觀點，因為在抽成比率上，他們大部分是抽不到一半，在他
們認為，這是造成他們在支付訓練費用的最大困境。

從訪談中我們發現，台灣的唱片界是演藝圈當中，為藝人作訓
練可能性最高的，經紀人（公司）願不願意花錢作訓練，關鍵點在
於抽成的問題。目前台灣的演藝生態中，也開始進入一種特殊的「經

紀、製作合一制」（葉以雯，2002），在雇用合一的情況下，雇主通常藉由表演，一方面測試市場反應，一方面藉此磨練藝人演出經驗。

　　故當經紀、製作合一時，藝人勞動就脫離「雇用分離」的派遣勞動性質，經紀公司會夾其自製節目的優勢，讓藝人「邊做邊學」，以增加磨練機會，然這與藝人期待專業訓練尚有一段距離，充其量只是進行勞動力的市場考驗，減少其對藝人投資的風險，也充分表現藝人在派遣勞動過程中工作不安定性。

（二）與受派業者協商策略

　　為了與製作單位保持良好互動，經紀人必須常常應酬，這些應酬中包括代藝人出征，因擔心得罪業界相關人士，打牌、喝酒、送禮似乎是許多經紀人必須要作的人脈編織策略。

　　另由於頻道的開放，電視台廣告收入被分攤掉，造成製作成本的降低，連帶影響藝人的片酬，許多藝人為了爭取演出而削價競爭，這時候，經紀人就是最好的中介角色，為藝人保住他應有的價碼，與製作單位進行周旋。訪談中發現，經紀人會強化其扮「黑臉」的委屈，如與製作人拉開嗓門對吵一架，或以降價就不接戲或跳槽到友台，也有不惜以旗下藝人同進退等策略進行斡旋，並認為這是他們的專業，藝人無法也無能做到。

　　從訪談資料中發現，藝人對理想經紀人的看法尚停留於「有市」、「能溝通」等條件上，至於那些是經紀人應具備專業，訪談中，無一人提及。不同於好萊塢經紀公司作法，即從內部發掘藝人簽約、人際網絡經營、資料與財務管理系統，幫客戶解決難題，到外部資源整合，包括找尋並篩選劇本、導演及演員尋找、包裝成全套企畫案，接洽電視台或片場、客戶酬勞談判、交由製片廠開拍應提

供協助等，欠缺專業制度的經紀內涵，是台灣藝人與經紀人直指的問題點。不止是資深藝人在檢討整體經紀制度造成經紀人不專業的困境，連經紀人都感嘆國內的經紀人不夠專精，這些都影響台灣經紀人的專業與權威，也是現今台灣經紀人工作內容無法建立一套專業內涵的原因所在。

四、經紀類型

國內的經紀體制尚未成熟，有關藝人經紀類型，從訪談中大致歸納如下：

（一）個人型

有些藝人本身在演藝圈闖蕩多年，累積一定的人脈，並且瞭解演藝圈的動態，因此他可以自己接案（case）、自己談籌碼、決定什麼是自己要的，更重要的是他省下被經紀人抽去的佣金。藝人要自己接案子，通常是與製作單位已經相當熟捻，且不需要搶工作機會，較在乎製作品質者。

此外也有藝人在退出演藝圈後，自己當起經紀人，經營少數藝人，由於沒有公司組織，內部缺乏人員分擔工作，因此這類經紀人的工作項目會比較雜，都以個人打拼方式運作，人脈開展度有限，故並不受藝人的青睞。

（二）家族型

這類經紀公司，通常是較具規模性的經紀公司，責任分工與分層負責，是此類的特色。如一個助理帶公司 13 個藝人的電視通告，一個助理處理所有藝人的活動通告，戲劇的部分也由一個助理處

理。有更大規模的家族型經紀公司，像是憲憲家族、小燕家族，他們多半是演藝圈重量級藝人經營，但他只是這家經紀公司的老闆，而非經紀人，他旗下還有很多經紀人為他帶下面的藝人。

（三）事業共生型

如頻道、經紀共生型，此類經紀制度的形成原因，是由於頻道裡面有許多節目，但每拍一部戲或每有一個綜藝節目，就要和別人談價碼，檔期有時候又卡在人家手上，因此他們乾脆自己成立經紀部門，但這些被頻道簽下的藝人，就只能待在此頻道主持、演戲。其實此種經紀本身是以製作單位之姿，經營旗下藝人，例如三立、八大、TVBS、東風。

另外也有電影、經紀共生情況，這種公司經營主業通常不是經紀，而是在電影，他其實是電影公司，下面的經紀部門、廣告部門是另外發展出來的。由於公司拍電影需要演員，必須要培養新人，但每次培養起來的人才，又變成是別人的，他們通常是為避免藝人任意跳槽才去成立經紀部門，例如高仕國際影視多媒體股份有限公司。

至於唱片業經紀又細分兩種模式，其一是唱片公司自己發掘藝人，把歌手簽下來，這位歌手除了聲音以外的廣告、戲劇、出版等也都歸唱片公司經營規劃。其二是製作和發行分開經營，即歌手有一位製作人，幫他製作專輯，亦是他的經紀人，而這位經紀人找唱片公司幫歌手發行宣傳，因此在唱片宣傳期以外的時間，歌手是不屬於唱片公司的，這呈現的是藝人—經紀人—唱片公司三方面關係，而錢與權的分配也會更為複雜。

五、合約類型

　　歸納經紀人和藝人所簽的合約，依合約行文與否可以分為二類型：

(一) 無正式契約關係的默認契約，即一切合約訴諸口頭承諾，這是較為彈性的合約，藝人比較不易被束縛，溝通的空間較大。藝人認為此類型合約是建構在朋友間的信任跟道義，因此沒有任何行之於文的法律文件。

(二) 有正式契約關係的經紀約，依合約議定藝人表演範疇，又分二種，一為部分經紀，即藝人的戲劇由一個經紀人處理，廣告由一個經紀人處理，電影交由一個經紀人，或是國外市場一個經紀人處理，國內市場一個經紀人處理。多半藝人或經紀人都不贊成這樣的合約方式，因為這會造成藝人同時要面對多位經紀人困境。在唱片公司中，藝人和唱片公司（負責發行宣傳）只簽「唱片約」，就屬此類型；另一種為全經紀約，即一個藝人不論聲音（唱片）、影像（廣告、戲劇）、文字（出版）都歸你負責，這也是現今最被藝人和經紀人屬意的一種，藝人只需面對一個經紀人，而經紀人會幫他作重要性排序，幫他規劃現階段該以哪一方面優先，戲劇還是歌唱，不會有相衝突的時候，但缺點是藝人從此被經紀人綁死。

　　另外也有電視台，不透過經紀人（公司），直接與藝人簽約，類似過去三台簽基本演員情況，電視公司提供藝人固定的工作時數，對藝人而言似乎是相當有保障的，但另一方面也限制藝人不得

在其他電視台演出。藝人何如芸和民視就是簽有這種型式的合約，因為時數的保障執行程度問題而引發一陣風波。然藝人認為，既是「保障約」，就是要給保障的演出機會，若因為製作單位沒辦法履行時數約，應該還是要給你這些錢，才算是保障，但問題是，很少有電視公司會這麼做。

伍、藝人派遣勞動的勞雇生產關係

勞雇生產關係基本上也是人際關係的一種，從社會心理學的觀點，藝人與經紀人（公司）、製作單位間的互動與角色的期許，是無法擺脫社會文化的影響。其間勞雇生產關係，本研究歸納如下：

一、立基於「情」的家族化（familization）關係

研究發現，藝人與經紀人多數以父子母女、兄弟姐妹、爺爺奶奶等極為親暱稱呼來呼喚。當經紀人與藝人以家人相稱時，生活上就以家人相處模式互動，情感依賴也成工作中另一種關係。不然就強調彼此關係非常好，就完全像朋友，像一個比朋友更親密一點，可稱為「戰友」，能夠一起作戰的好朋友。

這種移植家庭中長幼有序的倫理，強調家庭和諧的氣氛，作為組織成員人際互動關係的基礎，形成團隊精神的勞雇雙方，傾向以信任的程度來區分部屬是自己人或外人，會發展出「自己人」與否的意識型態（黃光國，1988；金耀基，1985），也因此藝人與經紀人、製作單位，是否有良善的人際關係，也會左右彼此間勞雇生產關係下的差別待遇，從訪問資料中，我們也發現，有一些一線的藝人，剛出道就認經紀人或製作人為乾爸、乾媽的。

二、「報」的人情倫理關係

　　「報」這個字是中國文化上一個重要概念，是中國人社會關係特殊性的基礎。建立「自己人」的家族化（familization）關係，會形成一種「特殊主義」（particularism），以選擇性地對特定對象，進行與眾不同的互動。這種「交換之道」，糾結於「人情」關係裡，施者與受者彼此會期待有不同的表現，因此客觀上禮尚往來，進行「回報」，就成為通達人情的評量標準。台灣最早類似像經紀人的出現是在「秀場」，當時秀場經紀人大多都有黑社會的背景，也因此藝人與經紀人或給工作之製作單位，會有一套「重情知義」的關係常規。

　　研究發現，普遍藝人認為，經紀公司除安排適當演出機會外，事前的包裝行銷與栽培訓練多賴經紀公司提拔。以這樣的觀點作為思考基礎，使得藝人對於經紀人無由地產生敬畏和感激。暢行於演藝圈知遇之恩的觀念，就是中國人知恩圖「報」的充分表現。這種「重情知義」的關係常規，一來可以發揮「人情債」的生產意識，使藝人對於不當剝削，以得過且過或是視而不見的方式解決，另方面它也強化經紀人（公司）、製作單位生產權力關係，使生產方式所需要的組織效率得以維持（Friedman, 1977）。

三、自願性順服（voluntary servitude）的管理機制

　　演藝這一行，演出的勞動過程是生產的經濟層面，而一套控制藝人的管理制度則是生產的政治面。研究發現，在演藝人員的勞動過程中，演藝表演的勞動過程即是生產的經濟面，一套控制藝人的管理制度（合約內容約束）是生產的政治面，而演藝人員適應並自

然而然的接受工作過程的安排就是生產的意識形態面，因此，藝人很自然地接受經紀人所安排的工作，這樣的現象特別在知名度不高者身上看得較清楚。

　　經紀人扮演著說服者的角色，企圖與藝人建立共識，更透過有力的論述，以及人情壓力使藝人順服於整個勞動的過程，接受製作單位的指派工作，透過意識形態層面的運作，藝人甚至認為經紀人或是製作單位的出發點是為其設想，遇有衝突時，將過錯攬在自己身上，形成「自我責備」的狀態，這種自願性順服的機制通常透過如下的方式完成。

（一）隱晦性名聲支配權

　　演藝人員與經紀公司間的產製關係，其間的分工是經紀公司所負責幫助藝人料理安排有關演出機會、包裝、行銷、宣傳、塑造個人風格等，事實上，一個藝人的成功與否和經紀公司對於藝人的栽培和訓練以及重視程度息息相關，藝人對於經紀公司的「敬畏、重視」程度由此可見，也因此容易造成經紀公司對於藝人的剝削、控制，藝人往往毫無怨言的自願接受安排。

　　立基於「情」的家族化（familization）互動結構，勞雇「交換之道」，糾結於「人情」關係，非但使演藝圈默守反哺（知遇之恩）的常規，也使生產關係上，經紀人（公司）與製作公司，在產製關係上，存在著家父長制的領導風格。但在產製過程上，本研究發現，受派業者（廠商、製作單位）對藝人的勞務擁有指揮權與懲戒權。但仍會顧及藝人名氣與知名度而有不同的對待標準，大小牌的觀念仍深刻影響製作單位與演藝人員的互動。大牌藝人會因文化商品在媒體市場的反應，使其在產製過程中，擁有較被尊重（如專有休息

室、特約的造型師等）或可以議定較彈性的勞動條件（如配合其其它演出，先跳拍或搶拍部分情節），遲到也較少被責罵等。默默無聞者則沒有任何權力，只有順從產製過程的安排。

（二）趕戲、軋戲

藝人勞動酬償多半屬「有做才有」、「上市才算」的按件計酬制，趕戲、軋戲越多，其相對收入也就可能越高；經紀人能抽取的佣金也會跟著提高；藝人願意趕戲、軋戲對製作單位也可能縮短產製時程，減少製作成本，基此藝人、經紀人與製作單位三方的利益在此得到調合，藝人勞動過程就很自然地被安排成一個勞雇雙方都主動參加的「趕工遊戲」中（Burawoy, 1979）。故當藝人因此累倒、病倒或發生失神意外等情況，當事者往往自我承擔，很少人會質疑這是職業傷害（馮建三，1998a）。

（三）收視排行榜

為了收視率，製作單位在工作合約中，通常會要求藝人在發片或戲上檔時，必須配合製作部門安排上節目打歌或歌友簽唱會、影友會等作宣傳。為製造宣傳效果，經紀人（公司）及製作單位甚至會放出一些攸關藝人隱私的八卦緋聞事件，讓媒體炒作，在一切為收視的情況下，藝人通常心知肚明，但不願戳破。

另外，如果製作單位重金禮聘的藝人，節目上檔並不如預期的好，或藝人並非全力配合宣傳，在可能情況下，製作單位往往會在戲劇中「賜死」，讓該藝人提前出局。反之，若觀眾的反應出奇的好，製作單位會拼命加重該藝人的戲份，使配角變主角，搶走原定

男、女主角戲份的情況。市場表現也會反應在藝人、經紀人下次與製作單位簽約時的價碼。

收視好的戲碼，製作單位為維持收視長紅，會無限加長戲碼，使參與該劇的演員，持續工作好一陣子，不用擔心沒戲拍；反之，收視不佳，則四十集可能被攔腰砍成二十集，演出集數縮水，連帶使藝人勞動酬償，跟著打折。對於這些，藝人與經紀人（公司）通常無法置喙。

陸、藝人的勞動意識

一、因為不確定所以模糊

藝人的勞務買賣和提供並非僅止於單一僱用關係，而是牽連於經紀人和製作單位兩者之間，形成一種複雜的勞務供給關係。且藝人的勞務報酬並非來自於經紀人，反而是經紀人由製作單位所給予藝人的勞務報酬中抽取部分佣金以為酬庸。因此，「究竟『誰』才是老闆？」這個問題在如此複雜的演藝勞務關係中，就連經紀人和藝人本身似乎也很難釐清。經紀人會認為：「我一直弄不懂，到底我（經紀人）是老闆，還是藝人是老闆？說真的，你以收入這部分來看，很明顯，他們賺多少、你才抽多少，他們是不是老闆？但我是老闆呀！因為沒有我，他們那來工作」（A2）；對於藝人，他們又說：「我們對外宣稱經紀人他是我們的老闆，其實我們是賺錢給他。」（S18）經紀人和藝人各執一詞的說法中，顯示了演藝事業中勞雇關係的模糊性，藝人普遍缺乏勞雇關係意識。

二、弱化勞工自覺意識的自我實現論

研究發現：藝人大多以「藝人」或「表演者」來界定自己的勞動身分；這可能和演藝工作深具藝術特質的特殊勞動形式有關，且藝人多不認同於勞工的身分。他們皆強調演藝工作是相當不穩定和辛苦的工作，在進入演藝圈工作前就應該要有所體認；很可能常常會遇到錄影到很晚，或是連夜軋戲的情形，這是藝人所必須要認清到的一點。

另外，面對如此艱辛和不穩定的演藝工作，藝人強調如果真是出於興趣，也就是在「作自己喜歡做的事」，付出與報酬的合不合理已不是首先應該考慮的部分，因為盡力作一件事，比付出多少還重要。

多數藝人也認為，無法比較「合不合理」的標準，只要是自己心甘情願的工作，就算硬著頭皮也會去做。這種「默默承受」的說法，也顯示了藝人勞動條件自覺意識薄弱的情形。

三、大牌、菜鳥不一樣

具一定名聲基礎的大牌藝人，由於握有較高的市場籌碼及文化資本，較有能力與經紀人（公司）在合約上談判有關佣金的成數（大牌約 5% 至 10% 間），菜鳥則是 30% 至 50% 不等；另在工作待遇如：保險、獎金、休假等方面大牌會有較多的保障；工作場域中如服裝設計、道具提供及工作時間的安排上，製作單位多半會盡可能配合。

早期老三台時，電視台都與藝人簽基本演員約，月領台幣 8000 元，但若電視台不給戲拍，除了領 8000 元外，無法接其它電視台的戲，藝人若跨台演出，就要被告。當時當紅的藝人寇世勳，就帶

領藝人與電視台抗爭，迫使三台取消基本演員的管理辦法，當時若換成剛出道尚不成氣候演員，情況可能就不一樣。

從訪談資料上，可以發現，市場反應及技高一籌，或恐是藝人在實踐其勞動權益時，較具談判力的個人籌碼，但如此是否就能說明職場中位階較高的藝人，其勞動意識會較明顯，有待進一步檢驗。

四、集體勞動意識形成的困難

台灣的演藝環境原本就缺乏法律上的凝聚力，而且處於僧多粥少，勞動力市場結構下的藝人，大多抱著「只要自己好」的「個人主義」心態，因此，藝人之間常為了個人一己私利就彼此你爭我奪，毫無任何共識基礎。本研究也發現，演藝勞動市場，持續惡性競爭是集體勞動意識難以形成的原因。

權力不等的勞資關係中，藝人普遍畏懼於提供金錢的老闆，深怕得罪、塑造和老闆對立的形象因而斷送了衣食父母。在不對等的勞資關係中，「搭便車」是藝人對演藝工會所抱持的心理。最好「有事」並非自己服其勞，而是有所謂的「革命先烈」，一但成功了自己可以搭便車跟進。個人顧個人的利益，最好你去拼，爭取到大家就跟進，這是台灣演藝圈的特質。

柒、藝人派遣勞動權益問題

藝人、經紀人（公司）、製作單位三方特殊的派遣勞動關係，與典型工作型態不同，再加上目前法規訂定不明，衍生許多演藝派遣勞動上的問題。

一、合約問題

在所有合約類型當中，合約條文大同小異，只是經紀人和藝人間通常有一種默契，就是依個別交情、條件作合約內容的修改，其中最令藝人和經紀人關切的部分就是抽成比率問題。

在訪談過程當中，我們發現台灣演藝圈中，對於合約當中的成數（經紀人。抽取的佣金比率）並沒有一個標準值，從訪談中大概可以歸納出大牌藝人的抽成比率大概介於 5%-10%成之間；剛出道則在 30%-50%之間。

然而經紀人在和藝人訂立抽成比率，為何會依照藝人的大小牌來區分，從訪談中發現，由於高知名度藝人相當容易推出去，接到高籌碼案子（case）的機會也比較多，從中抽取一成，就已經是相當可觀的數字；相對的，沒有知名度的藝人，經紀人要花更多的時間心力幫他爭取演出機會，並且要承擔這個藝人沒有市場價值的風險，所以造成抽成比例上的差異性。

經紀公司透過與藝人簽訂經紀約，而享有勞動力獨賣權。製作單位只能藉由該藝人的經紀公司或經紀人與之簽訂合約，並在合約中簽署藝人的勞動內容。至於經紀制度與合約類型當中的合約內容，藝人和經紀人通常將重心擺在合約年限、抽成比例上面，對於最基本的工作安全衛生及勞健保卻常置之不理，藝人持消極態度面對，而經紀人也處在被動狀態。

在訪談過程中可以發現，藝人通常將勞健保掛在 1‧親戚所屬公司；2‧演藝工會；3‧有執照的經紀公司；4‧藝人工作室。由此看出，許多經紀公司是無法讓藝人掛勞健保的，因為公司本身沒

有執照，公司不開發票、不繳稅；而工會又似乎沒發生太大效用，只有少數藝人會將勞健保掛在演藝工會下。

　　由於演藝人員沒有勞健保的保障，因此他們是沒有意外補助費用和退休金等，在無法享受國家賦予勞工的權利時，他們仍舊是需要盡國家義務，他們也需要納稅，並且報稅時，其所得必須以薪資所得申報。如藝人方季惟就曾經發生將取自藍白公司之所得 297 萬，列報為執業所得，但台北市國稅局則認為應屬薪資所得，並要求方季惟補稅，行政院最後判國稅局勝訴。[4]他們表示，藝人所得屬所得稅法「演技收入」，為執業所得範圍，顯然這樣的判例對他們並不合理，但在勞保、健保福利上卻相對弱勢。

二、雙元老闆的困境

　　藝人勞動派遣中不固定的流動工作地點及居處經紀人（公司）與製作單位的困境，容易致使藝人一旦在勞動力派遣過程中發生任何問題，難有固定明確的老闆以供協商，是以演藝工會的團結更加困難。如：「基本上我們工會是很難……跟誰協商，因為他的老闆不一。」（演藝工會秘書）；「藝人是無雇主之藝人（勞工），他們是沒有雇主的，有戲他們就演，沒戲他們就沒有收入」（演藝工會理事長）。

　　在派遣勞動關係下，對派遣公司而言，受派業者是其服務的對象，因此，受派業者對於派遣勞工有任何不滿，都可要求派遣公司

---

[4] 藝人取自合作公司的所得究竟是執業所得或薪資所得，對賦稅影響很大，若屬執業所得，可扣除一定比例的必要費用，以其餘額作為所得，再併入綜合所得；若屬薪資所得，則除了薪資所得特別扣除額，無法扣除必要所得，須全數併入綜合所得。

更換勞工。同時，受派勞工與派遣業者間之勞動契約有可能是不定期契約（即臨時工性質），當派遣公司與受派業者的合約到期，卻無法與原受派業者續約或暫時無法與新的受派業者訂約時，受派勞工與其僱用人間之勞動契約就可能因雇主與受派遣公司間之契約終止，或僱用人之業務量減少而終止（黃俐文，2001）。在演藝圈也常因藝人或因專業能力不足、或因技術能力未受肯定，臨時換角，或是藝人本身因合約到期，無法繼續參與劇集演出，使劇組中途換人。對於雇用分離的藝人，由於派遣勞動的特殊性，其不安定下的工作權，就常成為派遣業者與受派遣公司間互推皮球下犧牲品。

派遣勞動中雙元老闆的問題，不僅常常造成勞動派遣業者在工作表現上無所適從，同時，在工作場所發生意外時所帶來的賠償與責任歸屬問題，受限於派遣勞動雙元老闆窘境，呈現推卸、消極的態度。如秦偉為拉抬收視率，表演「火中掙脫術」，引火上身，二年內才能復員、臨時演員陳玉敏演出「變色龍」遭灼傷，或拍「歹人行大運」曾樹楚導播，拍攝過程被燒死等，也都沒有一定勞動條件規範，一旦發生職業傷害，常自認倒楣居多，過去演藝人員因工作意外而終止演藝生涯的事例亦屢見不鮮（馮建三，1998a）。

本研究也發現，勞雇分離的演藝事業在法規尚未為其立法保障之前，製作單位對藝人個體生命安全所提出的保障常模稜兩可，藝人通常抱著疑惑上場搏命演出。另保險制度未普遍落實，讓藝人在提出要求時明顯畏縮，自覺自己的要求似乎是無理的，更是不受歡迎的。因此，自主性較高的藝人傾向與其被動要求製作單位為其投保，不如將希望寄託於自己身上，由自己全額負擔保險佣金。

當在發生災害之後，演藝人員對於製作單位善後處理皆秉持不諒解甚至不期待的態度。製作單位對出事後做法，也常是虛應故事，由藝人個人作最後承受，毫無章法可據，當然更別談退休金制。

捌、結論與討論

藝人並非如同一般工人擁有基本的固定薪資，基本上藝人的薪資來源是取決於其唱片的銷售版稅、戲約的集數、通告費用等，是以「上多少、賺多少」的「計件制」薪資結構方式。另外，獎金、假期、禮物（車子、演唱會等）亦是資本家用來酬庸藝人的另一種形式的「薪資」。

「機會」和「人情網絡」是藝人獲得成功的「充分」條件。在「僧多粥少」市場為大情況下，藝人除了努力以外，其勞動生命週期能維持長期暢銷者並不多，故包裝策略的名聲行銷，對藝人就顯得格外重要。

藝人演出機會、名聲包裝行銷與培訓多賴經紀公司提拔，使得藝人對於經紀人無由地產生敬畏和感激。暢行於演藝圈知遇之恩的觀念，就是中國人知恩圖「報」的充分表現。這種「重情知義」的關係常規，一來可以發揮「人情債」的生產意識，使藝人對於不當剝削，以得過且過或是視而不見的方式解決，另方面它也強化經紀人（公司）、製作單位生產權力關係，使生產方式所需要的組織效率得以維持。透過一些生產政治技術控制，更是強化了兩者合作共識上的默契，形成共依共存生態。

在經紀類型上，本研究歸納出有三種經紀類型。其中以「家族型」佔大多數，原因為分工細緻、具有規模的公司組織，在專業化

的時代當中，比較容易獲得藝人的信任。然而，這類經紀類型存在一個隱憂，龐大的公司體系，下轄許多藝人，受限於經紀人人力不足，往往無法公平經營每一位藝人，以致產生許多的糾紛。

眾多演藝糾紛中以合約糾紛最為常見，原因受市場變動的影響，契約的訂定方式是呈現「依個案而定」的彈性制，再加上合約內容沒有一定的標準，因此，容易產生簽約年限、酬勞抽成的合約問題。

研究也發現「錢的糾葛」與「合約精神的違背」，是目前台灣藝人合約糾紛發生的兩大主因。在法律系統尚未有一套制度化之前，藝人的合約糾紛難以獲得合理解決。在台灣，藝人與經紀人派遣勞動關係，有其特殊的社會與歷史背景，使得台灣演藝圈依賴人際網絡與人情關係獲取工作，在爭取權益上呈現「搭便車」心態等。

《聯合報》影劇新聞版刊出標題為〈歌手職業傷害，唱到耳聾跳到脊傷〉的專題報導，內文刊載如下的內容（邱素惠、張雅婷，2006；8；13；袁世佩、張雅婷、楊恩惠，2006；8；13）：

> 阿妹在大陸巡迴演出時，因彩排時 High 過頭滑倒、扭傷腳，可是巡迴演唱不能中斷，她硬著頭皮繼續唱、繼續跳，下了台後，腳竟腫得像麵包一樣，是平常的 3 倍大，還不得不上石膏，到現在都還留下後遺症。

> 拾參樂團主唱兼吉他手小寶在舞台上，得了突發性中耳炎突然聽不見，治療至今尚未改善，左耳嚴重失聰，現在演出都要戴助聽器。

龐克團螺絲釘主唱兼吉他手小春，背脊受傷仍得在舞台上，做他的 360 度旋轉大跳躍招牌動作，永遠都需復健才有辦法上台。

蔡依林在 J-One 巡迴演唱會時，跳到腳踝骨頭移位，找中醫師整骨，醫師叮嚀至少要休息一個月，但演唱會在即，她依然硬著頭皮跳下去。在台北演唱會前，感冒加壓力，在前一天彩排途中，唱「失聲」，為了能讓她第二天能順利開唱，經紀公司帶她去打類固醇。

孫燕姿自認「筋骨硬」，為了練舞，常常撞得瘀青，唱「Diamond」和「慢慢來」這類搭配爵士舞的歌曲時，她要大力道扭腰、下腰，常常就扭到腰，經常向推拿師、整脊師報到。

王力宏 2004 在台北市立體育場辦演唱會，為了練習 360 度打鼓，整個人顛倒造成腦充血，練習時 2、3 次竟然流鼻血。2006 年 3 月的蓋世英雄演唱會，王力宏挑戰中國功夫及嘻哈舞蹈，為了求好心切，反覆練習，最後全身筋骨痠痛。

　　對於這些問題，唱片公司與經紀公司的做法是為藝人投商業保險外，沒有任何更積極的作為，而藝人對這樣的問題則力求自己要更加小心，這種自我責任論的現象，說明了藝人、經紀公司及派遣單位契約關係與產製權力不對稱問題，國家角色至今缺席，如何建構更符合藝人勞動之勞動派遣法，值得有關單位費思，而不應被視而不見。

第九章
科技、資產與文化勞動者權益

　　本章是以社團法人中華音樂著作權仲介協會（MUST：Music Copyright Intermediary Society of Chinese Taipei）及音樂著作權代理人協會（MPA：Music Publishing Association）為例，探討音樂數位化後，透過音樂著作權團體代理、交易與授權對音樂創作資產經濟效益的變化，及其對音樂著作權人的影響。研究發現：一、音樂內容及音樂通路數位化後，由於藉由各種數位規格的授權機率增加，加上計次付費之新收費機制，使音樂創作資產發生膨脹效果，提高了著作權人收益，也大幅增加了著作物的利用空間；二、藉由數位權利分割，改變了過去個人化的版權管理方式，有助著作權人將著作權交由專業之代理人或仲介團體管理，也使國內音樂產業之代理制度邁向國際化；三、就契約權力主張來看，面對強勢的唱片經紀公司與音樂仲團，詞、曲作家仍居弱勢，因此在收費分配、使用者付費及公開演出的報酬請求權上，只能被動接受。加上音樂仲團看大不看小，對於以個體戶授權給音樂仲團之音樂創作者來說，權利契約之主張，易被忽略；四、政府對於「網站上提供之音樂欣賞」、「網路卡拉 OK、KTV」、「網路廣播」等關鍵費率尚未通過，此部份的費用，MUST 無法執行收費工作，但一些能收費的，又因市場關係及協會人手不夠，不是收不到就是分配緩不濟急，也影響著作權人之權益。

壹、前言

在所有文化商品中，流行音樂最不會受到語言、文化的隔閡與限制，透過錄音技術，音樂載具的更換，廣電媒體、網路、音樂錄影帶的產生、音響設備和卡拉 OK 及 MTV 等，不僅使得流行音樂的傳播範圍更大、更廣，更能散佈到不同的角落，也改變了流行音樂的生產（Negus, 1996）。

原製成本高而再製成本低，是多數文化商品的特徵，如唱片製作耗資驚人，創作、錄製、混音及編曲都需投注一定的成本。但只要「母帶」製作完成，一經壓片複製，其再製成本卻相當低，以國內來說，一片預算常約 15-20 元（或更低），只要市場規模夠大，穿梭載體中介的類型多樣，則獲利往往不可小覷。

以歌曲為例，一首歌透過電台、自動點唱機或公共場所的背景音樂而播放時，或許沒有多少人會聽到，且觀眾最多認為聽這首歌只值幾分錢；然而在扣除這些租費所需的成本之後，這幾分錢可能會累積成一筆值得去追償的可觀費用（Caves, 2003）。

因此，Maggiore（1990）指出，透過科技的中介與複製轉換，能使音樂產品創造逐層獲利的極大化，加上同一產品能附著於不同形式，反覆穿過時空，再三現身，藉由相關周邊產品的製造和授權，成為產製公司重要的利潤。

有趣的是，就使用的型態來看，音樂卻是可共享之「公共財」。一張唱片，不論有多少人聽，都無損其價值，這與一個大披薩，一人先吃一口，必會影響其它人所能吃到的份量不同。因此經營者必須運用人為的手段來限制文化商品或服務的取得途徑，以保障其稀有性。否則一經盜版，閱聽市場雖然大，盜版吃掉正版市場，非但

無助於獲利，可能讓高原製成本，連回收的機會都難，文化勞動的創作心血將付諸流水。

　　故如何透過授權、監督以捍衛文化商品耐久的經濟權益，不輕易被盜版、盜錄，並透過相關契約的協商、訂定，以保障音樂著作人的合理權益，成為當務之急，尤其是數位趨勢下這樣的問題更顯急迫。

　　下文將以社團法人中華音樂著作權仲介協會（MUST：Music Copyright Intermediary Society of Chinese Taipei）及音樂著作權代理人協會（MPA：Music Publishing Association）為例，探討數位化後音樂智財權的變化，透過音樂著作權團體訂價、代理、授權等機制，對音樂資產經濟效益的影響，並探討該機制對音樂著作人權益之影響，相關問題如下：

　　一、音樂產業數位化後，權利授權種類、權利金支付分配之變化　　　為何？

　　二、音樂產業數位化後交易制度、資產管理之變化為何？

　　三、現行數位音樂產品授權機制？

　　四、音樂產業數位化後，現行的音樂著作權團體運作（如 MUST　　　及 MPA），對著作權人的影響？

貳、科技中介對音樂創作資產之影響

一、數位科技對音樂經濟的影響

　　數位化指的是將文件、圖形、聲音、影像等產品，以 0 與 1 的數位檔案進行存檔、處理、傳輸；數位產製則是指將文件、圖形、

聲音、影像等產品，以 0 與 1 的數位檔案格式進行儲存、提取、再製等生產製作過程。以文化產業而言，數位產製係指具知識與創意的勞動者運用其本身所具有的專長、知識、創意，將文件、圖形、聲音、影像等產品，以 0 與 1 的數位檔案格式進行儲存、提取、再製等生產製作過程，該過程將過去以產品為基礎的產製特色，導向以流程或概念為主（Whinston, 1997）。

　　數位化的好處在於各種不同的資訊型態（文字、聲音、動畫、影像、圖形）都能經由相同的管道傳送，產製內容不再受到傳播形式的限制而產生匯流。匯流後建構的跨平台整合，達到一次生產、多元使用，以降低製作成本獲取更大的利潤。由於數位化後的內容具有流通在不同附載體間的「通透性」，因此儘管內容在不同的介面出現，也可以輕易的進行轉換（齊若蘭譯，1995；關尚仁，2001a、2001b；蔡念中，2003）。

　　但數位科技對內容產製的影響，非僅限於某階段的資訊生產，數位化對內容產製的影響是全面性的，從蒐集資訊、發展資訊、產製資訊甚至一路至分銷資訊，每一環節的流程都會有結構性的變革。其中透過「價值鏈」流程的加值服務，更具關鍵。以文化產業為例，數位化打破了載具的限制，讓原本附著於有型媒介的錄影帶、CD、報紙、雜誌、書籍等都可以跨平台保存，這種轉變的意涵，除了表示資訊的存取被統一，能讓產品的實體特徵改變，還提供了內容產品各種創意的轉換方式，讓內容轉換成產品的過程大幅簡化（謝奇任、唐維敏、甘尚平譯，1997；Pavlik, 1998、2004）。

　　對於智慧財產的擁有者來說，數位化這種無窮盡的複製能力大幅拉拔了智慧財產的利用價值，數位化的技術普遍應用，使人類原本許多看得見、摸得到，俗稱為財產權的東西，轉眼之間都隱身到

以「0」與「1」排序的電腦虛擬空間，使產品類型趨多元化（陳榮傳，2001；謝穎青，2004）。而由於音樂檔案具備易於分享的特性，音樂產業比起其他娛樂產業更易開發並擴大產業之數位虛擬市場商機。

目前用於網路傳輸的數位音樂格式相當多，除了普遍的 MP3 之外，尚有早期的 WAV 檔及後來的 Qdeisgn 所開發 QDMC、微軟的 WMA、NTT 的 TwinVQ、以及 Sony 所研發的 ATRAC3 等許多壓縮技術（郭聯彬，2001；汪宜正，2001）。

美國蘋果電腦在 2003 年 4 月份與五大唱片合作，以每首單曲收費 99 分美元提供下載，一個月內已賣出 200 萬首歌曲，引起美國線上 AOL、亞馬遜網站也想跟進推出下載服務。

中華電信 Hinet 音樂網已與滾石音樂國際股份有限公司合作提供串流音樂的付費播放，包月 99 元可享有無限點閱（歐建智，2003；5；29）。國際間，版權收費機制也因數位發展趨向多元，面對 Napster 與其他「點對點」[1] 網路系統引爆的免費音樂下載洪流，美國唱片業者與音樂工作者訴諸法律途徑解決，歐洲同業則採取對提供下載功能的個人電腦與周邊設備收費的策略。

德國娛樂界與出版界透過版權組織，要求當局對可以上網下載影音檔案的家用電腦、CD 燒錄機、電腦硬碟、影像掃描器、手機、印表機等設備徵收額外稅金，用以彌補拷貝行為對其造成的龐大損失。2000 年 11 月，法院裁決惠普牌 CD 燒錄機在德國每賣出一台，惠普必須支付額外的拷貝費，惠普已同意每台支付十二馬克（約

---

[1] Peer-to-Peer 有譯為點對點，有譯為端點對端點，大陸譯為對等。按 peer 之原意即為同輩或同儕之意，在 P2P 架構下，個人電腦及 PDA、手機、伺服器，均可能為 peer。（羅明通，2003）

5.6 美元）。德國出版業與娛樂界決定進一步設法對硬碟、掃描器、印表機等加收拷貝費。惠普估計，這些額外收費加起來，每年可突破 12 億馬克，遠遠超過目前 1.4 億馬克（鍾玉玨，2001）。

二、國際間發展趨勢

　　由於網際網路跨國跨界跨洋的「去中心化」（decentralized）傳播特性，使數位下載的侵害不分地域國界、時間季節。各國政府為解決網路之著作利用問題，於 1996 年，聯合國所屬之世界智慧財產權組織（World Intellectual Property Organization，以下簡稱 WIPO）[2] 與聯合國教科文組織（UNESCO）聯合成立了「視聽著作及錄製物政府專家委員會（Committee of Governmental Experts on Audiovisual Works and Phonograms）」，在巴黎召開會議，其條約中亦明確的將著作權之保護延伸至網路世界（馮震宇，2001）。

　　同年 WIPO，邀集其 159 個會員國、32 個其他聯合國會員國及近 200 個政府或非政府組織(Intergovernmental and Non-governmental Organizations）等，於瑞士日內瓦總部之日內瓦國際會議中心（International Conference Centre of Geneva, CICG）召開了「關於著作權與鄰接權相關問題之外交會議（Diplomatic Conference on Certain Copyright and Neighboring Rights Questions）」，並通過了「世

---

[2] 聯合國世界智慧財產權組織（World Intellectual Property Organization. WIPO）總部設於日內瓦之政府間組織，此組織之宗旨，由國際間各個國家的合作以及國與國之間的多邊協定來保護智慧財產權，並負責主管多項國際智慧財產權公約，截至 2005 年 4 月世界智慧財產權組織會員國已有 182 個。參閱 WIPO 網站：http://www.wipo.int/directory/en/member_states.jsp。last visited on 2005/04/11。

界智慧財產權組織著作權條約（The WIPO Copyright Treaty，簡稱 WCT）」及「世界智慧財產權組織表演及錄音物條約（The WIPO Performers and Phonograms Treaty，簡稱 WPPT）」等二項國際條約（章忠信，1997、2003）。這兩個條約中有關科技保護措施與著作權管理資訊的規定，將傳統著作權人對於著作控制利用的權限擴大至對著作的接觸控制層面，引發各國對於網路著作權保護政策的爭議。

　　WIPO 的舉動，正式召告各國，必須透過修法，解決網路下載對智財權的侵害，保障創作者權益，減少網路科技對創意產業不良傷害。網際網路的界線雖不是真實世界的界線，但循著網路建設及技術標準而形成的界線仍是清晰可見（Reidenberg, 1996），尤其我國在加入世界貿易組織（WTO）之後，智慧財產權保護之法制面已經符合國際規範，但在商業制度面仍是大有發展空間。

　　近年音樂產業中最大爭議焦點，就是國際唱片業者交流基金會（IFPI），因 KURO 未經合法授權而擅自將唱片公司之錄音著作供人下載並進而獲利，嗣後 KURO 擬透過與 IFPI 之合作取得唱片公司之合法授權，但因授權條件未能達成共識，協商破裂。之後 KURO 轉向立法院，擬透過著作權法修正草案之補償金制度，期望能達成利用補償金支付，唱片業者就必須強制授權，目前該草案已一讀通過，中外各界十分關注後續發展。[3] 且 1987 年 WIPO 與聯合國教科文組織（UNESCO）聯合成立了「印刷文字之政府專家委員會（Committee of Governmental Experts on the Printed World）」，在日

---

[3]　參閱「智慧財產電子報」：學者專欄，劉江彬，評 KURO 與 IFPI 的爭議，2003/11/25。

內瓦召開會議，討論影印對著作權所發生之影響與解決之道。在其結論中，建立了幾個原則，其中談到，重製權的行使若無法依個別授權而落實，政府應致力於集體授權制的建立。[4]我國於 1997 年 11 月 5 日公佈實施之「著作權仲介團體條例」就是因應上述趨勢發展。

三、音樂產業數位下載相關之權利

（一）重製[5]權

　　利用人透過軟體業者之交換軟體及平台搜尋音樂並與其他人交換音樂檔案時，將音樂檔案下載於個人電腦中，涉及著作權法中擅自重製他人音樂著作與錄音著作之行為。

　　著作權法規定，如僅供個人或家庭使用，在少量下載，且不至於對音樂產品市場銷售情形造成不良影響的情況下，屬於合理使用的行為，不會構成著作權侵害。但如逾越了「合理使用」的範圍，仍屬侵害重製權，須負擔民事責任。

（二）公開傳輸[6]權

　　未取得著作權人同意而利用交換軟體於網路上傳輸音樂檔案，可能構成侵害公開傳輸權。使用軟體業者提供之交換音樂軟體

---

[4]　該日內瓦會議之第五項原則，詳見 Copyright, February 1988, 63-2。

[5]　重製：指以印刷、複印、錄音、錄影、攝影、筆錄或其他方法直接、間接、永久或暫時之重複製作。於劇本、音樂著作或其他類似著作演出或播送時予以錄音或錄影；或依建築設計圖或建築模型建造建築物者，亦屬之。

[6]　公開傳輸：指以有線電、無線電之網路或其他通訊方法，藉聲音或影像向公眾提供或傳達著作內容，包括使公眾得於其各自選定之時間或地點，以上述方法接收著作內容。

作音樂檔案交換傳輸時，除了有前述重製行為之外，尚包含儲存在自己電腦中的他人享有著作權的音樂檔案，提供與其他網友下載的「對公眾提供」行為，是著作權法所規定的公開傳輸行為。（蕭雄淋，1999）依著作權法規定，除合於「合理使用」之情形外，仍需取得著作權人的同意或授權，使得為之。[7]

（三）專屬授權[8]

著作財產權人得授權他人利用著作，其授權利用之地域、時間、內容、利用方法或其他事項，依當事人之約定；其約定不明之部分，推定為未授權。前項授權不因著作財產權人嗣後將其著作財產權讓與或再為授權而受影響。非專屬授權之被授權人非經著作財產權人同意，不得將其被授與之權利再授權第三人利用。專屬授權之被授權人在被授權範圍內，得以著作財產權人之地位行使權利，並得以自己名義為訴訟上之行為，著作財產權人在專屬授權範圍內，不得行使權利。

（四）數位遞送成本

數位產品遞送（digital product provider）係指在線上販售或遞送數位產品（林東清，2003），而數位遞送成本係指上網的連線費用。消費者付費的對象是載體，也就是說網路內容要有價值，消費者付費的對象就是網路載體，也就是網路連線費。

---

[7]　參閱著作權法第九十二條。
[8]　參閱著作權法第三十七條：經濟部智慧財產局於民國 89 年 8 月之著作權法部分條文修正草案

　　網際網路得以利用 IT 取代原來的人工作業而使得遞送工作自動化（automation），根據 Whinston（1997）研究顯示，音樂檔案可數位化的程度極高，因此音樂商品數位化腳步較快。透過網際網路，音樂產業供應鏈不再只專注於企業內部的運作，而是將買賣雙方的範圍延伸到全世界，減少中間商的數目，降低成本以此增加利潤，也使網路上提供資訊或服務並且收取合理費用的時機漸趨成熟（Kotler,1996）。

四、國內音樂著作權交易現況

（一）音樂經紀公司著作權交易現狀

1. 音樂經紀公司詞曲作者著作權交易現況

　　一般來說，音樂經紀公司業務為簽署自由詞曲作者成為 in house 的專屬作者，嗣後將專屬作者創作出來之音樂著作推廣至唱片公司讓歌手演唱。台灣區主要音樂經紀公司有 Sony、EMI、BMG[9]、WEA、Universal、滾石、華研、豐華、擎天、福茂、阿爾發等。音樂經紀公司主要以網羅知名作者，或栽培新作者，以期音樂著作能推廣至唱片公司並造成流行，以帶動該首作品帶來的附加利益。音樂經紀公司之重製、編輯、改作等權自行管理，自行與利用人交涉，而公開演出及公開傳輸交由音樂仲團處理。

　　音樂經紀公司主要業務為音樂著作（詞曲）之代理。簽約方式為預付版稅制度，通常一約 2-3 年，簽署合約時經紀公司預付 1 千萬至數 10 萬不等之預付作者版稅予簽約作者，雙方約定合約期間

---

[9]　BMG 與 SONY 已於 2004 年 10 月正式合併為 BMGSONY。

內作者需交付音樂經紀公司一定額度的歌曲（以唱片公司發表為主），如合約屆至，音樂著作尚未交付完畢則合約自動順延。國內主要的音樂經紀公司於 1998 年共同組成了台北市音樂著作權代理人協會（MPA），以利用協會達成業務共同運作而縮減自身組織之規模（Gurbaxani & Whang,1991）下文會介紹該協會組織業務。

2. 詞曲作者專屬授權經紀公司之權利範疇如下

(1) 權利種類：含重製權、暫時性重製、公開播送、公開演出權、改作、編輯權、出租權、公開傳輸及其它所延伸之其他權利。

(2) 授權地區：如經紀公司為國際五大系統，則詞曲作者與音樂經紀公司簽署之專屬代理契約通常涵蓋世界各地區，如詞曲作者針對區域性與音樂經紀公司合作，則有可能分別與中國大陸、香港、台灣等地簽署專屬代理契約。

(3) 收益分配：平面重製，機械灌錄重製版稅（mechanical reproduction fees）、影音同步重製權利金（synchronization fee）公開播送（public broadcasting fees）、公開演出（public performance fee）等經紀公司分配 30%，作者分配 70%。

3. 音樂經紀公司與唱片公司間著作權交易現況

音樂經紀公司與唱片公司之交易採「推歌制」，所謂推歌制就是音樂經紀公司將旗下作者所創作出來的歌曲 Demo 帶，寄送到唱片公司製作部，讓製作部作為籌備新專輯的收歌依據。等唱片公司

確認某一歌曲獲錄用時，通常必須盡速通知音樂經紀公司，搶先詢價取得授權，以免其它同時收到 Demo 帶的唱片公司捷足先登，因此製作部門的挑歌品味及決策流程必須十分精準快速。

（二）唱片公司著作權交易現狀

　　台灣區主流唱片公司目前 Sony、EMI、BMG、WEA、Universal、滾石、華妍、豐華、擎天、大信、豪記、華特、歌萊美、福茂、動能、阿爾發共十數家。唱片公司之著作財產權種類主要為錄音著作、視聽著作兩種。錄音著作衍生之產品規格如卡式錄音帶、CD、MD、MP3。視聽著作衍生之 VCD、DVD、VHS 等。其著作權之交易方式分為成品授權方式及權利授權方式二種：

1.成品授權方式：

　　通常於授權合約載明成品規格、數量、單價、授權地區、運送方式，此類方式通常以批發為主，因此被授權廠商除有販賣之權利外，不得進行至製造、代理、轉授權等等其他交易行為。此類授權方式普遍存在國內唱片公司對 CD 卡帶經銷商或對大眾唱片、玫瑰唱片等大型通路連鎖店，通常採取可退貨處理，意即未售完之產品得以無條件退回唱片公司。

2.權利授權方式：

　　此類授權方式範圍較廣，被授權廠商除了販賣，通常擁有製造及代理之權利，其交易模式採取預付版稅制，意即有意取得授權之廠商或公司必須提出一筆保證預付版稅予權利人，並承包一定數量的產品，如此權利人在確定保證收入達到預期金額後履行合約。此

類通常存在於國際間視聽、錄音著作之著作權交易，或是國內唱片公司授權影音產品如伴唱帶、DVD、VCD 予下游廠商時。

（三）唱片公司之授權種類

1991 年為台灣伴唱產業的蓬勃期，著作權觀念也陸續建立，有關音樂著作或錄音、視聽、美術著作的授權方式，不同以往的不限產品規格以單首歌曲為收費依據之方式，改以採取單項規格收費。茲將常見之授權分述如下：

1.藝人肖像利用

唱片公司通常與藝人簽有專屬全經紀合約，其中「肖像權」為唱片公司專屬之權利，尤其是唱片公司出資為人拍攝之各式宣傳照、封面、海報照片，其著作財產權皆歸屬唱片公司，這些照片也都是受著作權法保護的著作。利用人如欲使用這些照片，需針對所欲使用的範圍向唱片公司取得授權，無論唱片公司是有償或無償授權，都應取得授權契約（license contract）或授權同意書（license agreement）以約定授權人與被授權人雙方之權利義務。

2.唱片公司與錄音、視聽著作

目前常見之錄音與視聽著作重製物有壓縮磁碟唱片（CD）、數位錄音帶（DAT, digital audio tape）、迷你磁碟片（MD）長時間演奏片（LP）、數位壓縮卡帶（digital compact cassettes）等。通常唱片公司必須依照台北市音樂著作權代理人協會（MPA）規定之重製版稅稅率及保證預付規範，先行支付給詞曲作者或其代理人（音樂經紀公司）以取得合法重製權利。

3. 通訊產業與音樂、錄音著作

隨著通訊產業與音樂產業合作愈來愈密切，雙方所發展出來之交易模式亦漸趨成熟，簡而言之通訊產業利用音樂或錄音著作之授權包含：(1) 手機鈴聲；(2) 圖鈴下載；(3) 空中點播；(4) 來電答鈴等。

4. 伴唱產業與錄音著作、視聽著作

傳統式伴唱歌曲以 VCD、DVD、VHS 錄影帶等實體規格作為載體，因此伴唱場所侷限於 KTV、Pub、酒店、餐廳、遊覽車、康樂中心等。伴唱歌曲載體數位化後，藉由有線或無線傳輸之遠距，開發出以下多元化的經營模式：

(1) 網際網路

目前與唱片公司有關之數位音樂平台，主要以 MP3 下載、數位影音互動網站（如：和信超媒體、Kuro、Hinet、滾石可樂網、年代電通、亞太線上、影音網等）。其中許多網站皆有提供卡拉 OK 點唱服務。

(2) MOD（寬頻隨選視訊）

透過機上盒或稱定址解碼器（Set-top box），唱片公司可將視聽著作授權系統業者，開闢音樂台，由消費者付費選擇欣賞音樂錄影帶或是選擇原聲原影 MV（Music Video），音樂類型從古典交響樂團到西洋流行音樂、線上卡拉 OK 等，琳琅滿目數量龐大。以台灣為例，中華電信、東森數位、中嘉等五家業者，相關推出數位內容服務。

(3) VOD（Vedio on Demand）隨選視訊

隨選視訊系統（VOD）是一種由使用者主導的視訊選擇系統。使用者打開電視，可以不看廣告，不為某個節目趕時間，隨時直接點播指定收看的內容，使用者不需要使用到錄影帶或者光碟或任何錄影設備。隨選視訊的應用，就是通過多媒體網絡將視訊按照個人的意願送到各用戶端。

根據資策會電子商務研究所（ACI-FIND）調查資料顯示，截至 2005 年 6 月底為止，我國經常上網人口[10]達 940 萬人，網際網路連網應用普及率為 41%；與上一季相較，增加了 15 萬人，成長率為 2% 說明了網路對於現代人生活的重要性與普及性。然相較於國外網站軟體業者向詞曲著作人、唱片業者爭取授權，相繼推出合法的音樂下載平台，我國國內的相關網站業者，則多屬尚未取得合法授權的營業方式，導致著作權爭議頻仍。

然由於數位內容播放媒介的多元化，諸如：網際網路、3G、MOD 視訊、P2P、MPEG 等，音樂智慧財產權利用因而廣泛、內容複製的成本小、載體小、傳輸快，近年來讓音樂產業內容授權相關之業務大幅拓展，各家音樂經紀公司因此而增加獲利，數位化後開發出來的新市場讓舊著作得以新利用，投資報酬率明顯提升。

---

[10] 本資料之「經常上網人口」定義為每季末於網際網路服務業者處有登錄網路帳號且仍在使用中之用戶。取自《ACI-FIND 資料庫》http://www.find.org.tw/0105/news/0105-news-disp.aspx?news_id=3879，上網日期：2005 年 11 月 13 日。

　　數位中介為音樂產製帶來智財權的膨脹，但成也科技，敗也可能科技。在數位科技下因為重製與傳輸方便，非法盜版及網路下載的情況嚴重。以台灣音樂產業為例，盜版、MP3、燒錄以及其他網路音樂的快速傳播，唱片公司專輯銷售規模已由 1997 年的 476 萬片銳減至 2001 年的 186 萬片。[11]國際狀況亦然，在韓國，網路下載使唱片市場規模由 2000 年的 4200 億韓圜，萎縮至 2003 年的 1933 億韓圜，以 CD 唱片的銷售為例，2000 年全球下滑 10%，2001 年下滑 13%，有人甚至統計，如此延續下去，到 2011 年，CD 的銷售量預計趨零（李修瑩，2004）。如何創造閱聽人、創作者與唱片公司三贏的局面，成為音樂產業重要的課題。

　　從產業發展過程來看，音樂著作權團體，近年來被視為是音樂產業面臨科技變遷，協調音樂著作人與使用人，調合音樂經紀公司、唱片公司與仲團及協會之間策略聯盟合作，使智慧財產成為音樂產業發展的新契機。一般來說，音樂著作權團體在經濟規模的考量下，也會朝減低使用者付費以爭取更大市場方向努力，當使用者能便宜的合法使用，非法盜版情況無疑將會減少，對保障音樂著作人權益有其正向功能。

參、音樂智財數位授權之經濟效益分析

　　著作財產權之權能包括：重製權、公開口述權、公開上映權、公開播送權、公開傳輸權、公開演出權、改作權、出租權、輸入權

---

[11] 資料來源：IFPI-財團法人國際唱片業交流基金會，相關資訊請參閱：http://www.ifpi.org。

等。國內音樂著作權代理仲介團體所執行的業務主要是上述權利中音樂著作之重製權、公開播送權、公開傳輸權及公開演出權等項權利，由作者、音樂著作權人及音樂使用人，透過該會集中授權，依約統一收費及訂定分配細則，而對於未經該會授權而侵害音樂著作權之音樂使用人，代理及仲介團體會依法採取法律訴訟途徑，以保障簽約授權之音樂著作權人的權益。

　　國內現行情況是音樂作者將重製權保留，另行自行管理或交由音樂著作權代理人協會（MPA）管理。音樂著作權人或音樂出版公司將「公開播送」及「公開演出」權授權給音樂著作之著作權仲介團體。現行經主管機關認證許可成立的音樂仲介團體，以「中華音樂著作權仲介協會」（MUST）、「中華音樂著作權人聯合總會」（MCAT）為市場之兩大龍頭。本章選擇 MPA 及 MUST 兩團體之組織，作為分析音樂智財數位授權所帶來的經濟效益，及對現行制度對音樂著作權人利弊得失。

一、關於 MUST 與 MPA

（一）社團法人中華音樂著作權仲介協會（MUST）

　　MUST 是由國內多位知名詞曲作家、各大音樂出版公司、唱片公司版權部共同結合，於 1999 年 2 月成立，創會時第一屆董事長為吳楚楚先生。其國內會員包括國台語歌曲、流行及古典音樂作者與廣告音樂、網路音樂作者等，會員包括 70 家音樂產製公司團體及近 200 名音樂著作人，為目前國內最具代表性之音樂著作權仲介團體。

　　1999 年 12 月正式成為「國際藝創家聯會 CISAC」[12]會員，因此 MUST 擁有該組織相同之音樂著作財產權管理權利，其中包括超過 200 萬作者及大約 1500 萬首音樂作品（幾乎為國際上所流通之音樂曲目），使 MUST 會員之音樂作品因互惠原則而受到全球保護。

　　按著作財產權之權能包括：重製權等多項權利，該會執行的業務以音樂著作之公開播送權、公開傳輸權及公開演出權三項權利為主。MUST 為便利音樂著作權人及音樂使用人雙方行使其權利與義務，透過該會集中授權，另作統一收費與分配動作，對於未經該會授權而侵害音樂著作權之音樂使用人，該會可依法採取法律訴訟途徑，保障音樂著作權人之權益。

　　目前與 MUST 進行洽商授權簽約的單位分別有：無線電視台、衛星有線電視台、廣播電台、單場次音樂演奏表演、演唱會、航空公司、觀光大飯店、百貨公司、KTV、電腦伴唱機業者、點唱機、遊樂區、連鎖事業賣場、餐飲業等公眾場所。該會也將授權業務擴大至網路授權及手機鈴聲下載等業務範圍，以落實使用者付費之觀念。

（二）台北市音樂著作權代理人協會（MPA）

　　有鑒於利用人與音樂著作權人間之種種紛爭，國際六大版權公司乃出面邀集本土優秀之音樂版權公司共同發起成立台北市音樂著作權代理人協會（簡稱 MPA），1999 年 6 月 23 日正式成立，創

---

[12] 該會直屬聯合國教科文組織，旗下之會員國達 103 個，該會攬括了全球 199 個音樂及其他藝文創作團體。

始會員共 17 家，目前旗下會員見表 9.1，該協會不適用著作權仲介
團體條例，不屬仲介團體，為社團性質。MPA 成員為國內音樂經
紀公司（Music Publishing），主要針對音樂經紀公司對下遊的授權
訂定收費標準，並與仲介團體、智財局交涉及侵權取締處理等。

表 9.1　MPA 會員

大信唱片股份有限公司	可登音樂經紀有限公司
台灣琦雅有限公司（Peer）	台灣滾石音樂經紀有限公司
艾迴股份有限公司	自己有限公司
香港商百代著作權代理股份有限公司台灣分公司（EMI）	香港商華納音樂出版有限公司台灣分公司（Warner/Chappell）
香港商維京百代音樂事業股份有限公司台灣分公司（Virgin）	常夏音樂經紀有限公司
香港博德曼音樂版權有限公司台灣分公司（BMG）	華研音樂經紀股份有限公司
新加坡商新索國際版權股份有限公司台灣分公司（Sony）	福茂音樂著作權國際股份有限公司
鋒林傳播有限公司	環球音樂出版管理股份有限公司（Universal）
豐華音樂經紀股份有限公司	亞洲歌萊美傳播股份有限公司
阿爾發版權股份有限公司	阿爾發音樂事業有限公司
鏗鏘文化事業有限公司	

資料來源：MPA 網站，2006 年 9 月 7 日下載

二、音樂產業數位化後，權利授權種類、權利金支付分配之變化

由於產業數位化及網際網路之應用普及，音樂產業與科技結合
造就新的通路成型，因此著作物增加了數位化後權利分割之報酬

率，錄音及視聽著作得以藉由手機、網際網路、PDA、MOD、VOD
等數位平台傳輸，因此增加了著作權相關權利金之收益。

（一）數位化後公開播送、公開演出收費場所增加場域

　　以社團法人中華音樂著作權仲介協會（MUST）為例，收費對
象與項目產生如下變化（見表9.2）：

表 9.2　音樂內容數位化前後 MUST 收費對象

數位化前
- 卡拉 OK、KTV
- 旅館、飯店
- 酒吧、咖啡廳、餐廳、PUB、俱樂部、舞廳、夜總會、韻律舞蹈教室等
- 遊樂場、撞球場、電動玩具店、保齡球場、三溫暖、美容院、理髮廳、超商、百貨公司、購物中心、溜冰場、錄影帶店等。
- 銀行
- 醫院診所
- 工廠、辦公大樓
- 活動中心
- 點唱機

數位化後
- 有線、衛星廣播音樂（音樂頻道商）
- 手機鈴聲下載（Ring tone）
- 網路電視、影片
- 網路廣播
- 網路卡拉 OK、KTV
- 網站上之襯底音樂
- 網站上提供之音樂欣賞

資料來源：梁秀雯整理

1. 收費對象：根據中華音樂著作權仲介協會（MUST）所訂定之收費標準，凡欲利用音樂著作使用於以下場所，必須支付公開播送、公開演出權利金。

2. 收費標準：

(1) 有線、衛星廣播音樂（音樂頻道商）

　A. 以年度之音樂收聽費總收入之 1.875 %計算。

　B. 但如年度結算總額不足新台幣 15 萬元則以新台幣 15 萬元作為當年最低之支付費用。

(2) 手機鈴聲下載（ring tone）

　A. 其授權費（用）率以每年新台幣 15 萬元預付每年之使用報酬。

　B. 並於每一季末以當季手機鈴聲下載傳輸服務營利總收入（指與乙方配合之所有系統業者鈴聲下載業務之營業總收入）之 6.75 %計算使用報酬結算。

　C. 但如年度結算總額不足新台幣 15 萬元則以新台幣 15 萬元作為當年最低之支付費用。

(3) 網路電視、影片

　A. 網路電視、影片之定義：指基於公眾接收訊息為目的，藉網際網路向公眾同步（時）傳達或不同步（異時）地回應並傳輸予選定接收訊息之公眾以結合影音之節目內容者。

　B. 以前一年之全年營業總收入的 10.5 %計算，但最低不得低於新台幣 45 萬元整。

(4) 網路廣播

　　A. 網路廣播之定義：指基於公眾接收訊息為目的，藉網際網路向公眾同步（時）傳達或不同步（異時）地回應並傳輸予選定接收訊息之公眾以廣播之節目內容者。

　　B. 以前一年之全年營業總收入的 9.75 %計算，但最低不得低於新台幣 37 萬 5 千元整。

(5) 網路卡拉 OK、KTV

　　A. 網路卡拉 OK、KTV 之定義：以提供選定音樂之人演唱為目的，藉網際網路而回應並公開傳輸其所選定之歌曲伴唱影音予選定人者。

　　B. 每點一首音樂新台幣 0.3 元或全年營業收入的 10%計算。

(6) 網站上之襯底音樂

　　A. 網站上之襯底音樂之定義：於網路使用者連結時，公開並反覆地對其傳輸所設定之音樂內容之網站。

　　B. 每首新台幣 3 萬元整。

(7) 網站上提供之音樂欣賞

　　A. 網站上提供之音樂欣賞定義：以專供公眾作音樂詞曲之查詢、試聽、下載或訂購為目的，而回應並傳輸音樂予選定接收訊息之人的網站。

　　B. 以前一年之全年總收入的 9%計算，但最低不得低於新台幣 22 萬 5 仟元整。

三、音樂產業數位化後交易制度、資產管理之變化

（一）數位化後音樂著作權代理人協會收費機制

　　根據音樂著作權代理人協會（MPA）所訂定之收費標準，凡欲利用音樂著作使用於以下產品，必須支付重製權（mechanical right）權利金及影音同步權（synchronization right）權利金。重製產品種類分為家用產品、營業用產品、手機鈴聲、電視劇及電台廣告、CD 卡帶、其它等幾大類。在音樂內容數位化後，新增許多新規格產品並發展出標準化之授權計費標準如下表 9.3：

表 9.3　數位化後 MPA 授權參考價目表

MPA 授權參考價目表				（單位為新台幣）
產品型式	授權區域	授權費用		
		100%	Syn./Flat	Mech.
家用產品				
*VCD/DVD/VHS/LD	台灣	$10,000	$10,000	$0
	東南亞／不含大陸	$15,000	$15,000	$0
	東南亞／含大陸	$20,000	$20,000	$0
	其他 B 版／台灣	$30,000	$30,000	$0
家用 MIDI 卡拉 OK	台灣	$30,000	$15,000	$15,000
營業用產品				
*VCD/DVD/LD（含家用）	台灣	$50,000	$30,000	$20,000
*VCD/DVD/LD	台灣	$40,000	$30,000	$10,000
*專屬半年 Single video+VOD	台灣	$180,000	$120,000	$60,000
*專屬一年 Single video+VOD	台灣	$220,000 以上		
*MIDI 卡拉 OK	台灣	$40,000	$20,000	$20,000

其他				
*營業用+家用 MIDI 卡拉 OK	台灣	$50,000	$30,000	$20,000
平面歌本	台灣	$1,500	$0	$1,500
手機鈴聲				
*Ring Tone 使用費（每首每個月）	台灣	$5,000	詞曲 Rate：10%（未使用錄音）	
*手機聽歌（每首每個月）	台灣	$2,000	詞曲 Flat Fee／錄音 Rate：10%	
*手機歌曲 KALA 點播（一個月）	台灣	$1,500	詞曲 Rate：15%（未使用錄音）	
電視劇／電視廣告				
電視廣告（一年）	台灣	$120,000		
電影主題曲或配樂	全世界	約 8-12 萬		
電視劇片頭或片尾	台灣	$20,000		
電視劇片頭或片尾	東南亞	$22,500		
電視劇片頭或片尾	全世界	$25,000		
電視劇片中插曲（不限次數）	台灣	$10,000		
電視劇片中插曲（不限次數）	東南亞	$12,500		
電視劇片中插曲（不限次數）	全世界	$15,000		
*電視劇發行 VCD/DVD 產品片頭片尾	台灣	$20,000		
*電視劇發行 VCD/DVD 片產品插曲（不限次數）	台灣	$10,000		
CD/MC				
*CD/MC	全世界	依作者行情不同		
*CD/MC 舊歌重唱	全世界	$40,000	$0	$40,000
*CD/MC 舊歌重唱為兒歌版本	全世界	$20,000	$0	$20,000
*CD/MC 舊歌重唱使用於 Nonstop 專輯	台灣	$20,000	$0	$20,000
*隨 CD 附贈之 BONUS（VCD/CD/AVCD）	台灣	$10,000	$10,000	$0

資料來源：MPA。註：標示*號為數位化產品

（二）數位著作權交易制度、授權費用、授權型式類別

　　音樂產品數位化後新增之與音樂產業合作之產品以數位伴唱機、數位伴唱系統、鈴聲下載、數位遊戲機、網際網路點歌下載等最為蓬勃，茲將數位化後 MPA 訂定之數位權利授權費用及種類如表 9.4：

表 9.4　數位著作權授權費用、授權型式類別

金額為台幣

伴唱單機	授權產品	授權地區	儲存方式	影音同步費	機械灌錄費	授權期限	場所
點將家／金嗓	卡拉 OK 伴唱機	台澎金馬	MIDI 音樂檔案儲存於硬碟	$20,000	$20,000	永久	家用
音霸	卡拉 OK 伴唱機	台澎金馬	MIDI 音樂檔案儲存於硬碟	$20,000	$20,000	永久	家用
巨寶	卡拉 OK 伴唱機	台澎金馬	IC 卡儲存於主機中	$20,000	$20,000	永久	家用
美華／弘音	VOD 伴唱系統	台澎金馬	MPEG 檔儲存於硬碟	$20,000	$20,000	永久	營用
伴唱系統							
揚聲／美華／弘音	VOD 伴唱系統	台澎金馬	MPEG 檔儲存於硬碟	$120,000	$60,000	永久	營用
鈴聲下載							
倚天資訊	鈴聲下載	台澎金馬	音樂檔案儲存於 IVR 系統	$0	$5,000	一個月	家用
方疊數位	鈴聲下載	台澎金馬	音樂檔案儲存於電信網站	$0	$2,500	一年	家用
摩耳國際	鈴聲下載	台澎金馬	音樂檔案儲存於 IVR 系統	$0	$2,000	一個月	家用
奧爾資訊	鈴聲下載	台澎金馬	音樂檔案儲存於 IVR 系統	$0	$5,000	一個月	家用
中央通訊社	鈴聲下載	台澎金馬	音樂檔案儲存於 IVR 系統	$0	$2,000	一個月	家用
功學社	鈴聲下載	台澎金馬	音樂檔案儲存於台灣大哥大電信系統	$0	$5,000	一個月	家用
笙楓創意	鈴聲下載	台澎金馬	音樂檔案儲存於台灣大哥大電信系統	$0	$5,000	一個月	家用
聲世紀	鈴聲下載	台澎金馬	音樂檔案儲存於 IVR 系統	$0	$5,000	一個月	家用
隨身遊戲	鈴聲下載	台澎金馬	音樂檔案儲存於中華電信電信系統	$0	$5,000	一個月	家用

首通	鈴聲下載	台澎金馬	音樂檔案儲存於 IVR 系統	$0	$4,000	一個月	家用
數位遊戲機							
鈊象電子	跳舞機	全世界	電腦音樂儲存於 IC 板	$60,000	$18,000	永久	家用
網際網路							
卡拉網	家用電腦網路伴唱	無	MIDI 音樂檔案儲存於主機	$500	$500	三個月	家用
東岳傳播	網路下載點歌	無	MP3 下載	$0	52500	永久	家用
清蔚科技	家用電腦網路伴唱	無	MIDI 音樂檔案儲存於主機	$2,000			家用

資料來源：梁秀雯整理

四、新興之數位音樂產品授權機制

（一）電腦伴唱單機授權機制

　　電腦伴唱機目前多以 MPEG[13] 壓縮檔案或 Midi Fife 格式儲存於伴唱機硬碟，其儲存歌曲音樂內容分為原聲原影及非原聲原影兩類，無論伴唱機儲存型式為哪一類型，皆須向音樂經紀公司取得合法授權。MPA 規定，家用或營業用[14] 伴唱機廠商需於重製行為先行預付取得音樂著作之影音同步權利（synchronization fee）新台幣 2 萬元及機械灌錄版稅（mechanical royalties）新台幣 2 萬元。

---

[13] MPEG 為「Moving Picture Experts Group」之縮寫，是一獨立之工業技術機構，依「國際標準組織」（The International Organization for Standardization；簡稱 ISO）及「國際電子技術委員會」（The International Electro-Technical Commission: 簡稱 IEC）共同指導（joint direction）而運作（羅明通，2003）。MPEG2 為因應高畫質影音解壓縮而制定的標準，主要應用於 DVD、數位電視。

[14] 供營業場所使用，營業場所定義為「公開」場所，如 KTV、Karaoke、酒店、遊覽車等家庭成員以外之聚會場所。

（二）VOD 電腦伴唱系統授權機制

VOD 為 Video on Demand 的簡稱，為一數位隨選視訊系統以 MPEG 壓縮檔儲存於硬碟為歌曲載具。隨選視訊系統在傳送視訊節目方式上採取高速通訊電子的方式，而在節目的播放期間使用者可以全方位動態控制播放的進行。

國內 VOD 伴唱歌曲版權採獨家授權制，亦即新歌曲發表後前 6 個月，僅有一家 VOD 伴唱廠商得以取得音樂著作專屬授權，其餘廠商如欲利用該著作，必須等半年專屬期限屆滿後，以非專屬方式取得授權。MPA 規定，VOD 電腦伴唱系統廠商如欲取得專屬權利，需於重製行為先行預付取得音樂著作之影音同步權新台幣 12 萬元及機械灌錄版稅新台幣 6 萬元。因此音樂經紀公司從 VOD 伴唱系統之授權所收取的權利金，向來是著作權業務上最重要的一個區塊。

（三）手機鈴聲授權與收費機制

Ring Tone 即一般所泛稱之鈴聲下載，由於早期鈴聲下載礙於手機容量，多未使用唱片公司原聲，因此授權取得以不使用原錄音著作，而以 MIDI 檔案重新編曲為主。鈴聲下載由於未使用原錄音著作涉及音樂著作重新編輯，因此收費較高，每月每首新台幣 5 千元整，未滿 1 個月以 1 個月計算。

（四）網路音樂授權機制

由於受限於頻寬傳輸的限制以及唱片公司基於保護原錄音著作的機制，因此網路音樂之授權型式多以 MP3 為主，網路音樂業

者先行向音樂經紀公司取得音樂著作授權後，再經由改編成 MP3
檔案而重製於網站伺服器上供網友下載。授權方式為音樂經紀公司
授權網路音樂業者得以數位碼改作、重製、透過網際網路公開播
送，並提供網友利用電腦影音機制透過網站收聽或下載音樂檔案。
授權費用一般為下載一次新台幣 1.5 元，簽署授權合約時網站業者
必須先行預付音樂經紀公司每首音樂著作 3 萬 5 仟次下載費，共計
2 萬 2 仟 500 元整，並於每年兩次結算授權費。

（五）電腦音樂跳舞遊戲機授權機制

　　跳舞機一般皆以自行創作之 MIDI FILE 作為遊戲之配音，但
有些廠商為了突顯遊戲音樂的與眾不同，會藉由與當紅偶像歌曲的
合作以達到行銷之目的，因此遊戲結合流行音樂以創造品牌特色。
授權方式為 MIDI FILE 型式重製於 IC 板。版稅計算方式為每首歌
曲之機械灌錄版稅每片 IC 版為新台幣 18 元，收費機制為廠商於
簽約時須預付每首重製音樂著作之影音同步權利金新台幣 6 萬元
整，以及重製音樂著作之機械灌錄預付版稅 1000 片新台幣 1 萬 8
仟元整。預付款扣抵完畢後以每年 2 次之結算日另行支付音樂經紀
公司。

肆、結論與討論

一、數位通路之發展增加了著作物之投資報酬率

　　雖然產業數位化後侵權現象令業界面臨許多困難及挑戰，然相
對而言，數位化增加之通路及利用規格亦大幅開拓音樂產業商機，

研究發現，依數位著作權授權費用、授權型式類別來觀察，一首暢銷歌曲從數位化產品所收取之預付收益可達到新台幣 100 萬元左右，若該首歌曲歷久彌新流行不墜，其後源源不絕的版稅稅率更是增加著作權人之獲利。

二、數位版權計費制度鼓勵優良創作

數位授權機制以版稅計算為主，一般說來以每 3 個月或 6 個月結算實際應付之版稅，暢銷歌曲之著作權人之收益因此增加，因此可以鼓勵智慧財產的創造；相對的點播率低的歌曲在未達基本預付版稅所承包之次數後，可自數位儲存載體中刪除，以維持載體內歌曲之經濟效益，這種機制的建立除了有交易成本的因素外，還有健全市場運作的考量。

三、數位權利管理問題

數位權利管理系統（digital rights management, DRM）泛指數位化資訊產品或服務的提供者（司徒嘉恆，2003），為執行、保護其產品的著作權，限制使用者權利所採用的各種電腦程式碼的方法。當載體步入數位規格，著作物在虛擬的環境中傳輸，音樂資產全面數位化後，此時無形的數位資訊的著作權，就可用 DRM 加以維護之，防止使用者任意複製的科技，也可讓原著作權人追蹤其著作之使用狀況，有利於相關企業智慧財產之建立及管理。

此外，著作權人加入仲介團體或協會之後，共同協調計費價格與授權方式，得以控制成員們的穩定性，形成對賣方有利的市場；而音樂經紀公司或唱片公司也可利用仲介團體或協會等外部組織而縮減組織之規模並共同研議市場策略。

四、音樂著作人權利主張問題

依目前音樂著作團體的運作，照理來說對於音樂詞、曲著作人好像是好事，但面對強勢的音樂著作權團體，弱勢的音樂詞、曲著作人常會遭逢如下的問題：

（一）收費分配問題

調查發現，音樂仲團收費機制自訂，但是收費之後的分配並不公平，以詞曲仲團 MUST 來說，對於會員會先抽取固定成數的管理費，但被契約綁住的著作人卻不一定收得到錢，情況有：

1. 仲團看大不看小，對大企業下手，賠償、訴訟一來一往拖得很長；但小企業播作者的歌播到翻，仲團都不管，有失著作人權益。

2. 特別帳戶的爭議：所謂特別帳戶係指在每一次分配，就每一音樂著作分配予各相關權利人之使用報酬，因下列不同原因，應於該次分配而未能分配時，可按其類別置放於下列特別帳戶中以待下次再行分配：

   (1) 爭議性特別帳戶：音樂著作的使用報酬收取額或其分配額引起爭議時（例如發生權利侵害或權利人對其權利產生爭執時），此部份之使用報酬分配額將置放於此帳戶中，直至協會被通知該侵害事件或爭執已確實解決為止；

   (2) 無法分配之特別帳戶：A.任何音樂著作於分配使用報酬時，因故無法分配時，得經董事會決議暫時保留於此帳戶中。而此帳戶內之金額可用來支付先前因疏忽遺漏而

　　　　未能分配之公開播送、公開演出或公開傳輸的使用報酬
　　　　的相關權利人；B.被除籍之團體會員，就其未分發之使
　　　　用報酬所得應暫時保留 3 年。超過 3 年者得經董事會
　　　　決議將此未分發之使用報酬所得併入其他分配款再行
　　　　分配。

　　但結果是作者就算未加入仲團或因仲團疏失遺漏未分配，仲團
都有權利每年去收錢，再放進無法分配的特別帳戶，然後依其自由
心證再去分配給作者，有欠透明公開、公平機制。

（二）使用者付費問題

　　訪問也發現，照智財權「使用者付費」的觀點，電臺播音樂，
是使用他人的著作，應該獲得音樂與錄音著作權人（如唱片公司）
同意，並支付費用，但市場機制運作的結果，情況卻不是這麼一回
事。因為當唱片公司要推出專輯，必須全面打歌，歌手要增加曝光
率，歌曲要一播再播，才能吸引消費者注意，提升買氣。唱片公司
有求於電台，自然要付費給電台。但電台要吸引聽眾，必需掌握最
新發片情況，因此，會發通告，請歌手來上節目、播新歌，免得被
市場淘汰，所以通常也不會收費。

　　同樣的問題也發生在 MV 上，照理有線電視上所播的 MV，必
需給詞曲作者一筆使用費，這在國外行之有年。但國內的情況是，
為求銷售量，唱片公司不敢收費，反而要付費，犧牲的當然是詞、
曲作家。如 2001 年 3 月 8 日發生握有國內 80% 歌曲製作權的「中
華音樂視聽著作仲介協會」與「中華民國錄音著作權人協會」，為
了維護其唱片會員的權利與有線電視協商，協議未決前暫停所有
MV 的播放，後因非該協會會員之唱片公司仍照常播放 MV，且銷

售量不斷攀升，致使協會中某些唱片公司不願配合，使付費打歌的機制照樣存在。

受訪者也表示，國外有唱片公司為了搶收視（聽）率高的頻道，給電台暗盤（即賄賂），照成不公平的情況，如 2005 年 7 月中旬，新力博德曼音樂集團被美國紐約州檢方指控非法賄賂電台，儘量播出旗下歌手的歌曲，最後以支付 1 千萬美元和解收場。但在國內大家都懷疑，唱片界在檯面下的交易應該還有許多更不公平的事，只是業界多已習以為常，不以為惡。

（三）關鍵費率未定問題

由於政府尚未通過「網站上提供之音樂欣賞」、「網路卡拉 OK、KTV」、「網路廣播」等關鍵費率，因此 MUST 尚未開始執行收費工作，目前在網路上所有公開傳輸使用，皆尚未按著作權法之規定付費。人手不夠，分配緩不濟急，也影響著作權人權益。

> 因為幾個重要的收費費率都還沒通過，所以公開傳輸費還沒開始收，其他費率通過項目的根本不重要，所以我們一直在催促主管機關盡快通過費率。（訪者馬麗華）

> 現在網路上 ISP 業者或 CP 業者提供音樂傳輸都也還沒付錢，還有市場最大的 Ring Tone（鈴聲下載）、Ring Back（來電答鈴）都還沒去向電信業者收錢，妳看損失多大？（訪者馬麗華）

> 公開傳輸費還沒收到，因為協會人少運作慢，我們連公開演出費都還在分配前兩年的錢。（訪者莊美玲）

（四）MPA 聯合定價問題

　　研究發現目前國內版權公司之授權合約皆參照 MPA 之範本擬定，具有相當程度的「契約定型化」現象。MPA 雖非仲團，但其會員（見前表 9.1）幾乎包括國內音樂經紀公司，因此 MPA 對各項授權所訂價碼成了業界必需參考的遊戲規則。其好處是不會破壞市場行情，但就法律層面來說，該規則等於一種聯合壟斷的行為，算違法，影響市場競爭。然而從訪問者中也發現，為求競爭，業界私下會再協議對雙方有利的情況，所以也是「上有政策，下有對策」，在市場競爭下，各謀己利。

第十章
市場關係中介與歌手勞動權益

　　本章以唱片產業探討唱片及經紀公司如何建構歌手的勞動符號，透過類如品牌的行銷策略，擴大勞動經濟產值。這種類如商品圈的物化運作，就合約關係所發展出的權力互動，對歌手勞動權益的影響為何？研究發現：一、流行音樂，一般都透過 A&R（Artist & Repertories）企製，建構歌手的商品符號與價值；二、透過產品現身，歌手能擁有該名聲價值，不為唱片公司獨佔，彼此獲利差異，取決於合約；三、為保障關係中介的成本效益及獲利水平，歌手與唱片公司所簽的合約都會有保障年限及配合市場行銷的勞動協定；四、當關係行銷成為歌手創造勞動價值必要的手段時，一旦發生合約上的糾紛，唱片或經紀公司訴諸於媒體壓力，會讓歌手因為害怕斷了一切生計，心生畏懼下，怯於法律主張；五、比起知名歌手，新人更在意市場的關係行銷，在「市場為大」，「有市方有價」的前提下，合約權益多半順應唱片經紀公司要求，也因此在勞動權益上淪為弱勢；六、繫於市場人氣的勞動價值，使居間扮演市場關係中介的唱片經紀，更能予取予求，支配被物化的歌手勞動力。

壹、前言

　　音樂，是一種以創意為主的創作產品。對於消費者來說，音樂具有編織夢想、心靈寄託、增強歸屬，尋求認同等積極意義，故其

商品的價值涉及消費者主觀的感受、品味與偏好。這種涉及消費者主觀偏好的產品，必須經過消費者的「體驗」才能感知到產品價值，因此如何吸引消費者購買的意願、迎合其需求，是唱片產銷的最終標的。

一般說來，唱片產銷過程涉及一廣泛的協作團隊，如何減低市場的不確定性，發揮最高的市場經濟效益，涉及產製、經紀與發行三方面的多人合約關係與酬勞給付（吳佳珍，2003）。

Negus（1992）認為，購買唱片不是一個單純從動機到藝術生產者再到消費者的一個過程，而是在演奏家、唱片公司、媒體與消費者之間的對談。如何確保多方共識，具經驗的「守門人」（gatekeeper），就成為唱片產銷時相當重要的角色。

就組織系統模式觀之，流行音樂的產製就是一個篩選（filter-flow）的過程，守門人的角色就是做好每一個環節的把關，維持一致的產品印象（product image），以避免產品完成後發生不對稱或突兀的問題，並進而增加產品附加價值的工作（added value）（Gay, 1997）。Negus（1996）就中介角度及唱片產製特色認為，過程中每一個參與者都是中介者，但更重要是聯絡這群關係網絡的人。

而訴諸「流行」的音樂產製，目的無疑在於能「大量」生產，維持市場獲利，如何讓消費者知悉、了解、認同到行動，光有創意是無法讓消費者了解產品的存在，企製與廣告行銷必須密切配合，方能締造市場獲利水平。事實上具市場規模的流行音樂，其商品不但能發揮智慧財產的收益，歌手與商品皆能與其他要素結合，產生範圍廣大的多元商品，成就可觀的產業價值鏈與文化商品圈。

新價值鏈對音樂產業結構的影響，使得唱片公司、創作者、銷售通路、以及消費者的相互關係有了些微的改變。唱片公司在面對

多元需求的壓力下，必須將產製權利歸還給專業創作者身上，並由原本的產製、發行、跨媒體行銷的角色轉換為藝人經紀代理，從唱片販售的獲利重心轉以藝人及音樂產品的專利權獲得利潤（吳佳珍，2003）。

以台灣的情況來說，在過去數位科技尚未發達，媒體頻道未過度爆炸時，歌手與唱片公司間僅止於唱片約的關係。當時，賣出一張國語唱片的利潤已相當可觀，歌手的收入主要在唱酬，錄音費用都以一筆費用買斷，唱片公司不會插手於歌手演唱、廣告等經紀事務，歌手與唱片公司簽約主要是「聲音」與「肖像」的部分，歌手被限定不能跨足戲劇（陳坤賢，2006）。

但 1997 年後，受科技盜版的影響，實體唱片業績大幅滑落，唱片營收不足以支撐營運成本，歌手跨界的附加價值開始被唱片公司正視，因此，透過歌手本身發展產業價值鏈及類如商品圈的經營模式已成唱片產銷的獲利主力，歌手勞動商品化的形態，使市場關係的中介過程，扮演舉足輕重的地位。

而唱片公司也開始不只簽唱片約，而是「in house the artist」或「in house exclusive」，也就是推「自家藝人」的簽約方式，並透過類如「商品」之定位、產製、包裝、廣告、行銷的系統性運作，強化歌手／唱片的知名度，以創造更大的市場價值。

有趣的是透過產品現身，歌手擁有產銷後的名聲價值，不為唱片公司獨佔。加上喜歡流行音樂的閱聽大眾，通常透過歌手區辨唱片，而非藉由唱片公司區辨歌手，因此唱片市場象徵價值的取得，歌手獲利最多。故如何善用歌手象徵價值成為市場交換價值，成為經營歌手市場關係的重要利基，也是以歌手為商品價值之音樂產業

價值鏈的核心。基此本章試圖以蔡依林及王心凌的案例及相關訪談資料釐清如下的問題：

一、以符號體系建構的歌手勞動商品，其建構的模式為何？

二、當歌手成為商品，其商業價值的市場關係的商業運作方式為何？

三、歌手與唱片經紀的合約關係為何？

四、常見合約糾紛的情形為何？如何解決？

貳、市場關係下的符號、商品與歌手勞動

一、符號即是商品

當今社會，消費的意義不再只是滿足需求，實現願望，而是可以為夢想提供素材，彰顯社會差異，以展現自我生活風格為目的。走進「星巴克」、「伊是」、「西雅圖」，對消費者而言，不只是喝咖啡吃點心而已，而是享受咖啡飲品與空間氣氛的歐式浪漫風情；愛上名牌，無關功效，也不單純只為虛榮，而是它體現了上流社會的身份認同與品味；同樣的商品，有了名模或偶像的「符號」加持，消費者的感受就是不同，對「粉絲」而言，透過這些「符號」，是認同也是歸屬。而衝著這些「符號」所賦予的價值感，消費者會大方掏出腰包，願意付出更多倍的價格。

當「象徵性交換」（symbolic exchange）成為商品市場主流，消費本身就是一種言論，是類如消費者自言自語的一種方式。其變化是將過去所不能量化交換的「美」、「愛」、「認同」等放在一個以價格為公分母的分子上衡量其價值，然後進行交換（Baudrillard, 1998）。

　　對於資本家而言，這種「象徵性交換」，能化解科技發達下，產品使用功能無以競爭的危機，為建構產品差異化找到新的出路，為資本累積持盈保泰、開疆闢土。當代行銷專家堅信，消費者是用心購物，之後才用頭腦將它合理化。基此，則生產的意義不在提供商品，還需製造商品的「價值」，以吸引消費者內心情感，進而形塑消費者物品意識及生命價值情懷，故物要成為商品前，必先成為符號（Baudrillard, 1998; Jensen, 2000; 汪仲譯，2001）。

　　物品變成符號，所獲得之意義不在來自於兩個人之間的具體關係，而是來自於物品與其他符號之間的差異關係。不同的商品隱含不同的指涉，消費商品同時也在消費這些符號和意義的差異價值。這種差異化一旦成為「集體的品味」就能形塑一種氛圍，成為流行（高宣揚，2002a）。

　　至於流行對文化勞動者來說，則充滿愛恨交織的勞動處境，因為它可能由文化勞動的創造力所帶動；也可能受命於商品差異化邏輯所偽裝的一套產製行銷策略，主動與被動的差異，影響文化勞動者自我認同與工作滿足。

　　但確保流行的關鍵在市場反應，市場的不確定性命定了投入其中的勞動者必須面對無限變化的可能。誰能掌握引領風騷的元素，沒有經驗法則。為減低不確定性廣納新人成為文化勞動市場的準則。如此一來也使文化勞動市場常呈現供多於求的情況，加速勞動競爭，不利個別工作者勞動契約權益主張與職涯的永續經營。

　　加上當唱片遇上市場，能否流行？需要產業活動的支援，一旦缺乏產業活動支援，流行音樂便稱不上文化商品，易隨著時空推移而遭人遺忘。產業支不支援，反應了文化勞動能否輸出販賣，以及是否能將創意具象上市的勞動窘境。

二、歌手之勞動商品與符號

Le'vi-Strauss（1977）認為，音樂的符號結構類似於神話，僅次於語言結構。作為音樂的最基本構成因素—聲音，是人從自然過渡到文化的過程中，最原始、最自然和最易於被人接受的象徵性因素。作為基礎性的象徵，聲音又具有最普遍、最抽象、最易於變形和最大伸縮性的特質，故音樂可以通過它的「無意義」說出一切可能的「意義」。

高宣揚（2002a）更指出，音樂在本質上就是創作者、表演者和鑑賞者中間的一場聲音遊戲。如何一方面把聲音提升為一般的抽象符號，一方面又將各種新的人為的非聲音符號納入聲音遊戲的循環中，將聲音當作符號加以解剖和拆散，無止境的使用顏色、形狀、各種姿態和原本無聲音的事物，建構起重重複雜化的、可以隨時改變的符號遊戲，就成為音樂產製中相當複雜卻重要的課題。如同本書導論中所言，文化勞動者其勞動價值是依附於一連串不斷發出、被接受和再生產的象徵性符碼，在流行音樂的產製中，歌手常是這套音樂符號意義的最終詮釋者。

文化商品內容與隨產品現身的勞動者，究竟哪一個符號較具說服力，能爭取產品意義認同，並沒有一定的準則。但可以確定的是透過符號輸出的勞動本質，使歌手的角色不再單純在歌唱上，而成為資本家賴以驅動流行圖騰獲取最大商業利益的符號（Healy, 2002）。因為閱聽人通常會因為喜愛王力宏、孫燕姿與阿妹，而認同他們所拍的廣告。此時，勞動者與其勞動力，同樣都是文化商品符號體系的一部分。

　　而運行於唱片公司 A&R（Artist & Repertories）的企製，基本上就是透過市場定位，試圖構連創作者、表演者和鑑賞者間的聲音遊戲，以啟動這套商業利益的符號體系。

　　在跨國唱片公司未進入台灣前，唱片界的分工是從製作去尋找定位，製作人會先了解歌手的音色及特點，想個大概的曲風定位，再找歌試唱，如不滿意再換歌，確定後編曲配唱，錄完後決定主打歌，找適合的定位、造型，發片宣傳；跨國唱片公司進來台灣之後，唱片產製走向制度化的分工，強調概念先行，先定位再製作的 A&R 企製就成為產製模式。其流程如表圖 10.1（林怡伶，1995）：

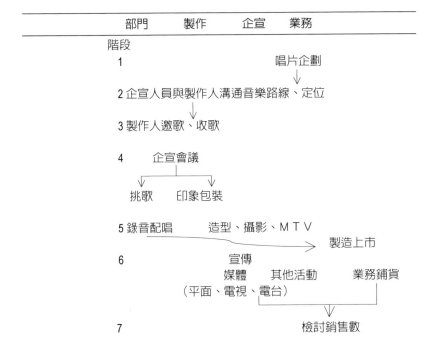

圖 10.1　唱片生產的流程圖

資料來源：林怡玲，1995

　　簡單來說，A&R 企製的重點在使歌手成為象徵性符號，成為被消費的對象。透過一連串象徵性符碼的價值，形塑歌手的勞動品牌，締造商品內容的核心價值，以發揮其交換價值，成就市場利益。

　　但透過此符號定位產銷的效果，由於歌手是整個產銷最後的產品現身者，因此該符號體系可以累積類如品牌的效果，唱片公司無法獨佔。對此，唱片或經紀公司為保護自身權益下，相關的作法為何？是本文要釐清之處。

三、明星、偶像與迷的市場

　　音樂是族群自我定義的工具。對音樂偶像的崇拜，如同音樂類型的區隔一樣，會形成不同的族群，而支持偶像最常見的形式，就是消費與偶像相關的物品。人們透過消費的形式，建構自我感和認同感（彭倩文譯，1993；張君玫，黃鵬仁譯 1995）。消費商品產生的自我概念有兩種：一是運用商品表達自己真正的個性，另外則是運用商品表達理想人物的個性，故消費者可藉由所消費的商品找到自我，或認同心目中理想的自我。

　　當名人成為商品，「迷」就成為這些商品的主要消費者，他們在消費的過程中，表達了自己對偶像的支持與認同，同時也滿足自身內在的心理需求（林兆衛，2002）。

　　因此，對消費者而言，「名人」與商品的結合，代表著四種意涵：一是可以讓消費者迅速的加以辨認，並使消費者對該商品增加記憶及產生認同；二是消費者會從名人所代表的個人特質中抽取意含，提升商品象徵價值，滿足心理價值的追求；三是消費者可用名人所代表的特質與行為，作為閒聊與對談的話題；四是消費者能確實感受到名人本身就是流行文化中的要角，確認流行文化的正當性。

　　「迷」是具有創造性和生產性的，迷和其所迷的特定對象之間，存在著一種特定的互動方式，不同於一般的閱聽人，包含了「主動性」與「過度性」的表現（鄭君仲，2000）。如「迷」會因為喜歡這位歌手、去購買他的唱片、蒐集他的剪報、購買他的明星卡、海報、為守候演場會而在演唱會場地排了好多天，看到偶像時會大聲熱情的尖叫或追逐偶像所坐的車子等等。在迷對偶像崇拜的過程中，還有一種「偶像整體不可分割性」，即歌迷對偶像的歌曲可能會照單全收，甚至不限歌曲、海報、照片、新聞報導生活點滴等，都成為歌迷收藏的對象（李丁讚、陳兆勇，1996；簡妙如，1996）。

　　一般歌迷的崇拜行為則包括有購買唱片、參加演唱會、歌友會、簽名會、觀賞電視、與參加偶像的公益活動等。流行音樂市場是音樂結合歌手的兩面促銷，運用歌迷崇拜歌手之偶像心理販賣音樂商品。偶像商品對「迷」而言，是一種「標籤」，是一個符號（Harris, 1992；朱龍祥，1996）。

　　形塑「名人」的明星體系是唱片產製的主要活動，在商品行銷中，「明星」（celebrity）、「社會」（society）、「情境」（situation）若能有效結合，常能發揮驚人的社會效果並減低市場的不確定性（曾文志、劉玲君，1995；Fiske, 1992；李珮真，1998；楊惠菁，1998；王淑娟，1999；張智雅，2000）。

　　這也是為何以利益為導向的跨國公司，進駐台灣音樂市場，為求馬上獲利，不惜重金挖「大牌」及培植偶像。唱片公司看重明星或偶像的並不是其唱片的銷售量，而是其經紀利益部分，在國內唱片銷售大幅下滑時，經紀部分是歌手與唱片公司力保的版圖，對唱片公司來說，合約問題不再以單純為歌手發行唱片的權利，而是歌手整體事業的掌控（林佳宏，2006）。對此 Krugman 提出名聲經濟

（celebrity economy）的看法，他認為唱片對於歌手來說只是他們
舞台表演的廣告，重點在依附於此的收入。透過「迷」和「族群」
之認同，從而造就大規模的集體動員，才是明星經濟學裡的「殺手
應用」（killer application）（洪財隆譯，1999）。這可從 2005 年歌手
收入情況（表 10.1）見之。

表 10.1　2005 年歌手收入排行

名次	歌手	收入	收入來源
第一名	周杰倫	約 2.5 億	1. 個人巡迴演唱會 7 場（1 場 1750 萬台幣） 2. 大陸商演 10 場（1 場 10 萬美金） 3. 8 個廣告代言（每項皆達千萬） 4. 1 張個人專輯突破 24 萬張（版稅預估 600 多萬）
第二名	S.H.E	約 1.5 億	1. 10 項代言商品（總共 8000 多萬） 2. 大陸、新加坡個人演唱會（1 場演出千萬起跳） 3. 商業演出 12 場（1 場 210 萬台幣，共 2500 萬） 4. 「真命天女」偶像劇（百萬起跳） 5. 兩張專輯（數百萬版稅）
第三名	蔡依林	約 9000 萬	1. 1 張個人專輯（共數百萬） 2. 台灣廣告 4 支起跳（共 2400 萬） 3. 出書（約百萬上下） 4. 台灣商演（每場 100 萬） 5. 活動代言人（百萬起跳） 6. 大陸商演 10 幾場（1 場約 210 萬台幣，共進帳兩千多萬） 7. 海外廣告（1800 萬）
第四名	孫燕姿	約 8000 萬	1. 大陸與台灣廣告（約 6000 萬） 2. 香港紅勘個人演唱會（逼近千萬） 3. 大陸商場 5 場（約進帳 2000 萬） 4. 1 張個人專輯

第五名	劉若英	約 7000 萬	1. 個人演唱 6 場（1 場約 600 萬台幣） 2. 大陸商場 8 場（1 場約四萬美金） 3. 台灣、大陸廣告（近約 2000 萬）
第六名	陶喆	約 6000 萬	1. 北京、上海、新加坡共三場演唱會（約 3000 多萬進帳） 2. 廣告（約 1000 萬） 3. 商場 6 場（約 1700 萬） 4. 1 張專輯（約數百萬版稅）
第七名	王力宏	約 6000 萬	1. 海內外廣告代言（約五千萬） 2. 大陸商演（每場 7 萬至 8 萬美金之間）
第八名	張韶涵	約 6000 萬	1. 台灣、大陸廣告（約 5000 萬） 2. 1 張專輯 3. 偶像劇演出（約百萬）
第九名	五月天	約 6000 萬	1. 8 場演唱會（2500 萬） 2. 大陸商演（約千萬） 3. 廣告代言（約兩千萬） 4. 1 張專輯（約數百萬）
第十名	蕭亞軒	約 4000 萬	1. 台灣大陸廣告代言（約 3000 多萬） 2. 入主唱片公司簽約金（約千萬）

資料來源：黃秀慧、賴怡鈴、洪秀瑛，2005/12/28，《中國時報》

　　因此，對於唱片產業來說，主力型的歌手與卡司，是創造產業核心價值的重要關鍵。天王及天后級的歌手與演員，非但可以為所屬的製作公司，遞造白金唱片[1]佳績及高票房的收入；藝人產品現身所累計的名聲基礎，更是經紀公司開創藝人勞動商品圈的核心價值。

---

[1]　銷售 50000 張稱為白金，100000 張稱為雙白金。

四、品牌與勞動商品圈的關係操作

如何發揮名聲經濟的利基，類如「品牌」的操作策略就成為強化明星或偶像勞動價值的管理工具。

品牌是指一個名稱或名詞、標籤、符號或它們的組合，其目的在區別不同廠商的產品或服務，以免顧客發生混淆。對廠商而言，品牌具有鑑別和保護的作用，也使廠商的廣告、推銷和促銷作業易於發生效果，並經由品牌名稱賦予其產品與眾不同的特色，使目標市場對某一品牌產生偏愛、發生認同，從而創造差別定價的機會（林智新，1983）。

品牌可以幫助購買者重複購買、簡化採購作業，購買者可已經由品牌所代表的商譽及象徵性意義而輕易辯認和購買所需（林智新，1983）。故品牌經營利用情感和理性上的價值所建立的忠誠度，品牌經營相當於差異化策略（劉夢華譯，1999）。

Aaker 認為，品牌是用來與他物區分的名字或象徵，目的是賦予銷售商的產品或服務可茲認同的東西，與其他競爭者的產品或服務劃清界線。品牌在微利時代中是企業有利的資產；面對通路競爭，也迫使企業不得不加強品牌名稱對於消費者的影響力；且由於新商品不斷導入市場，商品的平均生命週期縮短，品牌有利延續商品生命周期（轉引自徐雅娟，2002）。

當明星或偶像歌手對歌迷而言，是一種「標籤」，唱片公司行銷歌手這個「標籤」（或品牌）與產業經營產品品牌差異為何？本章將依 Kotler（2003）商品圈的概念（見圖 1）結合歌手名聲經濟的勞動特質，進行如下的歌手勞動商品行銷層級分析：

(一) 核心價值利益：是指消費者在購買商品時真正想要買的一種利益或價值；帶有心裡層面的滿足或是功能。以歌手來講，是指消費者在購買唱片時真正想要買的一種帶有心裡層面的滿足或功能，核心價值是否會隨著產品現身成為歌手本身勞動價值，與產品分離，形塑偶像明星本身的核心勞動價值。

(二) 基本產品：是將核心價值所賦予在有形產品之上。唱片專輯就是將核心價值有形化，基本商品圈的好壞，反應於唱片銷售量。

(三) 期望產品：消費者會給予產品一種期待的印象，基此行銷者以某屬性或情況開發之期望產品，以歌手來講，如唱而優則演，主持或代言商品等。

(四) 附加產品：提供產品以外的資訊與服務，讓整個產品銷售更為完整以增加顧客期望。如歌手海報、貼紙、明星卡、寫真集、演唱會、簽唱會等附加產品（merchandise）的開發。

(五) 潛力產品：在消費體系內具有可以增加商品銷售潛力的一些服務與資訊。對於歌手來說，如參加公益活動、引爆新聞話題等對增加唱片銷售，鞏固勞動核心價值之潛力商品運作影響。

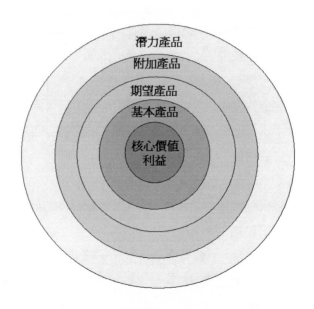

圖 10.2　Kotler 對於產品特性等級圖

資料來源：Kotler，2003

　　當然，明星、偶像會吸引歌迷的因素有：1．歌手的外表、個性、才能；2．媒體的宣傳技巧、創造新異、形象塑造（林兆衛，2002；郭致君，2001；朱龍祥，1996；吳淑玲，1996a、1996b），而曝光效應（mere exposure effect）尤為重要，因為接受偶像並不是由於實際的物理距離，而是媒體傳達的訊息。

　　英雄的成功是自己創造，名人則是靠媒體創造，名人藉著媒體的高曝光量，增加知名度，爭取注意、認同及促銷相關的周邊產品（唱片、電影），媒體扮演重要角色（李逸歆，2001；Fowles, 1992）。

　　當歌手物化為一套符號商品，發揮資本累積的商品圈經濟績效，則其成敗的關鍵不在產製，而在建立市場關係的行銷策略，如

何將唱片商品的符號與消費連結成一綿密的交換互動關係，更決定最終獲利的成敗。

1982 年羅大佑的《之乎者也》的發行是唱片產製制度化的代表，除了標準的作品企畫，這張唱片首度開記者會、發新聞稿來宣傳，開啟了日後所有唱片主動宣傳的標準模式（台大人文報社，1994）。

透過社會關係中介，歌手勞動被整合進無法脫離的集體勞動過程中（Mie'ge,1979）。中介組織（在此指唱片經紀）為了要讓公司獲益，在投資的同時都會使用「合約」綁住歌手。也因此培養明星的目的在源源不斷的生產，而透過合約進行獨佔「明星」資源，則是歌手面臨的勞動處境（馬斌、鄒念祖譯，2003）。

五、歌手權益問題

台灣的音樂產業發展的歷程可分為三期，一是民歌時期孕育音樂人為主的「民歌時代」；二為唱片出版與商業經營結合的「工業化形成時代」；三是跨國唱片公司進入台灣本地市場後的「大量生產時代」（沈宜蓉，2005）。

至於音樂代理制度則從早期詞曲作者以投稿方式發表創作，歌手自製唱片以爭取到電台或歌廳表演；到廣播電台、唱片公司以簽訂「基本歌星約」及「買斷」版權方式，招攬歌手及詞曲創作者，迄跨國公司以「版稅」方式與歌星及詞曲作者作為交易制度。

在 1970 年代之前，唱片業對歌手來源並非有制度的培養尋找，許多歌手都是具有相當知名度後才順勢發片，且當時歌手的主要收入來源並非來自唱片收入，唱片公司不會有太多意願雇用歌

手，歌手屬於唱片公司的概念，於 1980 年代民歌時期發端，1990
年代開始，跨國公司進入台灣後，整個制度開始系統化。

　　洪東洪、張釗維（2000）認為，跨國公司進入台灣音樂市場對
音樂工業建制化的影響有二：一是組織內部「理性化」建制，最主
要是以數字管理為主的財務控管制度；二是透過「版權」建立音樂
市場的遊戲規則。

　　藉由數字管理與版權收益的市場機制，其優點是能激發引導歌
手勞動潛能，但缺點是在「求利的誘惑」下，也會使分配資源的唱
片或經紀公司跟著市場的變化調配其投入的成本與資源（蔡伸章
譯，1983）。

　　如在台灣，通常歌手會把經紀約簽給一個人或一家公司，再由
經紀人（公司）將唱片約簽給另一家唱片公司；或先跟唱片公司簽
唱片約，經紀約再找專門的人或公司負責（周建輝，2004）。但
1997 年後，唱片公司開始推「自家藝人」（in house the artist）簽
約方式，因此，所有資源會放在「自家藝人」身上，盡力幫其接洽
活動。

　　如此，歌手只能在如下的狀況下作選擇：不是失掉「經紀」自
主權得到唱片公司的全力支持，不然就保有經紀自主權被唱片公司
冷落。此外，很多歌手不懂合約，看到了就簽字，結果是簽下演藝
事業全包的全經紀約，若該歌手走紅則唱片公司就賺到了。在台灣
合約內容都是一面倒對資方有利，勞方談判的空間有限，在國外合
約都是一本，台灣合約 3 頁就很了不起了（陳坤賢，2006）。

　　陳坤賢（2006）研究發現，常見的合約問題有：

（一）年約與張數約問題：簽年約或張數約的意義不同，年約是
　　　　時間一到就解約，張數約則需製作到一定張數，才算完成

合約義務。年約常見的問題是若歌手發片，市場反應不好，則在年限內，唱片公司會選擇忽略，空等發片形同冷凍；張數約如遇唱片銷售不佳則解約權力在公司，歌手常只能被動等待通知，遙遙無期。唱片公司為應付歌手的張數約，也會以出大合輯的方式沖唱片張數。此外，合約上常會註明原唱片經紀擁有優先續約權，因此很多歌手會忽略，約到期卻忘了寄不續約的存證信函，與新東家簽約而挨告。

(二) 玩文字遊戲：類如「大中華地區」、「全世界」、「開拓」、「獨家經紀」、「表演活動」等，由於沒有約定包含的範圍與實質內容與作為，唱片／經紀公司常可以包山包海的擴大解釋，讓歌手權益盡失。

(三) 版權或酬勞算法：歌手通常不會看財務報表，對專有名詞、會計帳目分類與算法都不太懂，唱片／經紀公司就有很大的操作空間，常見的糾紛在於管銷成本的扣除項目與範疇，唱片／經紀公司通常會灌水，影響歌手最後拆帳所得。

(四) 轉賣：唱片或經紀公司會把合約當成有價資產，進行轉賣，如伊能靜的經紀約被劉文正賣給飛碟；劉錫明的唱片約由奇花唱片賣給鹿橋。

(五) 私生活條款：如不能談戀愛、不能隨便簽名，不上夜店等。

(六) 賠償條款：唱片經紀公司會高額賠償條款，綁住歌手合約。

下文將以作者 2004 年發表於《傳播管理與趨勢發展研討會》論文資料及會後訪談資料，探討本章前言所列之研究問題。

參、歌手勞動商品化模式

一、A&R 企製的概念建構模式

研究發現：唱片公司在進行 A&R 企製時，考量層面有：

(一) 歌手音樂才華：是創作型、唱將型或唱將兼創作或是純偶像型。

(二) 曲風：了解歌手歌唱特質後，將聲音定位，以主題如異國風味、R&B 或其它抒情、民歌、鄉土等等定位其曲風。

(三) 音樂符號體系的建構：結合歌手表演才華與擬定曲風，企製可以與消費者可以溝通的符號體系。如：1.可愛又會唱歌的范曉萱，出道時還是學生，就強調其天使般清純美少女的特色及乾淨的嗓音，曲風挑具空谷幽靈感覺，造型為學生頭，主打歌 MV 音樂錄影帶背景在森林裡，穿白色的衣服，把她塑造成男孩心目中的天使，女孩子模仿的對象；2.歌唱得好但不帥的蘇永康，就定調於實力情歌癡情男；3.堂娜《奢求》專輯，被包裝成第三者的角色，別人的小老婆，專為吸引深陷糾葛三角情愫的特種行業或粉領族，以區隔一般正規情歌市場，銷售量破 28 萬張證明策略成功；4.而吳宗憲提攜的周杰倫，出道前為詞曲作者，寫過很多膾炙人口的歌，尤以「屋頂」最為人稱頌，於是首張專輯企製重點就要以自彈自唱及親自創作兩大特點進入市場，讓樂迷喜歡他的酷而不是帥。

(四) 歌手的人格特質：一般是盡量表現其優點，缺點就不要讓消費者或歌迷知道，或把缺點轉換成一種優點，如王菲的

酷，就被轉成是一種優點。原則上不能太背離其本性，否
則日子一久，還是會被媒體及樂迷發現，引發反效果。

(五) 新人（new artist）與知名歌手（established artist）的差異：

1. 新人的 A&R 企製通常很策略導向：有特色新人可遇不
   可求，簽署新人方面，目前唱片界重視藝人歌唱才華實
   力，因此俊男美女已經不是票房保證，新人 A&R 企製，
   第一要會唱歌，第二則製作物要夠強，選歌要非常精
   緻，是很策略導向，一般會找些參考資料（reference）
   作為樣本，依此樣本選定合適的專輯製作人，製作人會
   知道誰適合創作出訂好基調的新專輯曲風，如新人丁文
   琪，出道時身分為景美女中的高二學生，企製時是依照
   當初范曉萱的策略定位，即歌曲甜美順耳，唱片公司人
   會聘請擅長製作此類風格的製作人來負責製作。

2. 歌迷忠實，則專輯設計可大膽嘗新：如周杰倫、SHE，
   本身受歌迷十分忠實，無論怎麼換曲風換造型，忠實的
   歌迷都會購買正版。周杰倫造型就嘗試過六〇年代復古
   風、中國功夫風、嘻哈風等，屬變化型。SHE，2004
   年 2 月最新專輯，就有各種不同的曲風，像「波斯貓」
   是由古典歌曲「波斯市場」改編，帶有濃烈的中東風味，
   另一首「十面埋伏」也是由中國古典樂曲「十面埋伏」
   之概念發展出來的，挑戰性及變化性極高。

3. 頂級歌手會要求參與專輯企製工作：頂級紅歌手，要求
   自身得以參與歌曲製作或企劃造型的條款相當普遍，如
   張宇、周杰倫、庾澄慶等創作型藝人之專輯合約，明訂
   藝人自身即為專輯製作人。即便是合約中並未約定藝人

　　　　　　有權參與新專輯製作或企劃過程，但由於唱片公司非常
　　　　　　重視「一哥」或「一姊」以帶動品牌強度，對市場銷量
　　　　　　表現亮眼的大牌藝人，在專輯誕生的過程中經常會接受
　　　　　　藝人的意見，但專輯銷售若不理想，損失最大的是唱片
　　　　　　公司。

　　4.　借重知名歌手提攜新人：為迅速累積知名度，新人出片
　　　　　媒體廣告曝光量會大量集中在發片前兩週，另一個常用
　　　　　的策略就是以大牌歌手提攜新人，方式以合唱、合拍音
　　　　　樂錄影帶、記者會站台、一起上電子及平面通告等。如
　　　　　1997 年博德曼台灣分公司推出周峻偉時，唱片公司安
　　　　　排如日中天的劉德華與周俊偉合唱新歌「你別傻了」，
　　　　　於是周峻偉迅速走紅；而江蕙與施文彬對唱「傷心酒
　　　　　店」、林淑蓉與羅時豐對唱「無言的結局」，亦迅速累積
　　　　　了施文彬及羅時豐的知明度，唱片不一定賣，但馬上就
　　　　　有名，且是迅速累積。

二、市場關係建構

（一）節目打歌及採購媒體

　　選定主打歌後，利用 MV 在各大電視頻道付費宣傳。通告選擇
部分，則依據歌手特色、專輯風格來決定上那些媒體，通常走娛樂
線的電視台及節目，如 TVBS、東風等有娛樂新聞，且以演藝娛樂
為主的電視台購買廣告。通常考慮有以下幾點：

1. 歌手特點：唱將型若外型不佳，MV 就盡量不表現藝人面部特寫，讓消費者一開始不會去考慮藝人外型，而是注意歌曲本身，吸引唱片購買，當消費者發現時，唱片已經熱賣了，口碑於焉建立。也有聲音很好，外型頗佳的新人，但因為歌聲優美歌曲動聽，意境太好，MV 表現就以風景及歌詞為主，歌手不出現就只有歌詞和歌，透過電視媒體反覆大量播 MV，讓市場對這個名字和這首歌印象深刻之後，歌手本尊才漸進式曝光出來，反其道而行策略，顛覆傳統宣傳手法，反而令市場意外驚艷而達成宣傳效果。此外，有些歌手可能外型極佳，但舞台表現不好，來不及訓練，媒體採訪會暴露出缺點，因此宣傳集中在電台，讓閱聽眾聽到歌聲、專輯及藝人介紹，搭配平面通告，如平面雜誌或報紙專訪，如此一來得以有充分時間準備造型化妝，甚至拍攝後得以挑片、潤稿修飾。

2. 老闆偏好：以台語專輯為主的公司，因為比較本土，老闆個人偏好得以影響企宣計劃，因此曝光計劃可能只有單一策略，如「大信」詹雅雯 2004 年新專輯廣告以「保證好聽」為訴求，類似競選式廣告的設計，每個歌手 CF（commercial film）訴求大致雷同。較大的本土公司，會根據藝人特色跟預算來做，如閃亮三姊妹，曝光策略就是俗一點，他們不會覺得自己不好看，覺得自己都很棒，MTV 中就強化自信的團隊形像。

（二）專輯預算

在專輯預算的編列上，國際公司通常按照年度計劃詳細推估預算，大致上是每半年開一次發片計劃，評估前一年的銷售狀況及藝人等級及簽約條件安排，暢銷歌手，發片可能 1 年 2-3 三張，如周杰倫就是兩張專輯夾帶發行一張電影原帶，蔡依林亦同，SHE 則 1 年發片近 3 張，相當密集。

通常預算的控制在預估這張唱片有五萬張的銷量，1 張唱片約台幣 300 元收入，即約有 1500 萬元的收入，其中的 20%～30%，約 300～450 萬元作行銷、廣告宣傳的預算，其他成本，包含藝人版稅、企劃、製作、管銷約佔 70%～80%，每張唱片至少要獲利在10%～20%以上。

預算高，就可以找比較好的製作人，比較好的詞曲老師，樂器用的比較好，放多一點小提琴、鋼琴，MTV、拍照、化妝、髮型、造型、服裝。預算高，也可以到國外去，可以搞動畫；預算較低的就以 MIDI 合成音樂為主，費用較少，此外錄音室也選擇較便宜的，錄音師也找便宜一點，MV 拍攝盡量選擇國內郊區外景，因此不需租攝影棚、製作道具、打燈光等。

本土的唱片公司，沒有清楚的預算制度，一般是依過往經驗與總經理（通常是出資人）的個人判斷，以打帶跑的狀況進行，發片反應好，就追加預算，不好，則中途截斷，很具彈性但賭注成分更高。本土公司製作、企劃、宣傳人員小組與總經理隨時溝通，老闆或總經理權力很大。

三、勞動商品圈操作情況

文化商品係通過人造符號和文本，不需要通過實物，就可以足夠引誘和挑起消費者慾望，並促進他們對於各種人造符號和「意義」的崇拜和追求。正因為如此，流行文化產品，並不局限於實際物品的生產，還無限擴大到各種符號和載有特定意義的產品（高宣揚，2002a）。

在人的思想運作和文化創造的過程中，音樂的聲音結構變成為創造和更新意義結構的借鑑和中間環結，透過語言，它又成為人類思考轉向其它文化領域，進行各種多樣文化轉化和再創造的跳板和橋樑（同上）。

藉由 Kotler（2003）商品圈理論，本文運用在歌手勞動商品上，研究發現媒體關係關乎市場成敗，其間電子媒體對於強化歌手、產品核心價值及帶動商品圈市場效能，最具成效。電子媒體能成就流行歌曲創作、演出和傳播的最佳條件，加上電影、電視和廣告等領域間交流和相互滲透，有利於流行歌曲綜合各領域，廣泛影響其閱聽眾，故電影和電視劇叫座，其主題曲同步走紅，也會捧紅演唱者與演員，成為歌星或名歌星，或成為廠商廣告代言，唱片、影視與企業產生市場共棲共生交叉效應。

像 SHE，唱片公司很明顯的把他當成品牌，因為只要跟 SHE 有關的東西都會有人買，所以現在 7-11 商店出了很多 SHE 的商品，就是運用 SHE 核心價值，開創附加產品圈，像哈林，就出個哈林寶寶。另外常見是專輯搭新產品廣告，如每日 C 或機車廣告，一起推出，可以節省很多行銷預算，互蒙其利；或在 MTV 時段購買上，露出其商品，或在專輯 CD 盒裡，秀出其商品。

　　在市場交叉共生共棲關係中，大公司與小公司、新人與知名歌手作法又不太相同。大公司把小公司當成自己挑選名歌曲的試驗室，同時也適當挑選取得成功的小公司，將它們併入自己的聯合企業系統中，而小型唱片公司又不斷挖崛新歌手，以達到儘可能減低製作成本的目的，有利於繼續生存和發展。

　　就市場交叉共生共棲的關係看，能開發出附加產品與潛在產品圈者，不一定是暢銷知名歌手，但知名歌手擴散勞動商品圈的速度較快，因為要因應市場不確定，迅速榨乾其產值，是確保其邊際獲利最高的經營鐵律；新人或過氣的歌手，開發產品圈的態度及速度，則是以避險及減低損失的角度，是帶些冒險的被動嘗試，如過氣歌手出寫真集或上舞臺劇，都是附加產品與潛在產品另一種策略，然這種權力，不一定在唱片公司，要看當初合約，歌手經紀人（公司）扮演角色較積極。以前的媒體沒有這麼多，可以上的節目也沒有這麼多，現在不一樣，隨時隨地都可以看到藝人，包括像校園或是很多的簽唱會。唱片經紀公司通常會運用 1.唱片收入；2.個人演唱；3.廣告代言等方法，讓歌手的勞動產值發揮到最大。

　　此外，新人也有不同操作手法。以研究案例王心凌而言，在A&R 企製上，產品核心價值被媒體炒作成別人的影子，也因此核心價值在形塑品牌上居弱勢，反而市場會認為蔡依林因為夠強，別人才要模仿，強化歌迷對該歌手（品牌）的認同，因此王心凌在基本產品，即專輯販售量，僅 3 萬 4 千張 （CD＋卡帶），以唱片市場而言，並不算好。

　　但在媒體不斷報導誰像誰及相關誹聞發酵下，發片期間，透過Kolter 產品圈分析，可以發現，在期望產品圈，如跨行戲劇、代言商品；附加產品圈，如：簽唱會；及可以增加商品銷售潛力的一些

服務與資訊之潛力產品，如參加公益活動、引爆新聞話題等，都見其身影，足見透過市場交叉共生，即使新人，勞動商品圈的多方開發，也能彌補居弱勢的基本產品圈，弭平單一發片市場風險。

反之蔡依林，卻因誰像誰新聞及網友討伐模仿者動作，鞏固產品核心價值（因為夠強，別人才模仿），在基本產品市場表現，相對強勢，新專輯持續在各大排行榜上蟬連冠軍，銷售量達 26 萬張，更活躍於演電視劇、代言商品、簽唱會、演唱會、到拉斯維加斯作秀及義賣活動等相關商品圈的開發，整體勞動商品圈獲利優於王心凌。

四、品牌價值的歸屬

以唱片商品而言，透過 A&R 及宣傳行銷建構之商品核心價值，除非唱片公司操作商品符號體系，有意清楚塑造屬於唱片公司本身的符號，否則消費者品牌印象基礎多半源自於藝人，而非產製公司。歌手之於品牌鑑別力，其溝通相較於其它符號，顯然容易許多。業界表示，歌手的名字（名聲）等同於藝人的品牌，這是歌迷與歌手間，自然而然的一種溝通。如 SHE，很少有人知道她們唱片公司（華研），只認識 SHE。

至於一張唱片，如果歌手有多人，情況非如此，如 SHE，有三個人，三個人名字與 SHE 不一樣，歌迷認同是 SHE 三個，如果拆開，又跟 SHE 這個品牌不一樣，歌迷對 SHE 很清楚，對各自名字或許知道，但不比 SHE 三位一體更具鑑別力，這也是為何 F4 單飛後，市場反應會截然不同。

另一種狀況是原先名字無法成為被認同的品牌，改名再出發，也不乏成功的案例，例如從「木吉他」單飛的李宗盛，從「羅密歐」

單飛的羅志祥，從「小虎隊」單飛的吳奇隆等。故為保障歌手紅後品牌價值跟著合約到期就跑了，唱片經紀公司近年來都推綁在一起的團隊品牌，如5566、五月天、FIR樂團等，說穿了就是為保障品牌價值不要太快不見。

五、唱片產製之品牌管理

　　一般企業經營的是有形商品，如可口可樂的商品是汽水，與文化產品不一樣；唱片是文化商品，屬體會性消費，商品是有人性，是情緒性的，如果製作物缺乏特色，光有藝人魅力，是不行的。包裝很漂亮，但歌曲不吸引人，在音樂創作部分就失去競爭力；反之歌好，外型不佳，卻仍能透過企劃包裝修飾。

　　一般商品，品牌可以幫助購買者重複購買、簡化採購作業，購買者可經由品牌所代表的商譽及象徵性意義而輕易辨認和購買所需（林智新，1983）。對於唱片商品，品牌建立靠前述 A&R 的企製，但消費者對品牌區辨與忠誠，卻往往透過歌手名字（名聲）之符號。然歌手有血有淚，企製時必須掌握其人格特質，否則發生 A&R 建構特質與其本人不符，消費者就對該品牌誠信產生懷疑，唱片與歌手名聲馬上倒。

　　歌手與唱片公司是契約關係，合約結束，若無進一步續約，歌手一離開，等於帶走與消費者最易溝通的品牌符號「人」，對唱片公司的損失是無法延續後續品牌生命，只能發發精選集，彌補之前投資的報酬率。

　　對唱片公司來講，品牌經營可以是一種音樂類型，最典型的就是滾石，滾石是最早做品牌區隔的，滾石作流行音樂，如潘越雲、陳淑華，走國語流行歌，而旗下分公司鍾石，創造了長笛公主賴英

里、二胡跨界演奏家溫金龍及國內的理查克萊德門陳冠宇。旗下另一分公司---魔岩，則專做另類歌手，如崔健、伍佰等，是唱片公司應用品牌做分眾市場的典型範例。

　　至今，滾石的知名度一直不亞於目前的國際公司如 SONY、BMG（兩家已於 2004 年合併為 BMGSONY）等，因為滾石於國際公司尚未進入台灣時，代理了許多大型國際品牌，並趁勢宣傳滾石的企業形象，除了代理的 LOGO 外，加上自己的標籤，因而名利雙收。國際公司進來台灣後，才開始建立品牌形象。五大公司現在為止，只有 EMI 的旗下品牌維京較有知名度，而新力在兩年前也拆了個品牌，但對消費者來說不痛不癢，所以又把它收起。就行銷而言，唱片公司的品牌，就是做分眾市場，沒有利基，就不會作品牌區隔。

　　但喜愛古典音樂的樂迷，唱片公司的品牌就顯得很重要，如古典音樂愛好者，就會青睞福茂出品的古典樂，因為福茂代理了「DECCA」,「DECCA」是一個很好的古典音樂品牌。古典音樂一般都非常的貴，一張古典音樂要價五、六百元，滾石的古典品牌行銷策略則為價格策略，代理 Naxos 匈牙利樂團演奏的低價古典樂，運用每張 CD100 元的低價策略路線，使得在國外銷售成功的「NAXOS」，在台灣成為一個成功的古典音樂品牌。至於國語流行音樂品牌形象比較弔詭，歌手的光芒通常會蓋過公司品牌，所以消費者並不能清楚辨識經常轉換公司的大牌歌手到底屬哪一家唱片公司旗下。

　　至於對歌手品牌市場風險管理，一般做法是一旦出現風險，如形象名聲出現負面評價，或銷售不理想，就讓這個品牌淡出市場。另外就透過預賣會，利用預購券或者是用首賣會來預估，所謂首賣

會就是唱片第一片要發，進貨 3 萬張，可是怕沒有把握，因為一張 CD 的成本要 30 至 40 元左右，就算退回來，也是成本，所以先首賣一批，約 3-5 仟張試試看，用這個量再來做一個統計上分析，測試消費者接受度，就是一種類如風向球意思。或在宣傳費上控制，以減少虧錢的風險，如當唱片發行後，前一兩週發現銷量不好，就開始檢討廣告策略，減少廣告經費，現行唱片製作因為是分批製作，也可以控制成本，例如今天出貨一千張，明天一千張，如果銷售無法順利的成長，就會停止生產製作。

六、擬像複製操作策略

　　文化商品屬體驗式產品，閱聽人的評價是十分主觀的。叫好不一定叫座，叫座又不一定叫好，足以說明其市場需求的不確定性。當買方與賣方都無法了解對方的情況下，創意組織要處理的問題是對等的無知（symmertrical ignorance），而不僅是資訊的不對等。

　　複雜的創意產品（如電影、流行音樂）是經過一系列從概念產生到完成的各個階段，每個階段都是在其成本投入後，才能進入下一階段的製作。但是，這項產品的市場前景卻在各個階段中不斷地變化，也因此產製中，成功案例的經驗學習，便成為產製中規避風險的保守作為。以唱片為例，複製某某人成功歌手的身影作為企製宣傳行銷的基礎，也常成為業界引用卻不願挑明的慣性之一。

　　研究發現，國內作法是參考國外歌手，如日本的濱崎步，流行搞怪，台灣的唱片公司就會參考，會試著去複製，因為沒有人敢作沒有人做過的事。如何讓消費者看不太出來，一般作法就是調整配上去的符號，如衣服局部顏色，或局部造型，或背景，但整體感覺八九不離十。

　　但如果模仿的對象是國內歌手,被複製者影響多半是正面的,消費者會認為,因為夠紅,別人才會複製,因為別人複製,又會引起死忠歌迷的品牌捍衛,增強對該歌手的品牌忠誠。但對複製別人品牌之新人來說,如果能以誰像誰,成為炒作新聞的新聞點,也會迅速提升其知名度,本研究發現這樣情形的確發生在蔡依林與王心凌身上。

　　新人會用模仿,多半可能尚找不到 A&R 定位,乾脆安全一點,但安全到被視為抄襲、模仿,也不是唱片公司樂意的,丟臉不是那個歌手,而是因為模仿表示企製的整個團隊缺乏創意及策略。另因藝人勢力的消長,如當某類型的歌手漸漸減少,會有許多同類型的新人跑出來卡位,例如少男殺手的接班人、音樂神童的接班人等等,或用所謂小王菲、小哈林或四小天王等進行行銷。

　　一般而言,模仿者無法取得原品牌所建構之商品核心價值,但在附加產品與潛力產品上卻可克盡其功,如模仿伍佰的康康,因模仿的太像,就有機會上節目,接通告,發揮其勞動產值,然與本尊不同的是,觀眾是以類如趣味及丑角的角色來定位,與本尊差異甚多。也因此,為建立自己的勞動核心價值,都必須轉型,成功者如模仿鳳飛飛的林淑蓉,與模仿伍佰的康康,都算是轉型成功的例子。

七、擬像符號之媒體操作

　　新人運用擬像複製進行商品產銷的目的通常為:1.規避市場不確定的保守作為;2.卡位戰,如當某類型的藝人漸漸減少,營造類型相似的歌手,以取得該市場。但在講究創意為主的文化產業中,對於類如仿製之企製,多數持較被動主張與隱晦回應。

　　研究發現，類如別人的企製與行銷，無助於該唱片商品與歌手本身之核心價值。然以本文案例（蔡依林與王心凌）而言，卻因媒體誰像誰的話題炒作及歌迷網路批判，提升媒體曝光量，在名聲行銷上，雙蒙其利。

　　對於歌手來說，媒體報導相關活動、引爆新聞話題是一種增加曝光量，提高唱片銷售，開擴潛力商品圈的重要場域，本章歸納王心凌與蔡依林 2003 年 1 月至 2003 年 12 月《星報》、《聯合報》、《民生報》及《聯合晚報》有關新聞共 145 則，並搭配該時段內網路上歌迷對二人相關論述，歸納如下：

　　（一）新聞題材類型相似：

　　在媒體論域上，記者報導題材類型集中於誹聞、較勁、唱片企製、專輯宣傳、市場反應、參與戲劇及海外活動（如受訓或演出）等訊息。

　　王心凌發片前，新聞版面以誹聞居多，後半年以參與戲劇及活動消息為主，略見唱片公司將新聞題材由負面轉向正面痕跡。蔡依林的新聞議題類型分佈較平均與多樣，除緋聞外，以唱片宣傳及強調歌手本身在戲劇、演唱活動及市場反應佳等正面新聞居多。

　　（二）媒體刻意比較二人：

　　誰像誰，也是發片期間媒體新聞的一個重點，彼此較勁的話題，產生二個效果，一是雙雙提高二者的曝光量，一是引發網路討論，使王心凌與蔡依林，因為媒體刻意比較，在議題行銷上發揮加乘效果。比較媒體報導與網友討論內容，可以發現，歌迷及媒體對於蔡依林在新專輯的改變如造型、曲風、唱腔持較正面的回應，對

於模仿一方則多採負面評論。誰像誰的新聞，究竟是媒體新聞價值的取向或唱片公司刻意營造，訪談者多主張為媒體炒作結果，突顯該問題之隱晦性。

（三）運用網路回饋機制延續新聞議題：

網路上歌迷論述重點，可以發現，模仿的一方，處於較弱勢的地位，卻可能因網友歌迷討厭謾罵又成為新聞報導的話題，持續在媒體上曝光，使勞動商品圈的開擴，如代言商品更順遂。

至於蔡依林，歌迷對其全面復出及表現持正面的肯定與支持，捍衛蔡依林的品牌認同情緒反應在對王心凌的撻伐上。熱鬧的網路討論，蔡依林顯然比王心凌有利，但歌迷網路討論回饋機制延續之新聞議題生命，二者都同蒙其利。

但名聲基礎不一定反應於基本產品（唱片）的販售成績，以目前唱片市場，關鍵仍在於 A&R 企製，但對於模仿者，有時因為知名度提升，會增加期待產品（如演戲或代言商品）或參與相關活動可能性。但歌手若不轉型，影子永遠無法建立專屬品牌之勞動商品生命；至於本尊，因為影子的追隨較勁，一方面鞏固其勞動核心價值，若基本產品反應良好，對相關勞動商品圈的開發及延續自我勞動生命周期，都有正面幫助。

八、擬像複製與歌手勞動生命周期

Aaker（1991、1998）認為，品牌目的是賦予銷售商的產品或服務可茲認同的東西，以和其他競爭者的產品或服務劃清界線。對於被複製者，模仿者所累計名聲，對其反倒有加乘的效果，對其勞動商品生命周期，因表演場域流通的相互加乘，反而有延長之效。

　　但品牌是利用情感和理性上的價值所建立的忠誠度，重點在差異化策略（劉夢華譯，1999），複製一方，無法建立自己核心價值，更無法爭取差異化之情感和理性基礎，對瞬息萬變的消費市場，當然也無法靠複製別人品牌之影子，延續其勞動生命周期。

　　因為模仿，消費者會拿來比較，除非模仿者本身條件真的很強，如真的很美或是唱將，讓人家完全無法可挑剔，如此消費者會說模仿者把本尊打敗。以歌手王心凌為例，如果真的在才華上勝過蔡依林，輿論會出現，如果不是如此，媒體頂多以誰像誰做為應付發稿的壓力，對王心凌而言，要有心理準備，炒作不會太久，對其影響將是短多長空的市場格局。

　　通常會把蔡依林和王心凌分的很清楚的，是蔡依林的死忠歌迷，所謂的死忠歌迷也就是會每張專輯都捧場都買的，王心凌的出現，其實對蔡依林的銷售量無影響，只是蔡依林歌迷不斷的鞏固蔡依林，叫別人閃邊站，不希望任何人與蔡依林牽扯在一塊，但這並不表示會吸引更多消費者來買蔡依林的專輯。

　　此外，國語流行音樂，買的只有兩種人，一種是瘋狂的支持者，不管自己支持的偶像出什麼都會買；第二種是理智型購買，純走音樂性，專輯好聽就買，蔡依林先前歌迷對其品牌忠誠度，並不是那般堅定，合約出問題時，市場無法維持一定穩定量，所以「看我72變」專輯銷售成功，與新東家 A&R 企製及宣傳略成功有很大關係，以前對她沒有感覺的人，會開始喜歡她。

　　對於死忠歌迷而言，當自己喜愛的歌手被模仿，歌迷通常會在網路上發洩不滿，但是對一般閱聽眾而言，不見得有什麼特別感覺，但絕大部分閱聽眾認為模仿不值得肯定。只是模仿讓媒體多了一些炒作話題，模仿與被模仿兩造的娛樂節目通告會增加，為製造

娛樂效果，製作單位會刻意挑同一天，把這個消息放給媒體，提高收視率，但這本尊與模仿者的形象卻是負面的，歌手與本尊反而會迴避這種情況。

模仿複製在開發新人上，也許可以避險，但相同口味，以流行音樂來說，也容易引發消費者對該範例疲乏與倒胃，本尊也許在市場上能賺到錢，模仿者就很難，因消費者會聽膩同類型態的音樂。模仿者可以透過模仿炒做議題，提升知名度，但唱片賣不賣則另當別論。

案例中的蔡依林成功的因素有三：1.適當的宣傳企劃組合，包含歌曲、企劃、包裝、造型、MTV 及本身話題性高；2.專案配合、代言線上遊戲、牛仔褲廣告；3.發片時機恰當，比較少競爭，發片後又遇到 SARS 所以較少歌手發片。至於負面新聞，對歌迷影響不大，也不影響銷售。

以文化商品生命週期來看，被視為別人影子的王心凌而言，有規避被迫提前下市之風險，但能否延續其勞動生命，必須看後續的轉型能否成功；對於被媒體視為被複製者蔡依林來說，卻能鞏固其基本產品市場，基本產品市場對歌手本身而言，有利於相關產品圈的配套與開發，對本人勞動生命無疑是正面的，至於產品銷售是否能長紅，從相關資料尚無法論斷，唱片公司是否持續發片，也是重要的影響因素。

肆、市場關係下的契約關係

一、財務掛帥下的產銷困境

　　研究發現，跨國公司進來台灣之後，建立了包括財務管理、統合分工與藝人管理的概念及版權制度，優點是結合概念與市場情資的 A&R 企製，能建構套裝性的符號系統，對於締造唱片或歌手核心價值及類如品牌商品圈運作有其相當大的效果；透過版權制度的市場規則，有利能者出頭天。

　　研究發現，受限於依先前市場反應所核定的預算管理，唱片企製與行銷比例通常是 3:7 或 4:6，對於具爆發力的歌手，因無法追加而顯得綁手綁腳。且由於財務部門直接向老闆負責，更高於 A&R 製作負責人，財務部門強勢的本位主義無法辨視創意，易失去產品創新的機會。

二、紅與不紅的勞動哀歌

　　時間就是金錢，以最短時間做出最多作品，迎取閱聽眾品味，賺取最多錢是唱片產製的最高標的。為防範多變的閱聽市場，對於當紅的歌手，趁紅時大量發片、廣接活動案子，是唱片經紀運用歌手勞動的鐵律，研究發現，孫燕姿與 SHE 紅的時候，幾乎是半年發 1-2 張唱片，且需配合市場行銷進行海內外宣傳，宣傳期通常 2 個月，全由唱片公司排活動，有時會採臨時告知，歌手往往必需全力配合。外加廣告代言、演唱會活動；剩下的半年又要籌備下 1 張唱片錄製，工作壓力相當大。

　　研究也發現，急速走紅的偶像可能為唱片公司帶來大量利潤，但透過強力曝光，其產能也快速被榨乾，歌迷對明星培養出「速食」口味，歌手勞動生命縮短，偶像生命期通常 5 年。

　　至於不紅的歌手，通常會遭唱片經紀公司刻意冷落，被合約綁住的人，有時連生活費都有問題，必需求助於朋友、家人、領失業救濟。如想要兼差作別的工作以糊口，卻有可能挨經紀公司的告。

三、名聲勞動的雙刃效應

　　由於歌手可以透過產品現身，累計自己名聲，使該核心價值的擁有，不為產製唱片公司獨佔。暢銷歌手會因為唱片暢銷，透過產品核心價值取得自己勞動核心價值。但勞動核心價質貴在市場產出，若產製一方無意提供可發揮勞動價值的工作機會，無市就無價。也因此擁有之商品核心價值的產製者與勞動力輸出之歌手，在市場為大下，合則雙贏，呈現依賴互存、一體兩面的共生關係，獲利差異，決定於彼此合約。

　　此外，唱片公司不諱言，歌手入圍獎項，會累計唱片公司與歌手本人名聲，唱片公司在爭取新人與合約的簽訂上佔有優勢；但對暢銷歌手來說，唱片公司除非透過合約，一般歌手因名聲累計的邊際產值，將大於唱片公司。

　　研究發現，對歌手來說，歌曲才是被大家購買的最主要因素，通常消費者喜歡這個歌曲，才會去喜歡這個藝人，才會注意到這個藝人，所以歌曲確實是歌手與歌迷溝通的關鍵因素。沒有發片，一切免談。

　　市場銷售就是藝人的生命，大賣就有名，有名又會帶動市場銷售，消費者喜歡歌手名利雙收，市場反應不佳，無市就無價，對歌

手而言，就等於沒有勞動輸出的市場，很快被消費者遺忘。市場對
唱片公司與歌手而言，具絕對支配力。

四、合約權利主張

　　唱片大賣，捧出了天王天后級的歌手，一般來說，歌手除了賺
取版稅外，代言商品及歌而優則演，都是衍生於唱片大賣之名聲基
礎，其獲利一般都比唱片公司發行量收入高。反之若唱片公司砸大
錢出唱片，市場反應不佳，唱片公司會因為虧損，而終止或延緩出
片，則歌手傷害通常更大。

　　也因此，雙方都會透過合約進一步規範與互保。以新人來說，
合約簽訂，公司主控權較高，在考量新人風險及預防成名後跳槽，
若包含活動經紀，通常是公司獲利較大；但長期來看的話，歌手獲
利較大，因為唱片的發行後，種種的宣傳活動，藝人自然會獲得知
名度，即使在唱片上無法獲得很多利潤，但會吸引注意，可能會有
廠商希望代言商品、演戲等等，獲取唱片收入之外的工作。

　　通常簽約時，唱片公司居強勢，合約中通常會但書，如第一年
可以因藝人有誹聞或不良記錄，隨時解約，或第一張唱片，銷售量
低於多少，即便是簽5年，也隨時可以解約，不用賠償。為免歌手
5年後，真的很紅跳槽，合約裡也可能第一張唱片賣超過多少，給
多少版稅，作為誘因，但彈性掌握在唱片公司的手上。

　　一般來說，對於具發展潛力的歌手，唱片公司通常會希望簽全
經紀約，以獲取歌手因唱片商品取得勞動價值，開展其它市場獲利
能力，或拉長合約年限，使歌手跳槽不易。至於歌手，對新人來說，
保證發片最重要，因為無市無價。對於暢銷歌手，會依個別情況，
考慮與唱片公司只簽唱片約或部分經紀或全經紀約。

經紀抽成，通常依歌手實力，新人 50%-60%；中牌 30%-40%；大牌則 10-20%。但要拆帳時，若合約中未訂明管銷費用的內容，常發生歌手的治裝費、化妝費、交通費算不算在內，那些是唱片經紀公司可以扣除的項目等的合約糾紛。

在過去唱片景氣好時，對於大牌歌手，唱片公司會先支付簽約金，1 張 50 元計，若保證 20 萬張銷售量就有 1 千萬元收入，但唱片市場委縮後，先付簽約金現象已漸不存在。至於銷售版稅，新人 1 張 3-5 元；中牌 10-20 元；大牌 20-30 元；超大牌 40-70 元。

對於母帶著作權，簽約時都會對著作物詳加規定，一般來說母帶屬於唱片公司所有，因此唱片公司可以不斷重新發行專輯唱片，特別是歌手轉換公司出新專輯時，原唱片公司會出精選集。因此，歌手如想進行舊歌的演唱，須經原唱片公司的同意，原唱片公司若不同意，歌手不可以隨便表演，因此除非創作型的歌手，單純的演唱歌手領完版稅後幾乎不會再有收入，且無法隨心所欲的唱自己的歌，但唱片公司的版權卻是持續的，是恆久財，更是併購時的重要的資產。

另外，大牌歌手一方面為避稅（若依個人所得稅，最高扣薪資所得扣除額為 7 萬 5 千元；若依與執業所得，則扣總收入 60%），一方面為求企製品質，會選擇開「工作室」或「製作公司」的方式與唱片公司合作發行業務。這種合作模式常見問題為：歌手需自負製作成本高及市場不確定的風險，此外也有歌手企製完後，唱片公司不滿意找不到人合作，面臨無法發片窘境。

伍、結論與討論

一、市場關係下唱片經紀的角色與功能

　　就音樂產業來看，現行運作之企製及發行模式，在市場關係中介上，唱片、經紀公司確實扮演相當重要的角色，整理產製到行銷過程，唱片經紀（中介）的角色功能如下：

（一）自身產品的分析，尋找市場上的定位

　　透過產品分析了解本身歌手的優缺點，以確定該歌手在音樂市場上的定位，特別對於新歌手而言，市場上的定位更是重要。新歌手在市場上的定位必須明確，針對歌手的特徵去尋找市場的定位，若無特色，擬仿是確保市場風險的另一定位方略。

（二）配合專輯主題與歌手特質建立風格

　　在確定市場定位之後，隨即進行討論專輯所要呈現的主題，風格的建立，凸顯歌手本身的特色與優點並對缺點掩飾，如拍照的角度，或者在通告的選擇上，盡可能安排上能避免暴露歌手缺點的節目類型，或透過技能的訓練，適當的掩飾缺點，並將能夠配合宣傳的話題設計於專輯當中。

（三）情境資料的分析

　　主要是對外在環境以及競爭對手的分析。包括消費者分析、類似型歌手的行銷策略、類似型歌手的出片時間、可配合的專案活動等。目標在凸顯歌手本身的差異化及產品的特點，作出反映社會流行或者能夠帶動社會潮流的音樂類型。

（四）目標的制定

　　匯整上述的分析，敲定整套的行銷目標。以流行音樂產業而言，發行專輯的最主要目標是銷售量的極大化。銷售量除了是獲利的指標之外，也代表了歌手或專輯在市場上的影響力，企宣費用也是跟隨著銷售量的多寡來決定。

（五）媒體關係

　　以市場關係為導向的產銷策略，目標的達成仰賴媒體關係，如何結合各種不同型態的媒體，製作可建立品牌觀感的訊息，將產品、訊息、媒體、消費者加以結合，為行銷的目的，因此無論新聞議題炒作或媒體購買，都需仰賴有經驗的經紀人。

（六）市場關係網絡的開發

　　環繞電子媒體的企宣方案，對於強化歌手、產品核心價值及帶動商品圈市場效能，及發展相關產品市場共棲效果，成效最大。有經驗及市場關係佳的經紀人、公司，能運用歌手、唱片差異化特質，建立與歌手、唱片核心價值與形像的異業產品關係行銷，發揮異業市場共棲共生交叉效應。

（七）合約協議

　　音樂產製是一協作團隊，過程中行銷策略、成本控制、企劃包裝等環節是同步運作。其間涉及多方中介，歌手、創作者、製作團隊、唱片公司與行政人員的聚合，形成多方力量的交互拉扯。如何

規避風險與調合多方權利義務關係，有賴居間中介者的協議、統合並訂定合約。

（八）市場關係是招住歌手權利主張的緊箍咒

調查發現，不同於一般勞動，透過產品現身，歌手能擁有該名聲價值，不為唱片公司獨佔，彼此獲利差異，取決於合約。也因此，為保障關係中介的成本效益及獲利水平，歌手與唱片公司所簽的合約都會有保障年限及配合市場行銷的勞動協定。當關係行銷成為歌手創造勞動價值必要的手段時，一旦發生合約上的糾紛，唱片或經紀公司訴諸於媒體壓力，會讓歌手因為害怕斷了一切生計（如廣告公司因怕糾紛不敢再找該歌手代言），心生畏懼下，怯於法律主張。市場關係能成就歌手勞動價值，卻也是招住歌手權利主張的緊箍咒。

（九）專屬授權契約問題

照理歌手有公開演出的報酬請求權，但唱片公司在與歌手簽約時，通常會要求歌手簽署「專屬授權契約」，並約定在特定年限之內，該歌手不得為任何第三人或自己錄製任何語言之專輯。

因此很多唱片公司在簽約之時便取得專屬授權，該契約常一同規定所有錄音著作之涵蓋內容如：藝人聲音、編曲、合聲等，皆為唱片公司出資取得著作財產權，因此，歌手很難再主張「公開演出報酬」。

二、新人的勞動權益問題

更上層樓的期待使成名歌手，會選擇離開或要求更改先前與經紀或唱片公司、製作公司的合約關係。所以經紀公司、唱片公司、製作公司，一方面為了因應文化市場求新求變的市場競爭；一方面為防範捧紅藝人，投效他人旗下，失去主力型藝人坐鎮的窘境，開發新人，成為文化產業維持競爭、保持贏面與緩衝可能風險的不二法門。

受知名度的影響，新人宣傳比較困難，但新人具更大的可塑性，可以挑戰多變的市場需求，且版稅及簽約預付金較低，降低了唱片公司的成本和風險，若是專輯銷售量高，唱片公司所得到的利潤相對提高，若是銷售量低，由於成本低廉，賠錢機會也較小，故起用新人，在不景氣及盜版嚴重下，有著開源節流的優點。

由於國內經紀制度並不健全，新人與唱片公司簽約時的酬勞給付條件，通常由唱片公司片面做主，每張專輯之演出酬勞可能從數萬元到數 10 萬元不等，但如果市場反應不佳，新人可能面臨被唱片公司「冷凍」的命運。加上唱片公司通常會自行開發新人，因此新人通常沒有加入經紀公司，再加上國內演藝工會成效不彰，新人被唱片公司「冷凍」後，常無法就先相關報酬（如先錄製的錄音著作之「表演人公開演出報酬給付」）爭取權益；即使歌手訴諸法律，通常無法對抗強大的國際唱片公司商業運作體系，及其後續對歌手的制裁。

此外，為因應新人市場反應的不確定性，品牌複製常為形塑新人慣用手法。新人並無權置喙，因為比起知名歌手，新人更在意市場的關係行銷，在「市場為大」，「有市方有價」的前提下，合約權

益多半順應唱片經紀公司要求，也因此在勞動權益上淪為弱勢。繫於市場人氣的勞動價值，使居間扮演市場關係中介的唱片經紀，更能予取予求，支配被物化的歌手勞動力。

參考書目

中文書目

丁仁方（1999）。《威權統合主義：理論、發展與轉型》。台北：時英出版社。

文崇一（1988）。〈知識分子的苦難〉,《中國論壇》,第 309 期,第 26 卷第 9 期,頁 4。

中國時報社（2000）。《中國時報五十年》。台北：中國時報社。

方德琳（1997）。〈專業科技雇員之勞動體制研究〉,國立台灣大學社會研究所碩士論文。

王家慶（1995）。〈從符號學詮釋批判台灣的流行音樂文化〉,國立成功大學藝術研究所碩士論文。

王振寰（1996）。《誰統治台灣？：轉型中的國家機器與權力結構》。台北：巨流圖書公司。

王泰俐（2004）。〈電視新聞節目感官主義的初探研究〉,《新聞學研究》,第 81：1-42。

王淑娟（1999）。〈麗水國小五年級學生次文化的人種誌研究〉,市立師範學院國民教育研究所碩士論文。

王麗美（1994）。《報人王惕吾：聯合報的故事》。台北：天下文化出版公司。

台大人文報社編（1994）。《台灣流行音樂百張最佳專輯》。台北：台大人文報社。

成之約（1998）。〈我國勞工派遣法草案之研擬〉,行政院勞工委員會職業訓練局委託研究案。

司徒達賢（1993）。〈當前企業文化的現況與展望〉,《當前國內文化發展之檢討與展望》研討會論文。台北：聯合報系文基金會主辦。

司徒嘉恆（2003）。〈數位權利管理系統的法律與經濟分析〉,國立中央大學產業經濟研究所碩士。

江逸之、羅詩城（2002）。〈打造 E 世代的未來：六年級生少年有志成達人〉,《遠見雜誌》,195: 190-195、201。

朱柔若（1998）。《社會變遷中的勞工問題》。台北：揚智文化事業有限公司。

朱若蘭（2003）。〈台灣報業記者勞工意識的建構與轉變（1984-2002）〉,國立政治大學社會研究所碩士論文。

朱龍祥（1997）。〈流行歌曲偶像崇拜的行為與心態初探〉,高雄醫學院行為科學研究所碩士論文。

汪仲譯（2001）。《爆米花報告 III：用價值行銷打動女人的心》。台北：時報文
　　化公司。（原書 Popcorn, F. & Marigold, L.著）。

汪宜正（2001）。〈數位音樂對唱片公司與音樂產業影響之探索性研究〉，國立
　　台灣大學商學研究所碩士論文。

沈宗瑞（1994）。〈台灣工會的角色與發展：國家統合主義角度的分析〉，國立
　　台灣大學三民主義研究所博士論文。

沈宜蓉（2005）。〈台灣流行音樂市場之整合行銷傳播策略研究〉，世新大學傳
　　播管理研究所碩士論文。

沈若薇（1998）。《歐維茲：好萊塢最有權勢的經紀人》。台北：美商麥格羅‧
　　希爾國際股份有限公司。

何東洪、張釗維（2000）。〈戰後台灣「國語唱片工業」與音樂文化的發展軌
　　跡〉，《台灣產業研究》，3：149-224。

何國華（2004）。〈過半的人不看報紙：從英國報業醜聞看台灣報業競爭〉，《目
　　擊者月刊》，38：25-28。

何國華（2003）。〈無線電視組織變革之挑戰〉，國立政治大學新聞研究所碩士
　　論文。

李丁讚、陳兆勇（1996）。〈衛星電視與文化認同：以衛視中文台的日劇為觀
　　察對象〉，《拓邊／扣邊：社會學研討會》論文，台北：清華大學社會學
　　研究所主辦。

李艾玲（2005）。〈模組化設計應用於音樂性電台數位音樂資料庫分析〉，世新
　　大學傳播管理研究所碩士論文。

李允傑（1999）。《台灣工會政策的政治經濟分析》。台北：商鼎文化出版社。

李佩真（1998）。〈偶像文本的意義：迷與偶像關係之探討〉，世新大學傳播研
　　究所碩士論文。

李根芳譯（1997）。〈X 世代的價值觀〉。台北：天下文化出版股份有限公司。
　　（原書 Tulgan ,Bruce 著）。

李培元（1997）。《政治商品化理論》。台北：揚智文化事業股份有限公司。

李修瑩（2004）。〈MP3 智財權風波行動音樂市場惡夢將臨〉，《數位時代雙週
　　刊》，七月號，86 期，頁 5。

李逸歆（2001）。〈台灣流行音樂行銷策略之研究〉，世新大學傳播研究所碩士
　　論文

吳文慶（2004）。〈兩岸經貿互動與國際競爭力比較〉，銘傳大學經濟學系碩士
　　在職專班碩士論文。

吳定（1991）。《組織行為》。台北：天一總經銷。

吳佳珍（2003）。〈台灣流行音樂產業價值鏈的轉變：去中心性、創作與消費
　　意識的抬頭〉，《中華傳播學會 2003 年會》論文，新竹：交通大學主辦。

吳思華（2003）。〈文化創意的產業化思維〉，《推動文化產業的契機與個案實
　　踐國際論壇》，台北：台北市文化局主辦。

吳家駟譯（1990）。《資本論第一卷》。台北：時報出版社。（原書 Marx & Angels 著）。

吳芝儀、李奉儒譯（1999）。《質的評鑑與研究》。台北：桂冠。（原書 Michael, Q. P.著）。

吳淑玲（1996a）。〈國中學生偶像崇拜與價值觀之研究（上）〉，《教育資料文摘》，第 37 期，第三卷，166-190 頁。

吳淑玲（1996b）。〈國中學生偶像崇拜與價值觀之研究（下）〉，《教育資料文摘》，第 38 期，第四卷，157-175 頁。

邱奕嵩（2000）。〈黨政力量鬆手，報業向商業靠攏〉，《目擊者雜誌》，15：29-31。

邱祈豪（2002）。〈我國派遣勞動法草案與日本派遣勞動法制之比較〉，《勞動派遣法制化研討會論文集》，台北：行政院勞工委員會。

邱素惠、張雅婷（2006；8；13）。〈歌手職業傷害：唱到耳聾、跳到脊傷〉，《聯合報》D6 版。

周建輝（2004）。《打造》。台北：平安。

金耀基（1985）。〈儒家倫理與經濟發展：韋伯學說的重探〉，《現代化與中國文化研討會論文彙編》。香港中文大學社會科學暨社會研究所，頁 133-145。

林兆衛（2002）。〈台北都會區青少年偶像崇拜文化之研究〉，國立台北師範大學教育研究所碩士論文。

林志明譯（2002）。《布赫迪厄論電視》。台北：麥田。（原書 Bourdieu,P.著）。

林征霆（1992）。〈薪酬策略與企業策略類型之配合成效〉，國立政治大學企業管理研究所碩士論文。

林東清（2003）。《資訊管理：e 化企業的核心競爭力》。台北：智勝出版。

林怡伶（1994）。〈流行音樂產製之研究〉，國立政治大學新聞研究所碩士論文。

林佳宏（2006；4；4）。〈金曲歌后不敵可愛教主莫文蔚宣傳費〉，《自由時報》，D4 版。

林芳玫（1994）。《解讀瓊瑤愛情王國》。台北：時報文化出版有限公司。

林智新（1983）。《品牌春秋》。台北：長河出版社。

林富美（2006）。〈當記者成為名嘴：名聲、專業與勞動商品化的探討〉，《新聞學研究》，88：143-82。

林富美（2004a）。〈藝人與經紀人派遣勞動關係初探〉，《新聞學研究》，78：143-186。

林富美（2004b）。〈試論名聲基礎與專業自主的吊詭：類型、產製常規與權力分析〉，國科會研究報告（NSC93-2412-H-128-007）。

林富美、周餘靖、李玉馨（2004c）。〈影子行銷對歌手勞動商品的影響〉，《傳播管理與趨勢發展研討會》論文，台北：世新大學傳播管理系主辦。

林富美（2003a）。〈新聞產製商品化對媒體工作者之影響〉，國科會研究報告（NSC92-2412-H-128-013）。

林富美（2003b）。〈試論名聲基礎與專業自主之弔詭〉，《傳播研究與台灣社會研討會》論文，台北：國立政治大學新聞所主辦。

林富美（2002）。〈台灣媒體工會意識與集體行動之初探〉，《新聞學研究》，73：63-94。

林富美（2000）。〈從媒體勞雇關係探討組織建制對新聞專業的影響〉，國科會委託之研究報告（NSC89-2412-H-120-020）。

林富美（1999）。〈從自立早報停刊事件，談台灣報業發展的宿命〉，《目擊者雜誌》10：7-9。

林富美（1998）。〈台灣政經脈絡中的報業發展：以聯合報為例，探討媒介雙元特質對報業組織作為的影響〉，國立政治大學新聞所博士論文。

林富美（1997）。〈聯合報的薪酬策略〉，《新聞學研究》，54：269-290。

林淳華（1996）。〈新聞記者決策自主權和決策參與權之研究〉，《新聞學研究》，52：63。

林絲雯（2005）。〈從轉型領導觀點試析媒體組織文化變革管理：廣播電台策略聯盟與世代文化差異之個案研究〉，世新大學傳播管理學系碩士論文。

林照真（2005）。〈「置入性行銷」：新聞與廣告倫理的雙重崩壞〉，《中華傳播學刊》，8：27-40。

林麗雲（2001）。《卻顧新聞所來徑，一片滄桑橫脆危：台灣的新聞史研究之回顧與前瞻〉，郭良文（編）《2000傳播論文選集》，頁1-36，台北：中華傳播學會。

洪財隆譯（1999）。《克魯曼驚奇》。台北：先覺出版股份有限公司。（原書Krugman, P.著）。

姚人多（2005）。〈藍綠政治力下的媒體亂象何時了？〉，《目擊者月刊》，46：9-14。

姜靜繪譯（1998）。《世代流行大調查：從1909年～X世代》。台北：時報文化出版股份有限公司。（原書Smith, J. W. and Clurman, A.著）

馬岳琳（2000）。〈解讀報紙消費新文的產製過程：台灣地區中文報紙消費版的質化研究初探〉，輔仁大學大眾傳播學研究所碩士論文。

馬斌、鄒念祖譯（2003）。《明星夢工廠》。台北：書林。（原書McDonald, P.著）。

徐國淦（1997）。〈記者工會的「藍白說」：媒體工會現況〉，《目擊者》，創刊號，頁96-97。

徐雅娟（2002）。〈台灣地區跨國音樂集團之品牌策略研究：以影響因素為例〉，淡江大學大眾傳播研究所碩士論文。

徐增圓（1999）。〈新世代工作者之工作價值觀、期望報酬類型暨兩者相關因素與組織承諾之關係〉，國立政治大學心理學系碩士論文。

徐嘉宏（2002）。〈台灣民主化下，國家與媒體關係的變遷之研究〉，中山大學政治學研究所碩士論文。

桂宏誠、林佳瑩、王順文（2003）。〈民主鞏固？民主倒退？：民進黨執政後的隱憂〉，《國家政策論壇》，春季號，頁155。

翁玉珍（2000）。〈派遣勞動對派遣員工的功能評估研究〉，國立中正大學勞工研究所碩士論文。

袁世佩、張雅婷、楊恩惠（2006；8；13）。〈挑戰舞台極限：求新求變，技術難度高〉，《聯合報》D6版。

孫琦蓉（2005）。〈數位化平台下的媒體整合與知識分享〉，世新大學傳播管理研究所碩士論文。

高宣揚（2002a）。《流行文化社會學》。台北：揚智文化事業股份有限公司。

高宣揚（2002b）。《布爾迪厄》。台北：生智文化事業有限公司。

花建（2003）。《「文化＋創意＝財富」：全世界最快速致富產業的經營KNOW-HOW》。台北：帝國文化出版社。

梁秀雯、林富美（2004）。〈音樂產業數位化對音樂智財權帶來之資產分割與膨脹效益分析〉，《第一屆創新與管理學術研討會》論文，台北：實踐大學企業管理研究所主辦。

郭貞（1995）。〈世代分析在傳播行為研究中之應用〉，《傳播研究簡訊》，1：1-3。

郭致君（2001）。〈台北地區國中生偶像崇拜行為及其相關因素之探討〉，國立政治大學教育研究所碩士論文。

郭聯彬（2001）。〈數位化技術與著作權〉，《e-Publishing雜誌》，頁61。

粘嫦鈺（2004；9；17）。〈電視台搞經紀，仁智互見〉，《聯合報》。

陳金貴(1998)。〈公務人員世代差異管理的探討〉，《公務人員月刊》，19：10-19。

陳志杰（2002）。〈立法委員與國會記者之互動研究：資訊交換與制度安排的觀點〉，國立政治大學新聞研究所碩士論文。

陳坤賢（2006）。〈蠶食勞動：從契約關係析論流行音樂歌手之勞動條件〉，國立中正大學電訊傳播研究所碩士論文。

陳怡靜（2001）。〈知識工作者職涯發展歷程及其影響因素之研究〉，國立臺灣師範大學工業科技教育研究所碩士論文。

陳芳明（1998）。〈世紀交會與世代交替〉，《遠見雜誌》，140：40-41。

陳美伶（2004）。〈新新人類工作價值觀與工作特性對工作滿足之影響〉，國立中興大學企業管理學系研究所碩士論文。

陳雪雲（1991）。〈我國媒體建構社會現實之研究：以社會運動報導為例〉，國立政治大學新聞研究所碩士論文。

陳雪慧（1993）。〈台灣報社的生產政治：一個腦力勞動控制的研究〉，國立台灣大學社會研究所碩士論文。

陳健倫（2004）。〈試析市場邏輯下之文化產製與媒體角色：以四個文化行銷個案為例〉，世新大學傳播管理研究所碩士論文。

陳楚孟（2002）。〈從報紙煽色腥內容探討報業企業社會責任之研究〉，銘傳大學傳播管理研究所碩士論文。

陳義彥、蔡孟熹（1997）。〈新世代選民的政黨取向與投票抉擇：首屆民選總統的分析〉，《政治學報》，29：63-92。

陳榮傳（2001）。〈虛擬世界的真實主權，網際網路與法律〉，《月旦法學雜誌》，7：155-156。

陳銘軒（2005）。〈從新聞工作者轉型試析名聲勞動之商品經濟特性〉，世新大學傳播管理所碩士論文。

陳萬達（1999）。〈中文報紙編務自動化之研究：以中時報系為例〉，銘傳大學傳播管理研究所碩士論文。

陳耀宗（1993）。〈經濟發展與勞動思想之探討：勞動者經社地位的歷使觀察〉，國立政治大學勞工研究所碩士論文。

黃光國（1988）。《中國人的權力遊戲》。台北：巨流圖書公司。

黃年主編（1991）。《聯合報系四十年》。台北：聯經出版事業公司。

黃俐文（2001）。〈勞動派遣業對勞資關係之衝擊〉，國立政治大學勞工研究所碩士論文。

黃秀慧、賴怡鈴、洪秀瑛（2005；12；28）。〈周董秀納 2.5 億、S.H.E1.5 億搶調 Jolin〉，《中國時報》D4 版。

黃越欽（2000）。《勞動法新論》。台北：翰蘆出版公司。

黃越欽（1991）。《勞動法論》。台北：政大勞工研究所。

黃程貫（2002）。〈德國勞工派遣法與我國草案之比較〉，《勞動派遣法制研討會》論文，頁 46-64，台北：行政院勞工委員會。

黃國棟（1998）。〈我國有線專業新聞台之報導多元化研究：以中天、TVBS-N、民視新聞台、環球新聞台、東視新聞台〉，淡江大學大眾傳播所碩士論文。

曹聖芬（2002）。曹志連編。《一片祥和日月長：報人曹聖芬》。台北：開元。

許介鱗（1996）。《戰後台灣史記》。台北：文英堂出版社。

許迪翔（2003）。〈不同世代之工作價值觀、工作態度及其關聯性之研究：以台灣高科技產業之員工為例〉，中原大學企業管理研究所碩士論文。

許極燉（1996）。《台灣近代發展史》，台北：前衛出版社。

許嘉猷（1994）。〈階級結構的分類，定位與評估，許嘉猷（主編）《階級結構與階級意識比較研究論文集》，頁 21-68。台北：中研院歐美所。

章忠信（2003）。〈談新著作權法關於合理使用的已然與未然，著作權保護、科技發展與合理使用〉，《2003 年全國科技法律研討會》論文，新竹：交通大學技法律研究所主辦。

章忠信（1997）。〈世界智慧財產權組織一九九六年十二月「關於著作權鄰接權相關問題之外交會議」側記〉，《資訊法務透析》，2 月號，頁 31-46。

媒體觀察基金會（1999）。〈媒體讓廣告主掐住了脖子！談廣告擺佈媒體的嚴重現象〉，《新聞鏡周刊》，557：23-29。

單文婷（2004）。〈國會記者新聞專業性之研究〉，國立政治大學新聞研究所碩士論文。

張戍宜（2002）。〈行銷 Next 世代：9 種最 IN 行銷趨勢〉,《e 天下雜誌》, 20：38-46。

張依雯（2000）。〈解構臺灣地區電視經營生態與收視率之關連〉, 國立政治大學廣播電視所碩士論文。

張君玫、黃鵬仁譯（1995）。《消費》。台北：巨流出版社。（原書 Bocock, R. 著）。

張維元（2002）。〈從流行音樂的產製文化商品的特殊性〉,《媒介與環境學術研討會》論文, 頁 207-42, 台北：輔仁大學主辦。

張智雅（2000）。〈偶像崇拜與青少年認同：以台灣流行音樂歌迷為例〉, 慈濟醫學院社會工作研究所論文。

張慧英（2002）。《提筆為時代：余紀忠》。台北：時報文化。

傅振焜譯（1994）。《後資本主義社會》。台北：時報文化公司。（原書 Drucker,P. 著）。

傅旋（2002）。〈報業採用資訊科技對新聞產製工作之影響：以網路科技為例〉, 國立交通大學傳播研究所碩士論文。

馮久玲（2002）。《文化是好生意》。香港：城邦文化事業有限公司。

馮建三編（1998a）。《大媒體：媒體工業與媒體工人》。台北：元尊文化企業股份有限公司。

馮建三（1998b）。〈媒體工作者工作權的初步探討〉, 國科會專題研究報告（NSC-87-2412-004-015）。

馮震宇（2001）。〈從 MP3 法律爭議論網路製作權保護之未來〉,《月旦法學雜誌》, 74：115-136。

游玉玲、黃育蓮、林富美（2004）。〈數位產製對創意勞動影響分析〉,《管理發展與前瞻學術研討會》論文, 桃園：國立中央大學企管系主辦。

曾文志、劉玲君（1995）。〈青少年對偶像、流行歌曲、流行用語之看法與態度調查報告〉,《學生輔導雙月刊》, 41：144-148。

彭倩文譯（1993）。《搖滾樂社會學》。台北：萬象出版社。（原書 Frith, S.著）。

彭懷恩（2003）。《台灣政治發展》。台北：風雲論壇。

彭懷棟譯（1985）。《文化與社會》。台北：聯經出版股份有限公司。

楊通軒（2002）。〈歐盟勞動派遣法制之研究〉,《勞動派遣法制研討會》論文, 頁 2-20, 行政院勞工委員會。

楊惠玲（1995）。〈表演藝術中介組織：兩廳院與藝術推廣公司之研究〉, 國立台灣大學社會學研究所碩士論文。

楊瑪利（2002）。〈如何管理 Y 世代〉,《天下雜誌》, 254：142-144。

楊極東（2000）。〈新世代喜觀麼什樣的工作？〉,《管理雜誌》, 311: 84-88。

楊蕙菁（1998）。〈從「小虎隊」到「四大天王」：台灣流行音樂偶像崇拜現象〉, 國立台灣大學新聞所碩士論文。

齊若蘭譯（1995）。《數位革命》。台北：天下文化出版社。（原書 Negroponte 著）。

廖郁毓（2002）。〈台灣報業的生產科技、勞動過程與性別分工：以聯合報家父長的生產體制為例〉，國立政治大學新聞研究所碩士論文。

葉以雯（2002）。〈台灣演藝經紀產業人力資本投資模式之研究〉，國立政治大學科技管理研究所碩士論文。

葉啟政（1991）。《制度化的社會邏輯》。台北：東大圖書出版有限公司。

劉沛晴（2003）。〈我國數位內容加值服務拓展方向之研究：以有線電視內容提供者為例〉，國立師範大學圖文傳播學系碩士論文。

劉旭峰（2006）。《收視率萬歲：誰在看電視？》。台北：印刻出版社。

劉昌德（2004）。〈科技與文化工作者：網路與相關數位科技對台灣漫畫家勞動過程的影響〉，《傳播與管理研究》，第四卷，第一期，頁 35-57。

劉國深（2002）。《當代台灣政治分析》。台北：博揚。

劉孟華譯（1999）。《品牌大贏家：全球 15 大頂尖企業傳授品牌成功之道》。台北：遠流出版公司。（原書 Finoa Gilmore 編）。

劉駿州、臧國仁（1993）。〈各級政府機關公關人員專業性探討〉，《廣告學研究》，2:71-99。

鄭太朴譯（1991）。《社會經濟史》。台北：台灣商務印書館。（原書 Weber, M. 著）。

鄭君仲（2000）。〈我迷，故我在：流行音樂樂迷和流行音樂文本互動關係之探索〉，世新大學傳播研究所碩士論文。

鄭津津（2002）。〈我國勞動派遣法草案與美國勞動派遣法制之比較〉，《勞動派遣法制研討會》論文，頁 21-45，台北：行政院勞工委員會。

鄭景燊（2001）。〈內容提供者加值策略類型之研究〉，國立政治大學企業管理研究所碩士論文。

潘家慶（1991）。《媒介理論與現實》。台北：天下文化出版有限公司。

慧民、王星譯（1991）。《地位》。台北：桂冠圖書股份有限公司。

賴光臨（1980）。《中國近代報人與報業》。台北：台灣商務書局。

歐陽至誠（2001）。〈「娛樂新聞」類節目的產製流程研究：以 TVBS-G 頻道的節目「娛樂新聞」為例〉，國立政治大學廣播電視系碩士論文。

錢玉芬（1998）。〈新聞專業性概念結構與觀察指標之研究〉，國立政治大學新聞研究所博士論文。

簡妙如（1996）。〈過度的閱聽人：「迷」的初探〉，國立中正大學大眾傳播研究所碩士論文。

簡慧卿（1990）。〈我國從業人員組織工會之研究〉，國立政治大學新聞研究所碩士論文。

蔡念中（2003）。《數位寬頻傳播產業研究》。台北：揚智出版社。

蔡伸章譯（1983）。《改變歷史的經濟學家》。台北：志文。（原書 Heilbroner, R. L.著）。

鍾玉玨（2001；2；15），〈徵收「拷貝稅」歐洲對付網路數位音樂闢蹊徑〉，《中國時報》。

謝杏慧（1998）。〈公務人員世代差異對政府再造計畫之認知研究：以台北市及高雄市政府為例〉，國立中興大學公共政策研究所碩士論文。

謝奇任、唐維敏、甘尚平譯（1997）。《大匯流整合媒體、資訊與傳播》。臺北：亞太圖書出版社。（原書 Baldwin,T. F. & McVoy D. S. & Steinfield, C.著）。

謝章富、陳雯琪（2001a）。〈從形式與內涵探討數位化時代的電視節目製播〉，《藝術學報》，68：91-103。

謝章富、陳雯琪（2001b）。〈數位時代電視節目製作與企畫新趨勢〉，《藝術學報》，69：119-128。

謝國雄（1997）。《純勞動：台灣勞動體制諸論》。台北：中央研究院社會研究所。

謝蕙蓮（2001）。〈記者專業組織設置網站之研究〉，銘傳大學傳播管理研究所在職專班碩士論文。

顏伶如（2005 年 6 月 17 日）。〈歐普拉稱霸富比世百位名人權力排行榜〉，中央社稿。

魏玓（2003）。〈文化全球化與文化生產之辯證：以全球時代華語電影創作為例〉，《傳播研究與台灣社會學術研討會》論文，台北：國立政治大學新聞系主辦。

關尚仁（2001a）。〈一次生產，多次使用：模組概念為跨媒體傳播平台最重要的核心觀念〉，《廣告雜誌》，117：112-113。

關尚仁（2001b）。〈串聯數位媒體平台〉，《廣告雜誌》，124：82-92。

薛化元主編（1990）。《台灣歷代年史表》。台北：國家政策資料研究中心。

羅文輝（1997）。〈新聞人員的專業性：意涵界定與量表的建構〉，《中華傳播學會第一屆年會》論文，台北：深坑。

羅明通（2003）。〈P2P 資源共享架構之傳輸及重製在著作權法上之評價，兼論折衷式與無階式（NO-TIER）P2P 技術差異：企業與法律〉，《月旦法學雜誌》，94：214-223。

饒秀華等譯（1998）。《經濟學原理》。台北：東華書局。

龐建國（1990）。〈我國勞工運動之發展趨勢及其因應措施之研究〉，行政院研究發展考核委員會委託研究案報告。

蕭新煌（1995）。〈「新人類」的社會意識與社會參與〉。《勞工之友》，535：6-9。

蕭雄淋（1999）。《著作權法判解決議、令函釋示、實務問題》。台北：五南圖書。

蕭肇君（2006）。〈論媒體勞動：閱聽人、記者與後備軍〉，國立政治大學新聞所碩士論文。

藍采風、廖榮利（1994）。《組織行為學》，台北：三民書局。

藍明龍（1996）。〈工作價值觀、組織氣候對新人類的工作滿足感與工作表現之關係研究：民營銀行為例〉，大葉工學院事業經營研究所碩士論文。

蘇蘅（2002）。《競爭力的報紙：理論與實務》。台北：時英。

電子書目

何宏儒（2006；8；17）。〈主計處：所得差距擴大為 6.04 倍〉，中時電子報轉載中廣新聞，http://news.chinatimes.com。
林照真（2004；9；17）。〈資深記者的墮落〉，http://news.chinatimes.com。
張文輝、劉衛莉、葉君遠、葉宜欣、許晉榮（2005；6；3）。〈繳稅大戶：雙 J 稱王封后〉，http://udn.com。
資策會電子商務研究所（2005）。〈電子商務環境整備及企業對個人電子商務推動計畫成果發表〉，《ACI-FIND 資料庫》。上網日期 2005/11/13，取自：http://www,find.org.tw/0105/news/0105_news_disp.asp?news_id=3879
歐建智（2003；5；29）。〈Hinet 與華納、EMI、SONY 合作 6 月提供線上音樂〉，《Pchome 新聞》，http://www.pchome.com.tw。
劉江彬（2003）。〈評 KURO 與 IFPI 的爭議，智慧財產電子報：學者專欄〉，於 http://iip.nccu.edu.tw，11 月。
謝穎青（2003）。〈數位版權管理，數位媒體發展政策論壇〉。參見太穎國際法律事務所網站（此篇文章是作者於 2003 年 7 月 10 日於台北縣辦公室大樓舉辦「數位媒體發展政策論壇」主講「數位版權管理」之內容），http://www.elitelaw.com。
Pristine（2003；11；1）。〈媒體人的世代差異：一名六年級後段生的觀察〉，《目擊者電子報第三十七期》。台灣新聞記者協會，上網日期：2004 年 6 月 27 日，網址：http://enews.url.com.tw/archiveRead.asp?scheid=24255
TVBS 新聞報導（2005；10；30）。〈韓星身價曝光，張東健年收 2 億〉，下載於 http://tw.news.yahoo.com/051130/39/2l7m2.html。

英文書目

Aaker, D. A.　(1991). *Managing brand equity*. New York: Free Press.
Aaker, D. A.　(1998). *Strategic market management*. New York : John Wiley & Sons Inc.
Althusser, L.　(2003). *The humanist controversey and other writings (1966-67)*. New York:Verso.
Althusser, L. (1971). *Lenin and philosophy other essays*. London: NLB.
Altschull, H. J. (1984). *Agents of power*. New York: Longman.
Anderson, S., Cavanagh, J. and Lee, T. (2000). *Field guide to the global economy*. New York :The New Press.
Bagdikian, B.H. (2000). *The media monopoly*. Boston,MA:Beacon Press.
Bain, G. (1979). *A bibliography of British industrial relations*. New York: Cambridge University Press.

Barthes,R. (1968). *Writing degree zero*. New York: Hill and Wang.

Baruhurst, K. G. & Mutz, D. (1997). American journalism and the decline in event-centered reporting. *Journal of Communication*, 47(4), 27-53.

Bass, A.Z. (1969). Refining the "Gate Keeper" concept: An UN radio case study. *Journalism Quarterly*, 46:69-72.

Baudrillard,J. (1998). *The consumer society: Myths and structure*. London: Sage.

Beam, R.A. (1998).What it means to be a market-oriented newspaper. *Newspaper Resaerch Journal*, 19(3):2-20.

Becker, W. (1988). Community radio in the US: The struggle for a democratic medium. *Media Culture and Society*, 10, 81-105.

Becker, H. S. (1982). *Art worlds*, Berkeley, California: University of California Press.

Berger, P. & Luckmann, T. (1967). *The social construction of reality*. New York: Doubleday.

Blackburn, R. & Prandy, K. (1965). White-collar unionization: A conceptual framework, *British Journal of Society*, 16, 111-122.

Blackburn, R. & Prandy, K. (1982) .*White-collar work*.London:Macmillan.

Block, M. (1977). The ruling class does not rule. *Socialist Revolution*, 33:6-28.

Bocock, R. (1993). *Consumption*. New York : Routledge.

Bourdieu, P. (1993). *The field of cultural production*. Cambridge: Polity Press.

Bourdieu, P. & Wacquant, J.D. (1992). *An invitation to reflexive sociology*. Chicago: The University of Chicago Press.

Bourdieu, P. (1991). *Language and symbolic power*. Cambridge: Polity.

Bourdieu, P. (1990). *The logic of practice*. Stanford: Stanford University Press.

Bourdieu, P. (1983). The forms of capital. in John G. Richardson (eds.), *Handbook of theory and research for the sociology of education*. New York: Greenwood Press.

Bowles, S. & Edwards, R. (1985). *Understanding capitalism*. New York: Harper & Row.

Braverman, H. (1974). *Labor and monopoly capital*. New York: Monthly Review.

Breed, W. (1955). Social control in the news room. *Social Forces*, 33, 326-335。

Bronstein, A. S. (1991). Temporary work in Western Europe: Threat or complement to permanent employment. *International Labour Review*, 130, 291-295.

Brown, H. W. & Barnes, B. E. (2001). Perceptions of advertising:Influence on Broadcast news. *Journalism & Mass Communication Educator*, 55(4), 18-29.

Burawoy, M. (1985). *The politics of production:Factory regimes under capitalism and socialism*. London: Verso.

Burawoy, M. (1979). *Manufacturing consent: Change in the labor process under monopoly capitalism*. Chicago: The University of Chicago Press.

Buxton, D. (1990). Rock music, the star system, and the rise of comsumerism. in S. Frith and A. Goodwin (eds.), *On record*. London: Routledge.

Campbell, T. (1981). *Seven theories of human society*. New York: Oxford University Press.

Caves, R. E. (2000). *Creative industries: Contracts between art and commerce*. Cambridge, MA: Harvard University Press.

Chandler, A. D. Jr, (1962). *Strategy and stracture*. Cambridge: M. I. T. Press.

Chanan, M. (1980). Labour power and aesthetic labour in film and television in Britain. *Media, Culture and Society*, 2, 117-137.

Coates, J. F. (1997). Temporary work: A permanent institution, *Employment Relations Today*, 24, 19-22.

Coates, K. & Topham, T. (1972). *The new unionism*. London: Owen.

Cordova, E. (1986). From full-time wage employment to a typical employment: A major shift in the evolution of labour relations. *International Labour Review*, 125, 641-657.

Cornwell, S. (1979). The social and working conditions of artists. *International Labour Review*, 118(5), 537-556.

Crompton, R. & Gubbay, J. (1977). *Economy and class structure*. London: Macmillan.

Curran, J. (1977). *Mass communication and society*. London: Edward Arnold.

Davis, K. and Moore,W. E. (1966). Some principles of stratification. in R. Bendix and M. Lipset (eds.). *Class, status and power*. London: Routledge & Kegan Paul.

Dennis, H. W. (1979). *Power, its forms, bases, and uses*. New York: Harper and Row Publishers.

DiMaggio, P. (1977). Market structure, the creative process and popular culture: Towards an organizational reinterpretation of mass-culture theory. *Journal of Popular Culture*, 11, 432-452.

Dingwall, R. (1976). Accomplishing profession. *Sociological Review*, 24, 331-349.

Dingwall, R. (1983). Introduction. in R. Dingwall & P. Lewis (eds.). *The sociology of professions: Lawyers, doctors and others* (pp.1-13). London: The Macmillan Press.

Drucker, P.F. (1950). *The new society : The anatomy of the industrial order*. New York : Harper

Eco, U. (1976). *A theory of semiotics*. Bloomington: Indiana University Press.

Edward, R. (1979). *Contested terrain*. New York: Basic Books.

Esser, F. (1999). Tabloidization of News: A comparative analysis of Anglo-American and German press journalism. *European Journal of Communication*, 14, 291-324.

Fiske, J. (1992). The cultural economy of fandom. in L. Lewis (ed.), *The adoring audience: Fan culture and popular media* (pp.30-49). London: Routledge.

Focault, M. (1982). Afterword: The subject and power. in Dreyfus, Hubert L., Paul Rabinow, and Michael Focault (eds.), *Beyond strutralism and hermeneutics*. Chicago: University of Chicago Press.

Focault, M. (1991). *Discipline and punish: The birth of the prison*. London: Penguin.

Fowles, J. (1992). *Starstruck: Celebrity performers and the American public*. Washington , DC: Smithsonian Institution Press.

Frith,S. (1986). Art versus technology: The strange case of popular music. *Media, Culture and Society*, 8:267-279.

Friedman, A. (1977). *Industry and labour: Class struggle at work and monopoly capitalism*. London: MacMillan.

Garnham, N. (1990). *Capitalism and communication: Global culture and the economics of information*. London: Sage.

Gay, P. (1997). *Production of cultures of production*. London: Sage.

Giddens, A. (1984). *The constitution of society: Outline of the theory of structuration*. Berkeley: University of California Press.

Gieber, W. & Johnson, W. (1961).The City Hall beat: A study of reporter and source role. *Journalism Quarterly*, 38(2): 289-297.

Golding, P. & Murdock, G. (2000). Culture, communications and political economy. in J. Curran and M. Gurevitch (eds.), *Mass Media and Society* (pp. 70-92). New York: Oxford University Press.

Goldman, R. (1992). *Reading ads society*. London: Routledge.

Gurbaxani, V. and Whang, S. (1991).The impact of information systems on organizations and markets. *Communications of the ACM*, Jun., 241-248.

Hanneman, G. J. & McEwen, W. J. & Berlo, D. K. (1975). *Communication and behavior*. Reading, Mass.: Addison-Wesley

Hart, B. H. (1967). *Strategy*. New York: Praeger.

Hartley, J. (2005). *Creative industries*. Malden, Mass.: Blackwell .

Harvey, M. (1989). Economies of time: A framework for analysing the restructuring of employment relations. in A. Felstead & N. Jewson, (eds.) *Global trends in flexible labor*. London: Macmillan.

Healy, K. (2002). What's new for culture in the new economy? *Journal of Arts Management, Law and Society*, 32(2): 86-103.

Hesmondhalgh, D. (2002). *The cultural industries*. London : Sage.

Hickey, J. R. (1968). The effects of information control on perception of centrality. *Journalism Quarterly*, 45:49-54.

Hsrris, D. (1992). *From class struggle to the politics of pleasure*. London: Routledge.

Lawler, E. E.III (1984), The strategic resign of reward systems. in Schuler, R. S. and S. A. Youngblood, (eds) *Readings in personal and human resource management*. 2nd ed.. St. Paul: West Publishing.

Le'vi-Strauss, C. (1977). *Structural anthropology*. Vol.1.New York: Penguin Books.

Lindolf, T. R. (1995). *Qualitative communication research methods*. USA: Sage.

Litterer, J. A. (1973). *The analysis of organization*. New York: John Wily & Son, Inc..

Lockwood, D. (1989). *The blackcoated worker: A study in class consciousness*. Oxford: Clarendon Press.

Lockwood, D. (1958). *The blackcoated worker*. London: George Allen & Unwin.

Jensen, M. C. (2000). *A theory of the firm: Governance, residual claims, and organizational form*. MA: Harvard University Press.

Jessop, B. (1990). *State theory: Putting capitalist states in their place*. Cambridge: Polity Press.

Kotler, P., (2003). *Marketing management*. New Jersey: Prentice Hall.

Kotler, P. (1996). *Marketing management: An Asia perspective*. New Jersey: Prentice Hall.

Maggiore, M. (1990). *Audiovisual production in the single market*. Brussel: EEC..

Marx, K. (1976). *Capital*. London: Penguin.

Marx, K. (1975). *Economic and philosophical manuscripts of 1844*, in Early Writings, trans. By R. Livingstone & G. Benton, New York: Vintage.

McCracken, G. (1988). *Culture and consumption: New approaches to the symbolic character of consumer goods and activities*. Bloomington: Indiana University Press.

McGrew, A. (1992). The state in advanced capitalist societies. in J. Allen, P. Braham and P. Lewis (eds.) *Political and economic forms of modernity* (pp.66-111). Cambridge: Polity Press.

McManus, J. H. (1995). A market-based model of news production. *Communication Theory*, 5(4), 301-338.

McManus, J. H. (1994). *Market-driven journalism: Let the citizen beware?* Newbury Park, CA: Sage.

McQuail, D. (1992).*Media performance: Mass communication and the public interest*. London: Sage.

Mie`ge, B. (1989). *The capitalization of cultural production*. New York: International General.

Mie`ge, B. (1979).The cultural commodity. *Media, Culture and Society*, 1:297-311.

Mosco, V. (1995). *The political economy of communication*. London: Sage.

Nayman, O. B. (1973). Professional orientations of journalists: An introduction to communicator analysis studies. *Gazette*, 19, 195-212.

Negus, K. (2004). *Creativity, communication, and culture value*. London: Sage.

Negus, K. (1996). *Popular music in theory*. London:Polity.

Negus, K. (1992). *Producing Pop: Conflict in the popular music industry*. London: Arnold.

Noon, M. (1993). Control, technology and the management offensive in newspaper. New Technology, *Work and Employment*, 8(2):102-110.

Nordlinger, E. (1981).*On the autonomy of the democratic state* .Cambridge, Mass.: Harvard University Press.

Offe, C. (1985a). The political economy of the labor market, in Offe, C. (ed.) *Disorganized capitalism* (pp.10-51). Massachusetts: The MIT Press.

Offe, C. (1985b). The future of the labor market, in Offe, C. (ed.) *Disorganized capitalism*, (pp.53-80), Massachusetts: The MIT Press.

Offe, C. (1981). The attribution of public status to interest groups: Observation on the West German case in Susan Berger (ed.), *Organizing interests in western groups*. Cambridge: Cambridge University Press.

Pavlik, J. V. (2004). *Converging media: An introduction to mass communication*. Boston, Mass. : Pearson: Allyn and Bacon.

Pavlik, J. V. (1998). *New media technology: Cultural and commercial perspectives*. Boston: Allyn and Bacon.

Piore,M. & Sabel, C. (1984). *The second industrial dinide*. New York: Basic Books.

Polivka, A. E., & Thomas, N. (1989). On the definition of contingent work. *Monthly Labor Review*, 12, 9-13.

Poulantzas, N. (1975). *Political power and social classes*. London: New Left Books.

Reidenberg, J.R., (1996). Governing networks and rule-making in cyberspace. *Emory Law Journal*, 45:917-919.

Rifkin, J. (1995). *The end of work*. New York: Putnam Publishing Group.

Robinson, G .J. (1970). Foreign news selection is non - linear in Yugoslavis's Tanjung agency. *Journalism Quarterly*, 47:340-351.

Rueschemeye, D. (1964). Doctors and lawyers: A comment on the theory of professions. *Canadian Journal of Sociology and Anthropology*, 1, 17-33.

Russell, B. (1995). *Power : A new social analysis*. New York: Routledge.

Ryan, B. (1991). *Making capital from culture: The corporate form of capitalist culture production*. New York: Walter de Gruyter.

Salaman, G. (1985). Factory work. in D., Rosemary & Salaman, G. (eds.) *Work, culture and society* (pp.1-21). Milton Keynes: Open University Press.

Schmitter, P. (1979). *Trends toward corporatist intermediation*. London: Sage.

Schudson, M. (1993). *Advertising, the uneasy persuasion: Its dubious impact on American society*. London: Routledge.

Smith, A. (1979). *The wealth of nations*. Middlesex, Eng.: Penguin Book

Soley, L. C. & Craig, R. L. (1992). Advertising pressure on newspaper: A survey. *Journal of Advertising*, 21(4), 1-10.

Solomon, M. R. (1994). *Consumer Behavior*. Boston: Aiiyn and Bacon.

Steinem, G. (1990). Sex, lies & advertising. *Ms Magazine*. (July/ August) 18-28.

Stepan, A. (1978). *The state and society: Peru in comparative perspective*. Princeton: Princeton University Press.

Throsby, D. (2001). *Economics and culture*. Cambridge, UK: Cambridge University Press.

Underwood, D. (1993). *When MBAs rule the newroom: How the marketers and managers are reshaping today's media*. New York: Columbia University Press.

Wacquant, J. D. (1987). Symbolic violence and the making of the French agriculturlist: An inquiry into Pierre Bourdieu's sociology. *Australian and New Zealand Journal of Sociology* ,23(1):65-88.

Weber, C. L. and Rynes, S. L. (1991). Effect of compensation strategy on job pay decisions. *Academy of Management Journal*, 34(1):86-109.

Whinston, A. B. (1997). *The economics of electronic commerce*. Indiana: Macmillan Technical Publishing.

Willborn, S. L. (1997). Leased workers: Vulnerability and the need for special legislation. *Comparative Labor Law Journal*, 19, 85-95.

White, D. M. (1950). The gatekeeper. *Journalism Quarterly*, 27:43-47.

Williams, R. (1980). *Base and superstructure. In problems in materialism and culture: Selected essays*. London: Verso.

Williams, R. (1981). *Culture*. London: Fontana.

Williams, R. (1976). Base and superstructure in Marxist cultural theory. in R. Dale, et al. (eds.) *Schooling and capitalism*. London: Routledge & Kegan Paul.

Wolf, M. J. (1999). *The entertainment economy*. London: Penguin Books.

Yoder, D. & Standohar, P. D. (1982). *Personnel management*. N. J.: Prentice-Hall.

國家圖書館出版品預行編目

臺灣新聞工作者與藝人：解析市場經濟下的文
化勞動 / 林富美著. -- 一版. -- 臺北市：
秀威資訊科技, 2006[民 95]
　　面；　公分. -- (社會科學類；AF0051)
參考書目：面

ISBN 978-986-7080-95-0(平裝)

1. 文化產業　2. 勞資關係

541.29　　　　　　　　　　　　95018446

社會科學類　AF0051

台灣新聞工作者與藝人
——解析市場經濟下的文化勞動

作　　者 / 林富美
發 行 人 / 宋政坤
執行編輯 / 詹靚秋
圖文排版 / 張慧雯
封面設計 / 李孟瑾
數位轉譯 / 徐真玉　沈裕閔
圖書銷售 / 林怡君
網路服務 / 徐國晉
出版印製 / 秀威資訊科技股份有限公司
　　　　　　台北市內湖區瑞光路 583 巷 25 號 1 樓
　　　　　　電話：02-2657-9211　　　傳真：02-2657-9106
　　　　　　E-mail：service@showwe.com.tw
經 銷 商 / 紅螞蟻圖書有限公司
　　　　　　台北市內湖區舊宗路二段 121 巷 28、32 號 4 樓
　　　　　　電話：02-2795-3656　　　傳真：02-2795-4100
　　　　　　http://www.e-redant.com

2006 年 9 月 BOD 一版
定價：420 元

讀　者　回　函　卡

感謝您購買本書，為提升服務品質，煩請填寫以下問卷，收到您的寶貴意見後，我們會仔細收藏記錄並回贈紀念品，謝謝！

1. 您購買的書名：_____

2. 您從何得知本書的消息？

　　□網路書店　　□部落格　　□資料庫搜尋　　□書訊　　□電子報　　□書店

　　□平面媒體　　□　朋友推薦　　□網站推薦　□其他_____

3. 您對本書的評價：(請填代號　1.非常滿意 2.滿意 3.尚可 4.再改進)

　　封面設計____　　版面編排____　　內容____　　文/譯筆____　　價格____

4. 讀完書後您覺得：

　　□很有收獲　　□有收獲　　□收獲不多　　□沒收獲

5. 您會推薦本書給朋友嗎？

　　□會　　□不會，為什麼？_____

6. 其他寶貴的意見：_____

_____

_____

_____

讀者基本資料

姓名：_____　年齡：_____　性別：□女 □男

聯絡電話：_____　E-mail：_____

地址：_____

學歷：□高中(含)以下　　□高中　　□專科學校　　□大學

　　　□研究所(含)以上 □其他_____

職業：□製造業 □金融業 □資訊業 □軍警 □傳播業 □自由業

　　　□服務業 □公務員 □教職　　□學生 □其他_____

To：114

台北市內湖區瑞光路 583 巷 25 號 1 樓

秀威資訊科技股份有限公司　　　收

寄件人姓名：

寄件人地址：□□□

(請沿線對摺寄回,謝謝!)

秀威與 BOD

BOD（Books On Demand）是數位出版的大趨勢，秀威資訊率先運用 POD 數位印刷設備來生產書籍，並提供作者全程數位出版服務，致使書籍產銷零庫存，知識傳承不絕版，目前已開闢以下書系：

一、BOD 學術著作—專業論述的閱讀延伸
二、BOD 個人著作—分享生命的心路歷程
三、BOD 旅遊著作—個人深度旅遊文學創作
四、BOD 大陸學者—大陸專業學者學術出版
五、POD 獨家經銷—數位產製的代發行書籍

BOD 秀威網路書店：www.showwe.com.tw
政府出版品網路書店：www.govbooks.com.tw

永不絕版的故事・自己寫・永不休止的音符・自己唱